Das Bäckerauto

**40.000 Meilen oder zwei Jahre
durch Nord- und Mittelamerika
(USA, Kanada, Mexiko, Belize, Guatemala)
mit dem Wohnmobil
1988/89**

Hartmut Roderfeld

Nun erst recht.

Uns ist es eigentlich schon lange klar gewesen, dass wir es machen werden.
Irgendwann, wenn die Zeit günstig ist. Bloß wann ist das?
Irgendetwas stimmt doch immer nicht.
Beruf, große Wohnung und- oder was.
Also legen wir den Termin nach vielen Überlegungen fest. Herbst 1987.
Punktum.
Es nimmt uns sowieso keiner ernst.
Also jetzt erst recht.
Bücher lesen. Von den Erfahrungen anderer profitieren, die nachher doch nicht stimmen.
Autos ansehen, die ein gemütliches Wohnmobil werden sollen.
Oder kauft man das Auto dort?
Was sagen die Fachleute?
Ist es nicht schön, zu jeder Frage bekommt man die Antwort. Subjektiv, auf die persönlichen Belange abgestimmt. Nicht übertragbar.
Oder doch?
Oder vielleicht? Oder auch nicht?
Und überhaupt.
Jedenfalls stapelt sich bald die Lektüre.
Um einen Eindruck zu bekommen, suchen wir nach Fotos die Orte raus, die schön sind und wo man hin müsste.
Einfach schmökern, Lust bekommen und Tipps sammeln.
Die Entscheidung kann einem niemand abnehmen.
Auf die Nase fallen gehört dazu.
Neben Routenvorschlägen, Reisebeschreibungen und Einreisebestimmungen wälzen wir Flugpläne, Schiffspläne, Klimatabellen und was sonst noch alles.
Aber klar ist uns dann eigentlich nur, dass wir mit dem Schiff fahren wollen und damit unsere Reise an der Ostküste starten.
Mit dem Schiff deshalb, um nach dem ganzen Stress der Vorbereitungen abzu-schalten und in aller Ruhe zu beginnen.
Zeit haben wir ja. Ein Jahr oder mehr?
Oder solange, wie das Geld reicht.
Es ist entschieden, dass wir unseren Wagen im Land des Automobils kaufen.
Amerika, wir kommen.
Wir haben einen Frachter gefunden, der Passagiere mitnimmt, von Delfzijl/ Holland nach Georgia/ USA.
Wir besitzen ein Journalistenvisum mit unbegrenztem Aufenthalt, wir haben unsere Wohnung aufgelöst, wir haben die Möbel untergestellt, wir haben einige Flohmärkte hinter uns und Sachen verkauft.
Es ist schon erstaunlich, was alles so in einer Wohnung rumsteht, überflüssig und scheinbar doch unverzichtbar und plötzlich auf dem Flohmarkt noch Geld bringt.
Unsere Freunde glauben jetzt auch, dass wir losfahren werden.

Eigentlich sind sie der Meinung, so was sollten sie auch machen, aber...... der Job, die Wohnung, die Karriere, die Kinder, die Familie, das Geld,...und was kommt danach?
Zahlt das Arbeitsamt noch hinterher? Was ist mit den Versicherungen? Was ist mit der Post und der Bank?
Fragen, die wir für uns gelöst haben.
Die lösbar sind.
Ausreden vor sich selbst.
Aber warum? Was treibt uns?
Fragen, die wir nicht genau beantworten können.
Die ich auch heute noch nicht beantworten kann.
Ich weiß nur, dass es richtig war.

Die letzte Abschiedsfete in unserer leeren Wohnung hat stattgefunden.
Eine Schlacht mit den letzten Kissen, Musik und Tanz.
Um zwei Uhr nachts kommt die Mieterin aus der Wohnung unter uns nach oben.
Sie hätte nichts gegen den Krach, aber jetzt habe sie doch Angst, der Kronleuchter schwanke.
Am Morgen ziehen wir mit unseren Koffern zu Freunden.
Unsere letzte Nacht in Hamburg.

Amerika wir kommen

(6.11.87) N 51°11`07`` - 01°39`45``, das heißt, wir sind in der Straße von Dover.
Die Abfahrt der "Patty" hätten wir fast nicht mitbekommen.
Den ganzen Tag wird sie mit Kaolin beladen, die Maschinen brummten und so gehen wir nur gegen 19.00 Uhr zufällig von unserer Kabine an Deck, als die Leinen losgeworfen werden und der Schlepper anzieht.
Es ist ein schönes Bild, langsam an den beleuchteten Raffinerien und Fabriken von Delfzijl, überdimensionalen Christbäumen gleich, vorbeizufahren.
Die Leuchtbojen und Feuer blinken zum Abschied rot, grün und weiß.
Es geht also los.
Eine Freundin hat uns am Morgen mit ihrem Auto nach Holland gefahren, der kleine Wagen war bis unters Dach voll, vom Campingkocher den wir haben, bis zu einer Werkzeugkiste.
Mit dem Flugzeug wäre das teuer geworden.

An Bord begrüßt uns der Kapitän herzlich und weist uns unsere Kabine zu.
Wir sind mit noch einem älteren Herrn die einzigen Passagiere. Ausnahme, denn
die Heißwasseranlage der "Patty" soll während der Fahrt repariert werden und es
sind keine Passagiere vorgesehen.
Wir haben Glück.
Erstes sind wir doch an Bord und zweitens fällt das Wasser nie aus.
Beim Frühstück am nächsten Morgen lernen wir unseren Mitpassagier kennen,
einen pensionierten Pfarrer, und mit einem Reederei-Obermufti verwandt.
Daher ist er an Bord, kostenlos, nicht zum ersten Mal, und von der Crew nicht
geliebt, da er als "Spion" der Reederei über alle Vorkommnisse berichtet, oder
auch nicht. Aber abgesehen von seinem Betfimmel ist er nett und wenn das nicht
uninteressante Dauergerede zu viel wird, kann man sich ja absetzen
Da wir nur drei Passagiere sind, sitzen wir beim Essen mit dem Kapitän und den
Offizieren am Tisch.
Die Mannschaft hat ihren eigenen Raum.
Wir unterhalten uns in Englisch, da die gesamte Crew aus Jugoslawen besteht.
Außerdem hat es den Vorteil, dass unser Pfarrer nicht alles mitbekommt, was
noch viel Spaß bringen soll.

Zum Beispiel seine Sonntagspredigt, die er für sein und aller Seelenheil halten
will. Natürlich morgens auf der Brücke und für die Mannschaft per Kabinen-
lautsprecher übertragen.
So steht er denn dort, mit dem Mikrophon in der Hand, betet und singt Choräle
und ist glücklich.
Nicht so glücklich ist sicher die Wache auf der Brücke.
Aber glücklich sind alle anderen in ihren Quartieren.
Als verantwortungsvoller Kapitän hat Igor zwar jeden informiert, aber die
Lautsprecher im Schiff nicht eingeschaltet.
Selbstverständlich, dass sich zumindest die Offiziere hinterher für den schönen
Gottesdienst bei Opa bedanken.
Alle sind zufrieden.

Wir halten uns sehr viel auf der Brücke auf, klönen, lassen uns alles erklären und
passen auf, dass man auch alles ordentlich macht, um uns sicher nach USA zu
bringen.
Im Übrigen müssen wir jeden zweiten Tag unsere Uhren um eine Stunde
zurückstellen.

Wir passen uns ganz dem Bordleben an.
Wir sind jetzt auf dem Atlantik, das Schiff schwankt ein wenig, die See ist aber
nahezu spiegelglatt.
Das Essen ist mir zu reichlich und ich bitte um halbe Portionen, was auch klappt.
8 Uhr Frühstück, dann Kontrollgang auf die Brücke, 12 Uhr Mittagessen, wieder
Kontrollgang, Mittagsschlaf, Kontrollgang, 17.30 Uhr dann Abendessen,

eventuell Video und dann nach einem anstrengenden Tag ins Bett.

Gelegentlich ersetzen wir den einen oder anderen Part durch Spiele im Aufenthaltsraum oder durch Lesen.
Jedenfalls haben wir uns genau so eine gemütliche Schiffsreise vorgestellt.
Außerdem gibt es zollfrei Zigaretten und Wein und Slibowitz.
Heute ist richtig was los.
Es fängt damit an, dass das Frühstück teilweise vom Tisch fliegt.
Wir haben schweren Seegang, dabei aber herrlichen Sonnenschein.
Die Wellen sind Ausläufer eines Sturms weiter nördlich.
Unsere "Patty" taucht öfter so stark vorne unter, dass die Schiffsschraube freikommt. Es pfeift dann ganz schrill und Igor erzählt uns, dass in diesem Fall automatisch der Motor auskuppelt, um nicht zu überdrehen, wenn die Schraube keinen Wasserwiderstand mehr habe.

Beim Mittagessen gießt sich Opa seine Suppe über die Hose und das Weinglas des 2 Offiziers landet beim 1 Offizier.
Babs bekommt keinen Slibowitz mehr, sie torkelt schon durch die Gegend.
Zum Glück erweisen wir zwei uns als seefest und genießen die Schaukelei, besonders auf der Brücke, zwischen Ruder und Bord festgeklemmt.

N 36°01`46``- W 57°49`23``, 380 Meilen N von Bermudas.
Heute ist Babs Geburtstag

Die See ist wieder glatt.
Der Tag geht mit Waschen, Klönen, auf der Brücke stehen, ein wenig Lesen viel zu schnell vorbei.
Dann gongt es zum Abend-essen.
Irgendwas muss noch geschehen, alle sind so geheimnisvoll.
Beim Essen vergesse ich das aber wieder.
Es gibt gute jugoslawische Küche, aber die Gänge kommen heute gar nicht so schnell wie sonst?
Und dann bringt der Steward eine riesige Torte herein, mit "Happy Birthday" in weißer Schrift darauf.
Schichten von Schokolade, Creme, Teig und Cognac
Mir schießen fast vor Rührung die Tränen in die Augen.
Mit einem großen Messer teile ich die Torte auf und alle lassen sie sich schmecken.
Hartmut hatte das alles mit dem Kapitän besprochen, wie ich später erfahre.
Er spendiert Sekt, Igor die Torte, denn dieser hatte sie schon geordert, da er aus meinem Pass mein Geburtsdatum wusste.
Was ein toller Geburtstag.

Wir passieren den Leuchtturm "Frying pan", bevor wir den Fluss hinauf nach

Wilmington/ North Carolina fahren.
Wir sind da.
Land in Sicht.

Der Lotse kommt an Bord und wir schippern noch rund vier Stunden den Fluss hinauf.
Eine flache Landschaft, viele kleine Inselchen, der Fluss still wie ein Spiegel.
Zwei Schlepper bugsieren uns an den Kai.

Unser erster Besucher, der Immigration Officer.
Zuerst wird die Mannschaft abgefertigt, Ausgangserlaubnis.
Dann sind wir dran. Wie lange gültig wird wohl unser Visum gestempelt?
Immerhin haben wir ein Journalistenvisum in Hamburg bekommen.
Bei einem Kaffee mit ihm und dem Kapitän wird erstmal erzählt.
Amerikanische Lässigkeit, die sich auch darin zeigt, dass der Beamte keine Uniform trägt.
"Here are your visas. I don`t care on it anymore. Not my problem anymore soon."
Er geht demnächst in Rente.
Unser Visum gilt jetzt drei Jahre.
Na also.
   Wie anders wäre es doch auf einem Flughafen gewesen, in einer Schlange mit 500 anderen genervten Passagieren und unfreundlichen Grenzern?

Der Abend sieht uns in einer Hotelbar in Hafennähe, bevor wir wieder in unserer Koje verschwinden.
Am nächsten Tag unternehmen wir einen ersten amerikanischen Stadtbummel.
Wie schön: breite Straßen, wenig Verkehr, Parkplätze, aber kaum Geschäfte.

Unser erstes großes Abenteuer: Ein Telefonat nach Deutschland per Münzfernsprecher und Telefonfräulein.
Zuerst sechs Dollar einwerfen bitte.
Anschließend ein längerer Plausch, gelegentlich spricht der Operator dazwischen, was ich aber nicht verstehe. Hauptsache wir werden nicht unterbrochen.
Dafür klingelt der Apparat, nachdem das Gespräch zu Ende ist.
Nanu?
Für uns?
Man kann ja mal abheben.
Und siehe da, das Telefonfräulein bittet, noch einmal nachträglich drei Dollar einzuwerfen.
Wir machen das zwar, sind uns aber nicht sicher, ob wir damit nicht zu einer verschwindenden Minderheit gehören;

Nämlich genau in Bezug auf Verschwinden.

Wir sehen der Salzentladung auf der Patty zu, wofür ein kleiner Bagger in den Laderaum verholt wurde.
Babs hofft, dass auf dem Salz von ihrem Frühstücksei, vorher kein Raupenschlepper herumgefahren ist.

Zum Abend ein paar oder mehr Bier mit dem Radioofficer von der Patty in der bekannten Hotelbar.
Insgesamt 14 Biere, davon zwei für Babs.

Unser Mitpassagier hat uns verlassen.
Er will erst in Savannah wieder zusteigen und vorher irgendwelche Pfarrer besuchen, bevor er dann wieder mit nach Deutschland fährt.

An einem wunderschönen, zwar kalten aber sonnigen Herbsttag, geht es abends weiter.
Wir sind auf der Brücke und beobachten den Lotsen, wie er unser Schiff führt:
Starbord 15, - less five, - 182, - Bord 10, usw.
Wir verfolgen auf der Karte seine Befehle und versuchen, sie vorher zu erraten.
Später erzählt uns der Kapitän, woher die Begriffe Starbord und Bord kommen:
Als die alten Engländer mit ihren Segelschiffen England verließen und die afrikanische Küste entlang segelten, waren links die Häfen, also Port. Und rechts die Sterne, also Starbord.
Selbst wenn es nicht stimmt, ist es eine schöne Geschichte.
Endlich werden wir wieder in den Schlaf geschaukelt.

Der Abend sieht uns in Brunswick/ Georgia beim "Käptensdinner", alle in Frack und Fummel, bzw. Uniform.
Der Agent der Patty nebst Ehefrau ist geladen.
Selbst serviert wird von Platten und den Wein gibt es aus Flaschen und nicht den sonst üblichen Karaffen.
Der Inhalt ist auch nicht derselbe.

Wir haben unseren letzten Hafen erreicht: Savannah/Georgia (24.11.1987). Wir mustern ab.
Der Tag hat mit einem unvergleichlichen Sonnenaufgang begonnen, was wir als gutes Ohmen nehmen.
Bis auf die Tatsache, dass mich Babs um sechs Uhr morgens weckt, damit ich ihn auch betrachten kann.

Später sitzen wir mit dem Kapitän in einer Bar mit Blick auf die Patty. *"Hier sitze ich gerne, denn ich kann beobachten, ob meine Leute arbeiten"*.
Hingefahren sind wir mit seinem Auto, das er in Savannah stehen hat.

Wieder kaum Verkehr, keine Geschäfte: Totentanz.
Aber viel Grün neben dem vielen Neon.
 Beim Bier unterhalten wir uns über den Beruf des Seemanns: Rostklopfen, Streichen, ...Saubermachen.
Kürzest möglicher Aufenthalt im Hafen - Time is money - Arbeiten für die Frau
zu Hause oder den Traum vom eigenen Häuschen, das man drei Monate im Jahr
sieht. Stevenson`s Seefahrerromantik, ade.

Wie wollen wir wohnen?

Wir lassen uns von einem Taxi zum Flughafen bringen, wo wir uns einen
Mietwagen besorgen wollen.
Nicht ganz so einfach, denn meist sind die Kofferräume zu klein.
Aber schließlich haben wir doch einen mit allem Schnickschnack, wie es sich
für Amerika gehört.
Leider aber ein modernes Auto. Mein Traum von einem Straßenkreuzer muss
noch warten.

Und dann zur Bank.
Aber die wollen unser Geld gar nicht.
Es gibt Probleme.
Unsere 25.000 $ sind zwar hierhin überwiesen worden und können abgehoben
werden, aber ein Konto können wir nicht eröffnen.
No resident. Scheckkarte ade.
Außerdem wären Überweisungen nicht möglich, z.B. nach Alaska, und es gibt
keine Einzelabrechnungen sondern nur eine monatliche Gesamtabrechnung, die
einem zugeschickt wird.
Provinzbank (C+S, The Citizen and Southern National Bank) oder ist man in
Amerika noch nicht soweit?
Die Bankschecks gelten sowieso nur für diese Bank und in Georgia.
Stattdessen sollen wir das Geld bar mitnehmen, was nun bestimmt nicht
empfehlenswert ist, oder Reiseschecks einlösen.
Also 160-mal unterschreiben.
Uns fallen die Finger ab.

Es ist soweit: 24.11.1987, Savannah, wir heuern ab und verlassen doch etwas wehmütig die "Patty" und ihre liebenswerte Mannschaft, nicht ohne noch vorher einige Kästen Bier und Büchsen Kaffee spendiert zu haben.

Ich schreibe einen Artikel für eine deutsche Zeitung:
Wenn Sie jeden Abend auf die Brücke gehen und sich vom diensthabenden Offizier die Position geben lassen können, dann sind Sie sicher nicht auf einem Kreuzfahrtschiff.
Wenn Sie außerdem noch auf der Seekarte erklärt bekommen, wo Sie gerade sind oder wie die nächste Hafeneinfahrt zu manövrieren ist, dann haben Sie eine Schiffsreise gewählt, die an persönlichen Eindrücken und Erholungswert nicht zu übertreffen ist, nämlich auf einem kleinen Frachtschiff.
Zum Beispiel Abfahrt am 5.November in Delfzijl/Holland-
6.11. im Kanal von Dover, N 5 11`07``, O 1 39`45``-
am 15.11. Position N 36 01`46``, W 57 49`23``-
18.11. um 11.00 Uhr der "Frying Pan" Leuchtturm, das erste Zeichen von den USA und gegen Nachmittag dann Wilmington/ Carolina.
Wenn Sie nur die Überfahrt gebucht haben, müssen Sie hier normalerweise das Schiff verlassen, denn der Passagiertransport zwischen inneramerikanischen Häfen wird nur von US-Schiffen durchgeführt. Haben Sie eine Rundreise mit Rückfahrt nach Europa gebucht, bleiben Sie an Bord.
Es empfiehlt sich allerdings, über ein US-Visum zu verfügen, denn dann können Sie in jedem Hafen an Land gehen, einen Stadtbummel machen oder auf dem Landwege weiterreisen und Ihr Schiff in einem der nächsten Häfen wieder besteigen.
Auf alle Fälle werden Sie ein ganz neues Erlebnis mit dem Zoll oder den Einreisebehörden haben.
Bei einer Tasse Kaffee an Bord, zusammen mit dem Kapitän und den amerikanischen Beamten werden ohne Stress und Hetze die Formalitäten erledigt.
Wer schon einmal auf einem Flughafen zusammen mit den Passagieren von vier weiteren Jumbojets abgefertigt wurde, weiß dies zu schätzen.
Überhaupt werden Sie während der Reise viel Ruhe haben.
Neben drei guten und reichlichen Mahlzeiten, mit Rücksicht auf meine Figur ließ ich meist das Mittagessen aus, ist es an Ihnen, ob Sie lesen, auf der Brücke dem Offizier "helfen" das Schiff zu steuern oder mit dem Ingenieur im Maschinenraum fachsimpeln.
Üblicherweise verfügen die Frachtschiffe über 12 Betten (ab 13 Passagieren muss ein Arzt an Bord sein), und so findet sich auch unter den Mitreisenden immer jemand für eine Runde Schach.
Einige der Frachter mit Passagierkabinen stehen im Komfort den großen Kreuzschiffen kaum nach: Sauna, Swimmingpool und Fahrstühle.
Nur auf einen Animateur, der Ihnen zeigt, wie Sie sich zu amüsieren haben, werden Sie verzichten müssen.

Auf meiner letzten Reise mit dem Frachter "Patty", außerhalb der Saison, waren wir nur drei Passagiere.
Ich habe mich selten so gut erholt und so direkt mit der Mannschaft das "Seefahrerleben" erfahren.
Da nicht mehr viele Reedereien auf ihren Frachtschiffen Passagiere mitnehmen, bucht man am besten über Schiffsagenturen, die verschiedene Linien repräsentieren.

Unser Mietauto ist kaum noch zu erkennen.
Beim Entladen des Kaolins entsteht ein weißer Staub, der sich schmierig und glitschig wie Schnee über das ganze Schiff und den Wagen gelegt hat.
Beim nächsten "Car wash" wird uns kostenlos der Dreck weggespritzt.

Wir fangen an, die Autohändler abzuklappern und machen unsere ersten Erfahrungen.
Motorhomes sind viel zu teuer.
Sogenannte Beachcars, Kleinbusse mit Plüsch, Eisschrank und TV gibt es viele.
Aber nicht das, worin man zwei Jahre leben möchte und kann.
Meine erste Liebe gilt einem gebrauchten Schulbus. Toll ausbaubar aber vielleicht doch etwas groß?
Erst mal vernünftig bleiben. Es ist ja der erste Tag unserer Suche.

Langsam geht es Richtung Süden, von Händler zu Händler, bis wir abends, wieder mal in Brunswick, in einem Motel landen und von Autos träumen.

Nächster Ort: Jacksonville/Florida.
Die Suche geht weiter.
Aber zuvor ein gutes Frühstück in einem kleinen "Truck Stopp".
Portionen zum Platzen, eine reicht für uns beide und Kaffee, soviel man will.
Immer wieder kommt ein Fräulein vorbei und gießt nach.
Na und dann in und um Jacksonville Autosuche.
Wohnmobile ausgebaut, Vans usw.
Aber eigentlich nichts, was uns vom Hocker reißt, vor allem, da wir immer noch nicht genau wissen, wie unser Auto auszusehen hätte.
Wie sagte ein Händler: "You are looking for a needle in a hay pile". Eigentlich wissen wir es ja doch schon, haben aber nicht das Geld, das Auto bauen zu lassen.
Obwohl, manche der Wagen waren schon ganz gut, - oder doch nicht. Vielleicht, aber wenn........, andererseits......., wenn man bedenkt.....!
Wir jedenfalls sitzen abends wieder in einem Motel, etwas teurer als gestern (27$) aber dafür nicht so gut.
Morgen ist Thanksgiving Day, also alles geschlossen.
Denkpause.

Beim nächsten Händler, zwei Tage später, erhalten wir eine Zeitschrift für gebrauchte Autos, um uns einen Überblick zu verschaffen.
Tipp des Händlers: Er besorgt sich fast alle seine Wagen aus Tampa oder St.Petersburg / Florida.
Also unser Ort, gesagt - getan, 150 Meilen südwärts.
Entfernungen sind inzwischen auch für uns kein Thema mehr.
Highway <301>, Höchstgeschwindigkeit 50 Miles.
Na und.
Kompliment aber jetzt an Babs.
In einem der Reiseführer hatten wir gelesen, dass man mindestens Abitur und eine 10 jährige Pfadfinderzeit brauche, um sich in dem amerikanischen Straßensystem zurecht zu finden.
Bullshit.
Mit Hilfe einiger aus Telefonbüchern geklauter Straßenpläne und dem unverzichtbaren "Rand Mc Nally- Atlas" kein Problem.
Man orientiert sich nicht nach Städtenamen sondern nach den Straßennummern und dem Zusatz North, South, East oder West.
So einfach ist das.

Es ist passiert: Wir haben ein Auto gekauft, 28.11. Tampa.
Aber der Reihe nach.
Also Frühstück, ausgiebig, na klar.
Dann fahren wir die Ausfallstraßen ab, hier sind meistens die Händler.
Auch wieder ein Versuch bei U-HAUL, einem Autovermieter, der ältere Wagen verkauft.
Wieder gute Auswahl, aber den kleinen LKW, den wir gerne haben wollen, leider eben nicht.
Immerhin verweist er uns an einen Freund,

Und siehe da, da steht doch ein kleinerer LKW.
Ein eckiger Verkaufswagen einer Bäckerei, Aluminium-Karosserie.
Sieht man oft rumfahren: Innenmaße des Kastens 3,60 x 2,04 Meter, Höhe 1,82.
Schiebetür zum Fahrerhaus, Extratür hinten rechts. Baujahr 1982, Diesel, Handschaltung, 180 PS, 110.000 miles, Zwillingsreifen hinten.
Ein richtiger stabiler Truck.
Probefahrt! Geht gut ab. Preis: 6.500 $.
Nochmal alles durchgeprüft: gekauft. !!
Jetzt brauchen wir erstmal ein schönes kaltes Bier- oder auch zwei, und ein Motel.
Zuvor vermessen wir den Wagen innen genau.

Den nächsten Tag, einen Sonntag, verbringen wir mit der Planung unseres Innenausbaus.
Wie hoch ist eine bequeme Sitzbank?

Wie breit für zwei Personen?

Was soll alles rein und was ist Luxus?

Immerhin wollen wir ja einige Zeit darin leben.

Uns fällt unsere alte Wohnung ein und was man auf 130 qm alles unterbringen musste und brauchte (oder auch nicht).

Heute geht der "Stress" los.

Zuerst mal muss das Auto versichert werden.

Einfacher gesagt als getan.

Schließlich landen wir bei "Allstate", die uns auch als Ausländer versichert.

Wir wirken seriös.

Bloß auf welche Adresse?

Schließlich findet Jerry, unser Autoverkäufer, dass seine Adresse so gut ist, wie jede andere. Wir sind ganz seiner Meinung und Allstate auch.

Einen Vorteil hat das außerdem noch, denn der Versicherungssatz in Tampa ist z.b. 300$ im Jahr billiger als in Fort Lauderdale, wo wir unsere erste Kontaktadresse haben.

Überhaupt sind die Versicherungspreise in den verschiedenen Bundesstaaten sehr unterschiedlich.

Florida liegt ganz unten auf der Liste.

Auch bei diesen Kosten sollte man sparen, es läppert sich.

Weniger erfolgreich sind wir bei dem Versuch, eine Werkstatt zu finden, die uns beim Ausbau hilft.

Alles nobel und teuer.

Dann nicht für uns.

Aber Jerry hat auch inzwischen rumtelefoniert und präsentiert uns Robby, einen Feuerwehrmann, Freund von ihm, der bereit ist, für uns die Metallrahmen zu schweißen, in die ich die Bretter für die Inneneinrichtung einhängen kann.

Ich reite wieder mal meinen Vogel, lieber alles etwas stabiler zu bauen.

Wir besorgen inzwischen allerhand Zubehör, vom Chemieklo über eine elektrische Kühltruhe bis zu Wasser-kanistern und einer Hand-Wasserpumpe für das geplante Spülbecken.

Außerdem finden wir nach langem Suchen einen Händler, der uns guten Schaumstoff nicht nur verkauft, sondern auch gleich auf unsere Maße zuschneidet.

Sein Laden sieht zwar aus, als habe er die letzten 50 Jahre alles nur dorthin gestellt, wo noch gerade Platz war, und es dann vergessen.

Aber was soll`s.

Mit Kreide haben wir zwischenzeitlich die Inneneinrichtung im Auto

eingezeichnet und alles in Inch umgerechnet.
Ich glaube, das wird ganz nett und auch Babs scheint mit dem zufrieden, was
bisher vor ihrem inneren Auge entsteht.
Ich übe mich im dreidimensionalen Zeichnen.

Robby wohnte vor zehn Jahren außerhalb der Stadt, heute ist dies Stadtgebiet,
aber immer noch ganz schön weit zu fahren: Mit unserem Auto!!!!!
Und so pendeln wir von ihm zu unserem Motel oder besorgen das nötige
Material.
Dazu dürfen wir seinen Pickup benutzen, den er hochgelegt hat.
Hochgelegt heißt dabei rund 1 Meter höher. Von oben hat man eine schöne
Übersicht, aber für mich ist das Gefühl zur Straße verloren. Damit in
Deutschland fahren- die ersten 500 Meter die Sensation, bis man dem nächsten
Polizeiauto begegnet.

Wir arbeiten alle schon seit ein paar Tagen und alles nimmt Gestalt an. Robby
und ich schweißen, Babs sägt die Bretter zu.
Anschließend werden sie eingepasst, verleimt oder geschraubt und die Ecken
abgerundet.
Der Dreck der letzten Jahrhunderte muss auch noch aus dem Auto entfernt
werden.

Es geht von morgens bis abends und wir lieben inzwischen die nicht
vorhandenen amerikanischen Ladenschlussgesetze.
Wenn etwas fehlt, kauft man es halt, um wieviel Uhr auch immer. Außerdem
finden wir einen "Winnie Dixi", der ab 22.00 Uhr die Reste des Essens vom
warmen Grill für Cents verkauft, Chili con Carne für zwei Personen reichlich, für
50c.
Geht den Staat ja auch wirklich nichts an, wer wann arbeitet.

Wir fahren zurzeit noch mit einem provisorischen Pappnummernschild durch die
Gegend, es dauert einige Tage, bis wir das endgültige bekommen. Jerry organisiert das für uns.

Unser Heim hat schon richtig "ein Gesicht", zumindest sind alle Grobarbeiten
fertig. Sitzgruppe, Tisch, Bett, Küchenblock, Bad.
Wir leisten uns auch noch einen kleinen Generator für 210 $, zur Sicherheit.
Anschieben will ich unseren Truck nicht.
Apropos Einkaufen: Wir müssen einen neuen Hausstand gründen, denn wir
haben ja fast nichts.
Angefangen vom Geschirrspülmittel bis zum Pfeffer, vom Handfeger bis zum
Whisky.
An was man alles denken muss, oder auch nicht.
Geschäfte gibt es ja überall genug.

Die letzte Nacht in Tampa verbringen wir schon in unserem Auto auf dem Gelände von Robby bei offener Tür und Bullenhitze und Coleman-Lampe (Benzin). Immerhin, man kann schon einziehen.
Neues Nummernschild: H-OO55-H.
Die Nummer kann ich ja nennen, denn unser einziges Strafmandat wegen Falschparkens haben wir bezahl

Es geht los

Da wir keinen Bock auf Menschenmassen haben, fahren wir noch nicht nach Disneyland oder Cap Kennedy sondern am "Okeeschobee See" entlang in Richtung Fort Lauderdale.
Vom See allerdings sehen wir nicht viel, denn er ist eingedeicht.
Viele kleine Siedlungen an Kanälen, vor dem Haus das Auto, hinter dem Haus das Boot.
 Unser erstes Schlafplätzchen zeigt uns deutlich, dass doch noch Fenster an unserem Truck fehlen.
 Wir stehen aus Sicherheitsgründen, damit man kein Licht sieht bei geschlossener Tür und Saunatemperaturen, bei immerhin kaltem Bier, an einem Einkaufszentrum.

Das Thema der Übernachtungen muss eh noch einmal überdacht werden, auch wenn man unserem Truck kaum ansieht, dass darin jemand wohnen könnte.
Ob wir wohl zu vorsichtig sind, presseverseucht, mörderumschlichen?

Wir nähern uns Palm Beach auf der <A1A>.
 Super Villen mit riesigen Parkanlagen, Golfplätze. Viel Geld zwischen Straße und Meer. Parkplatz und Bootssteg am Haus, aber diesmal alles eine Nummer größer.
Je näher wir Fort Lauderdale kommen, umso mehr hohe Apartmenthäuser, Hotels.
Laut Reiseführer in der Saison nur "Stopp and go" auf der Straße.
Der Alptraum geht aber um diese Jahreszeit an uns vorbei.
Gegen Mittag finden wir das Surf-Geschäft eines Bekannten aus Deutschland.
Sieben Tage Woche, mindestens 15 Stunden pro Tag.
Hier wie ein Tier zu arbeiten, um etwas Wohlstand zu bekommen, dann doch lieber Old Germany mit 38 Stunden Woche und demselben Standard.
Babs fängt an, mit der Hand die Bezüge für unsere Schaumstoffunterlagen zu nähen.
Wie war das doch gerade mit der vielen Arbeit?

Wir wohnen in unserem Auto vor der Tür des Hauses.
Die Alarmanlage sei zu kompliziert, um sie zu erklären.
Schlechte Erfahrungen?
Mit Besuch oder Einbrechern?

Abends ist die große Bootsparade, das Winterfest von Fort Lauderdale.
Menschenmassen über Menschenmassen auf den Brücken über die Kanäle. Oder
ein bisschen Platz am Ufer, sonst ist ja alles Privat, und für 5 $
Eintritt in zehnter Reihe stehen.
Und dann kommen sie: Superjachten, mit bunt beleuchteten
Werbeschriften geschmückt.
Ein Boot mit jubelerzeugendem Feuerwerk vorneweg - traurige
Böllerschüsse, vereinzelt mal eine kleine Rakete.
Über allem ein Zeppelin, und das wirklich mit tollen Leuchtbildern an den
Seiten, bunte Lampenraster wie an Spielautomaten, abwechslungsreich.
Trotzdem verlassen wir die "unbedingt sehenswerte" Bootsparade recht bald
wieder.

Wir kaufen dann wieder einiges für unser "Heim" ein, bzw. versuchten es.
Als wir an der Kasse sind, vor uns nur eine Frau, reißt mir nach über einer
halben Stunde die Hutschnur.
Die Frau bezahlt, wollte bezahlen, mit einer Kreditkarte.
Also war ja schon Geduld angesagt.
Es wird also der Kreditkartenbogen ausgefüllt.
Nur Geduld.
Dann wird per Telefon automatisch die Karte geprüft.
Nur Geduld, denn es geht ja automatisch und dauert daher Zeit.
Dann aber muss die Kartennummer in die Kasse eingegeben werden. Computer-
kasse.
Nichts.
Der Computer nimmt sie nicht an.
Der Kassierer an der Kasse spielt eine komplizierte Klaviersonate auf den
Tasten.
Nichts.
Er spielt dasselbe noch einmal in Moll.
Nichts.
Da man aber viel Wert auf qualifiziertes Personal legt, beginnt er nun, den
Computer zu zerlegen.
Stecker raus, Stecker nicht mehr rein.
Er passt nicht mehr.
Auch dem Oberaufseher, der dann zu Hilfe kommt, gelingt diese Übung nicht.
Uns reicht es.
Wir gehen ohne Ware.

Dabei haben wir uns schon fast an die Zahlgewohnheiten der Amerikaner gewöhnt.

Entweder per Kreditkarte incl. dem Ausfüllen komplizierter Formulare, oder per Zeitungsgutschein, wovon manchmal statt Bargeld eine Menge über den Schalter wandern.

Diese allerdings müssen dann auch mittels umständlicher Kodes in die Kasse eingetippt werden.

Kein Wunder, dass nur wenige Kassen besetzt sind.

Woher sollen die Kaufhäuser auch so viel hochgeschultes Personal mit mindestens Hochschulabschluss.

In spätestens zehn Jahren führen die Amerikaner wieder den Tauschhandel ein, da ein, da sonst keiner mehr durchblickt.

Aber damit vorerst genug der Boshaftigkeiten.

Man darf ja nicht verallgemeinern und übertreiben?

Aber unser Auto soll fertig werden.

Aus dem Branchenbuch suchen wir uns eine Werkstatt für Wohnmobile und fahren hin.

Bob Davis, der Owner empfängt uns freundlich und wir plaudern, und er macht uns Vorschläge und Preise, die fair sind.

Fenster, Elektroinstallation, Wasseranschlüsse für die Dusche usw.

Einige Teile müssen allerdings bestellt werden.

Aber Zeit ist nicht unser Problem.

Inzwischen haben wir auch Günter angerufen, den wir in Deutschland kurz kennen gelernt hatten.

Erst besucht er uns in unserem Wagen vor dem Haus von Klaus und anschließend lädt er uns ein.

Wir wohnen natürlich bei ihm.

Er ist schon ewig in den USA, amerikanische Gastfreundschaft.

Es wird sehr gemütlich mit ihm und Eleonora, seiner Frau.

Morgen müssen wir früh weg, aber ihr wisst ja wo alles liegt und wo die Dusche ist, der Eisschrank ist voll."

Wir ziehen also um.

Wir sind fast den ganzen Tag bei Bob.

Ich kleide die Dusche mit Fiberglas aus und einer seiner Leute bastelt die Elektrik und die Lampen an.

Den Abend sind wir wieder bei Gunter und essen "Chicken wings".

Whow!!!!!

Isst man in Old Germany kaum und ist doch so gut.

Frittiert mit "Cats killing souce", Knoblauch bis zur Vergiftung und höllisch scharf.

 Aber auch höllisch gut.

Unfreiwilliger Aufenthalt

Am nächsten Morgen wieder zu Bob.

Denkste.

Der Truck springt nicht an.

Wir nutzen die Zeit und verkleiden den Innenraum, die Wände und Borde mit Teppichboden. Erstens zur Isolation und zweitens sieht es jetzt saugemütlich aus.

Außerdem habe ich die Dusche innen gestrichen. blau, weiß.

Gut, dass wir nicht im Auto schlafen müssen, sonst wären wir schnell high von dem Farbgeruch.

Gleich früh rufen wir Bob an, nachdem es auch nichts genutzt hat, dass wir die Batterie geladen haben.

Das Auto springt immer noch nicht an.   ???

So werden wir auf das Gelände von Bob geschleppt und sein Techniker verschwindet im Motorraum.

Es wird alles durchgecheckt, aber kein Fehler gefunden.

Neue Zündkerzen rein.

Wieder quellen sie auf, "like a mushroom"??????

Wieder müssen wir die Kerzen abbrechen und aus den kleinen Öffnungen der Ein-spritzung rauspopeln.

Bob kapituliert und schleppt uns zu Oskars Diesel Repair, "Best mechanic in town".

Wir werden sehen.

Aber auch hier schleppen sich die Versuche die nächste Zeit dahin.

Keiner hat eine Idee.

Einspritzpumpe, Relais.......

Nur mit einem Startspray bekommen wir den Diesel zum Laufen.

Doch wohl nichts für die geplanten nächsten zwei Jahre.

Jedenfalls ziehen wir wieder mal um.

Diesmal zu Oskar`s Werkstatt, wo wir vor der Garage im Industriegebiet stehen dürfen.

Abends wird der Wagen aus der Werkstatt vor die Tür geschoben. Immerhin bewacht.

Für morgen hat Oskar eine Weihnachtsparty angesetzt - mit uns

Alles wird schön sauber gemacht oder mit Weihnachtspapier verdeckt.

Das Fest selbst mit Kunden und Freunden, quält sich etwas dahin, aber Essen gibt es viel und gut, Getränke reichlich.

Wir holen uns zwischendurch einen kleinen Mietwagen, denn wir sind abends bei Gunter eingeladen.

Als wir sehen, dass gegen Ende die Gäste das Essen einpacken und mitnehmen, füllen auch wir einige Teller für die nächsten Tage, wenn auch anfangs mit

einem merkwürdigen Gefühl.
Die Erfindung der "Doggie bags" ist wirklich nachahmenswert, auch in Restaurants.
Immerhin hat man sein Essen dort ja bezahlt und kann die Reste wirklich mitnehmen.
Wenn ich mir überlege, was bei uns weggeschmissen wird!

Die Fete bei Gunter ist nett, viele Polizisten aus Elenores Freundeskreis.
Sie arbeitet in einem Drugstore und die Cops jobben dort nebenbei als Ladendetektive.
Gunter hält die Bar, um ein sinnloses Leistungssaufen zu verhindern.

Zwei Tage mit Grübeln und Testen vergehen bei Oskar und bringen uns keinen Schritt weiter.
So fahren wir mit dem Starterspray zu einer Elektrospezialwerkstatt, die Oskar kennt.
Allerdings handelt es sich hier um Arschlöcher, die uns warten lassen, weil sie selbst nicht weiterwissen.
Als mir der Kragen platzt, landen wir wieder bei Oskar.
Auch die Fachwerkstätten von Chevy haben keine weitere Idee, als Oskar sie anruft und das Problem schildert.
Aber den Wagen dort abgeben und bezahlen, um zu hören, dass sie keine Idee haben, wollen wir nicht.
Es reicht.
Oskar präsentiert uns auch eine Zwischenrechnung dafür, dass nichts repariert ist.

Es sind Weihnachtsferien.
Wir haben die Schnauze von amerikanischen Dieselmaschinen voll und bestellen einen Benzinmotor.
Mit dem Spray kommen wir noch zurück zu Bob und bauen die Fenster ein.
Übernachten dürfen wir dort auch im Auto.
Und so erleben wir die zweite Christmas Party in einer Werkstatt, diesmal bei Bob.

Am nächsten Morgen, Bob schenkt uns ein Ladegerät, das wir als Konverter nutzen können, um uns mit unserem 12 Volt Autostrom an alle Steckdosen anschließen zu können und fahren wir auf einen Campingplatz in den Everglades um Weihnachten zu verbringen.

Mal abschalten von Werkstätten.
Avokadodip mit Steaks in Badehose vor dem Auto in der Sonne.

Was ein schönes Fest.
Wir spazieren noch durch die Gegend, sehr schön, nur gelegentlich unterbrochen vom Motorgedröhne der Gleitboote, die bis zu 20 Touristen durch die Sümpfe fahren.
1/2 Stunden für 11 $.
Warum müssen diese Boote so laut sein, wenn die Automotoren hier so gut isoliert sind, dass man sie kaum hört????
Die Strecken, die sie langdonnern, gibt es keine Tiere mehr.
Dafür kann man die Alligatoren beim "Alligator Ringen" am Campingplatz bewundern.
Wir schenken uns beides.
Dafür ausgiebige Spaziergänge durch die Marsch- und Sumpflandschaft bei herrlichem Sonnenschein.

Na und wo landen wir anschließend?
Bei Bob, denn die Lieferung unseres neuen Motors dauert über die Feiertage.
Dort lassen wir den Wagen, es ist noch einiges zu machen, und nehmen uns wieder mal einem Mietwagen und basteln noch etwas rum, Gardinen, Streichen.
Außerdem bauen wir eine Fliegentür vor der Seitentür: Winkeleisen, Fliegengitter und Phantasie.

Sylvester verbringen wir bei Gunter und Eleonora.
Sie sind unterwegs, aber wir haben das Haus für uns.
Um 18.00 Uhr erster Sekt: Sylvester in Deutschland, 24.00 Uhr amerikanisches "Happy New Year".
Wir stehen am Kanal hinter Gunters Haus, und knutschen.
Es ist angenehm mild.

Wofür hat man einen Mietwagen. Also satteln wir die PS und fahren nach Miami.
Horrorstrände, Mallorca; Highway, zwei Meter S
Strand.
Aber es bessert sich in Richtung Key Biscane.
Der Strand wird breiter, Wäldchen.
Das Key erreicht man über eine Brücke und dort genießen wir den Ausklang des Tages, bevor wir wieder bei Gunter einfallen, nicht ohne uns vorher bei "Chicken plus" mit Hühnerflügeln gedopt zu haben.

Auch den nächsten Tag nutzen wir den Mietwagen, indem wir die Küstenstraße bis Fort Pierce fahren.
Wieder tolle Villen, Geld, aber auch öffentliche Strände.
Alles sehr gepflegt, keine "spanische" Küstenstraße.

Und abends: Chicken wings. Was sonst?

Wieder bauen wir bei Bob, und dann mit viel Hoffnung zu Oskar`s Diesel Repair.

Der neue Motorblock soll rein.

Er ist schon schön hellblau gespritzt.

Wenn er so fährt, wie er aussieht, kann ja nichts schief gehen.

Und dann ist er drin. 180 PS, acht Zylinder Chevy.

Verbrauch.???.....

Aber da ist doch ein Geräusch beim Probefahren.

Es ist nur der Reifen.

Übrigens das einzige Geräusch, der Benziner flüstert nur.

Auch nicht schlecht.

Probefahrt nach Key West- so richtig mit unserem fast fertigen „Home".

"Home".

Jetzt hat doch alles mehr Zeit gebraucht, als wir gedacht haben.

Oder?

Erster Stopp in Key Largo an einem Flohmarkt, wo wir übernachten und dann weiter über die Brücken, welche die einzelnen Inseln verbinden.

Leider ist das Wetter schlecht und wir können die tollen Aussichten nicht richtig genießen.

Aber die Postkarten zeigen uns, wie es aussähe, wenn man was sähe.

Aber Key West selbst ist schön, wenn man die Straßen auslässt, in denen die Touristenbahnen entlangfahren.

Hemingway wäre heute sicher nicht mehr dorthin gezogen.

Wir kommen wieder zu der Überzeugung, dass wir die Hauptsaison meiden müssen.

Wir jedenfalls übernachten an einem kleinen Kanal bei Key Largo (wieder) und ich versuche zu Angeln.

Außer dass ich beinahe einen Vogel erwischt hätte, als meine Angel beim Werfen in einem Baum hängen bleibt, bin ich nicht erfolgreich.

Auch als wir versuchen, wir haben es anderen abgesehen, mit Taschenlampen Garnelen mit dem Netz zu fangen, ihre Augen leuchten im Dunkeln, werden wir frustriert.

Nudeln mit Tomatensoße sind auch lecker.

Dafür kleben wir den Boden unseres Autos mit Kachelfliesen aus. Putzfreund-lich.

Mücken und Alligatoren.

Wenn schon im Süden von Florida, muss man in den "Everglades Nationalpark".
Logisch?
 Hoffentlich anders als der Campingplatz am Rande der Sümpfe.
Erster Anlaufsort natürlich das Visitor Center.
Wir bekommen erstklassiges Informationsmaterial. Was sich übrigens in allen
anderen Nationalparks auf unserer Reise wiederholt.
Die Everglades reichten früher bis zum Okeechobee See.
Es gibt zwei Jahreszeiten, eine trockene im Winter und eine feuchte im Sommer.
Jetzt im Winter ist das Gras grau und die "hammocks", bewaldete kleine Inseln,
liegen trocken.
Die Zypressen sehen von weitem wie vertrocknet und tot aus, wie mit einer
Schicht Schnee darauf.

Die Weidelandschaft rechts und links der Straße täuscht, denn überall ist Wasser.
Wir würden gerne von der Straße abbiegen, aber erstens gibt es keine Wege und
zweitens soll die Natur auch ihre Ruhe haben.
So fährt man von einem Aussichtspunkt zum nächsten.
Gut gemacht.
Man läuft einige hundert Meter auf Holzstegen zu den Aussichtspunkten, durch
Sümpfe oder die Wälder und bekommt einen guten Eindruck von den Glades,
zumindest als Autotourist.

Eine geplante Kanutour durch die Sümpfe, 10 Tage mit Zelt, hätte uns sehr
gereizt, aber das Regenwetter hält uns ab.
Nach einem zweiminütigen Spaziergang in den Sümpfen sind auch die
Mückenschwärme dagegen.
Die angebotenen Touristentouren von wenigen Stunden mögen wir nicht.

Wir verlasen den Nationalpark und fahren in Richtung Shark Valley am
Rande des Parks.
Viele Gemüsestände am Straßenrand.
Wenn das kein Problem mit dem Park darstellt.
Farmer und Naturschützer- zwei Welten treffen aufeinander.
Thema Pflanzenschutz und Wasserwirtschaft.
Aber erstmal bunkern wir Tomaten und herrliche Chilis.

Im Shark Valley parken wir an einem Kanal in der Nähe des Parkeingangs.
Kostenlos, einige Wohnmobile.
Wir mieten zwei Fahrräder und radeln die Straße entlang durch den Park, die
auch von einer albernen (subjektiv) Touristenbahn befahren wird.
Nicht einmal die Alligatoren lassen sich stören.
Sind sie aus Plastik? Wo ist der Schlitz für die Groschen zum Reinstecken,

damit sie sich bewegen?
Der Aussichtspunkt am Ende der Straße bietet aber einen sehenswerten
Überblick.
Wir haben noch einen sehr netten Abend mit einem anderen Paar aus einem
kleinen Camper.
Zuvor hatte ich ein gutes Gespräch mit einem Rancher über die Probleme des
Nationalparks. Ich will im Hauptquartier noch mal nachhaken.
Strecke zurück.

Da kommt doch am Abend ein Vertretertyp an unser Auto.
Wir sind eingeladen auf den Nobelcampingplatz von Naples.
Wir müssen uns nur ein Beratungsgespräch anhören, eine Tour mitmachen, und
bekommen auch noch einen Grill geschenkt.
Nanu.
So stehen wir den nächsten Abend in Naples auf dem "Coast to Coast"-
Wir sind neugierig.
Begrüßt werden wir von einem "üblen" Vertreter.
Da aber erst Donnerstag die nächste "Tour" stattfindet, bekommen wir drei
Nächte frei, mit allem Luxus, wie einem Swimmingpool, Duschen usw.
Trotzdem ist der Platz für uns ein Alptraum.
Wagen an Wagen.
"Haben Sie mal Salz" von Fenster zu Fenster, von Wohnmobil zu
Wohnmobil" - oder so ähnlich.
Andererseits ist es abends erstaunlich ruhig.
Als wäre man allein.
Man stelle sich dies in Deutschland vor, wo auf Campingplätzen bis spät in
die Nacht der besoffene Bär tobt.
Außerdem Stromanschluß und Anschluss für Kabelfernsehen.
Warum haben wir noch keinen TV?
Barbara genießt alles, ich bin irgendwie noch nicht "unterwegs".
Für mich ist das eine Probefahrt, passiert noch was????
Die "Tour" entpuppt sich als Ochsentour, nämlich als Gehirnwäsche, um Mit-
glied bei "Coast to Coast" zu werden.
Sicherheit, 600 angeschlossene Plätze in den USA und Kanada, 1$ pro Nacht.
Aber erstmal 5.000 $ Mitgliedschaft für diesen "Homepark".
Die Mitgliedschaft kann man verkaufen oder vererben (jetzt schon?)
Nichts für uns.
Aber den Gas grill bekommen wir doch, zähneknirschend.
Das wir doch woanders und billiger Mitglied werden, übrigens zu unserer
Zufriedenheit, ist eine spätere Geschichte.

Der Morgen beginnt um sechs Uhr (pfui Teufel), denn wir wollen pünktlich bei
Pat vom Everglades Nat.Park sein, und sie hatte wirklich einiges mitzuteilen und

klarzustellen.
Ich schreibe einen Artikel:

Den Everglades fließt die Zeit davon. Probleme in Floridas südlichstem Besuchermagnet.
Der Everglades Nationalpark gehört zu den gefährdeten Naturreservaten der USA
Vertreter der Parkverwaltung geben ihm sogar den ersten Rang und weisen nicht nur auf die weltweit einmalige natürliche Beschaffenheit hin, sondern machen auch auf die touristische Bedeutung des Parks für Florida aufmerksam.
1987 besuchten 815.754 Gäste die Everglades.
Damit ist der Besucherrückgang seit 1979, bedingt durch die Ölkrise- die Parkverwaltung spricht vom Micky Mouse Syndrom, die amerikanischen Besucher scheuten die weite Fahrt in den Süden Floridas und fuhren nur bis Orlando/Disney World - weitgehend ausgeglichen.
Zugenommen haben auch die Besucherzahlen aus Übersee.
Saisonbedingt kommen 40 bis 60 Prozent aus Deutschland und Frankreich.
So gehört ein Besuch des Everglades Nationalparks zu fast allen touristischen Rund-reiseangeboten.
Vom Zentralflughafen Miami bis zum Parkeingang sind es nur 72 km.
Mit dieser Nähe zu den Wohn- und Siedlungsgebieten fangen aber bereits auch die Probleme an.
So verbraucht eine amerikanische Durchschnittsfamilie 189 bis 227 Liter Wasser pro Tag.
Wasser ist aber gerade für diesen Naturpark lebensnotwendig.

<u>*Kanäle - Anfang vom Ende*</u>

Die Everglades erstrecken sich eigentlich als Sumpf- und Marschland vom 100 km nördlich gelegenen Okeechobee-See über fast die Breite Floridas bis zu den Mangroven-wäldern der Florida Bay.
In der niederschlagsreicheren Sommerzeit fließen von diesem See langsam bis zu 80 km breite aber nur 15 cm tiefe Wassermassen nach Süden.
Der Wasserdurchfluss beträgt dann rund 0,8 km/Tag.
Als Folge der Besiedlung und landwirtschaftlichen Nutzung wurden aber weite Teile dieser Landschaft trockengelegt und kanalisiert.
Damit erhöhte sich der Wasserdurchfluss in den Kanälen auf 8 bis 11 km/ Stunde.
Die Folge war ein Rückgang des Wasserstandes in den Everglades, der sich vor allem im 1943 eröffneten Everglades Nationalpark auswirkt.
Hinzu kommt die intensive landwirtschaftliche Nutzung Südfloridas in direkter Nachbarschaft des Parks.
Durch Tiefenpflügung und Sprühbewässerung geht erneut weiteres Wasser verloren, durch überdurchschnittliche Düngung und Anwendung von

26

Pflanzenschutzmitteln wird der Rest des Wassers verseucht, das in den Nationalpark, als letztes Stück der Everglades, gelangt.
Immerhin liefert Südflorida 85 Prozent allen Wintergemüses (Tomaten, Paprika, Zucchini) für die USA und Kanada und ist größter Produzent der USA für Mangos, Limonen und Papaya.
"Wenn die Entwicklung so weiter geht, ist der Nationalpark in 15 bis 20 Jahren kaputt.
Aber bringen Sie einmal die Interessen der Farmer und Städtebauer mit den Interessen der Naturschützer unter einen Hut", meinte dazu Patricia A.Tolle von der Park-verwaltung.
So ist der Bestand an Baumstörchen von 2800 im Jahre 1983 auf 250 im Jahre 1986, der der Weißen Ibise von ursprünglich 250.000 auf wenige Brutpaare zurückgegangen.
Hinzu kommt, dass zum Beispiel Nutzfische, die ausgesetzt wurden, die ursprünglichen Fische verdrängen, da sie sich schneller vermehren und aggressiver sind.
Das gleiche gilt für Pflanzen wie beispielsweise den Brasilianischen Pfeffer, der inzwischen intensiv bekämpft werden muss.
Erkannt ist aber die Bedeutung des Mangrovenrandes an der Küste, als Regulator des Salzgehaltes des Wassers der Küstenregion und als Hochwasserschutz.
Entsprechend intensiv betreibt die Parkverwaltung ihre Aufklärungsarbeit für die Öffentlichkeit und vor allem für die Besucher des Everglades Nationalparks.
Neben Informationszentren und gut ausgebauten und mit Informationstafeln versehenen Wanderwegen (zwischen 6 und 20 km lang) und rund 211 km Kanurouten, gehören Vorträge und Touren mit Rangern zu den Angeboten.
Es werden Bootsfahrten ebenso wie Busfahrten organisiert.
Im Norden des Parks wurde in Shark Valley im Dezember 1987 ein neues Besucher-zentrum eröffnet.
Hinzu kommt die Intensivierung des seit 25 Jahren bestehenden Volontär-Programms. 60 bis 70 Freiwillige arbeiten hier jährlich von zwei bis zu drei Monaten für die Parkverwaltung, die diese ihren Erfahrungen und Qualifikationen entsprechend einsetzt.

Naturschutz sichern.

Der Gesamtetat der Parkverwaltung betrug 1987 rund 6 Millionen Dollar. Davon wurden etwa 1,3 Millionen Dollar für die Besucherbetreuung aufgewendet.
Verstärkt wird die Zusammenarbeit mit externen Organisationen zur Untersuchung der Wasserqualität und der Regulierung des Wasserflusses, bei der Erforschung einiger Tierarten wie zum Beispiel dem Panther und dem Amerikanischen Krokodil.
Das Problem ist erkannt und die Arbeit der Parkverwaltung trägt Früchte.
Dieser Tage fand in Key West eine Konferenz von Spezialisten der

verschiedensten Fachrichtungen statt, und Bob Martinez, Gouverneur des Staates Florida, unterzeichnete eine Erklärung, die alle Ministerien auffordert, die Interessen des Everglades in ihre Planungen mit einzubeziehen.
"Die Everglades sind ein unersetzlicher natürlicher Schatz, der entscheidend für das Leben in Südflorida ist", sagte Gouverneur Martinez. "Wir müssen alle möglichen Schritte unternehmen, um die Zukunft der Everglades zu sichern."

Nach diesem interessanten Gespräch richten wir wieder die Nase unseres Autos in Richtung Fort Lauderdale, wo wir bei Oskar noch den Choke einstellen lassen wollen.
Außerdem kaufen wir uns noch einen kleinen Fernseher.
Muss man in Amerika haben. Oder?

Oskar gab mir dann noch ein Interview:
Heute verlassen wir Oskar Mendes und er wird uns noch etwas sagen über den alten und den neuen Motor.
"Oskar, what has happened to the old engine in our truck?"
" Well, as you can tell right, we found out that you had problem with the glowplugsystem that they keep on burning and after trying so many times to fix it we find out that we are wasting our time because they just keep on burning out and therefore we decided to change the engine and convert it from diesel to gas."
"How long did you work at the old engine?"
"We already worked an average of forty hours trying to solve the problem to find out that we were not successful."
„But you don`t know exactly what the problem had been."
"Well we came to the conclusion that the problem was not the engine itself but was on the wiring which was part of the truck and it would be quicker and cheaper to convert the engine."
"You also asked some official dealers".
"We contact most of the dealers in town and in their opinion they agree with us to change the engine.
"What type of engine it had been?"
„A 6.2 Chevy diesel engine, and now you have a 350 Chevy million duty application four barrel carborator engine."
"Well, we had a small test to Key West, it runs good and we hope it will work the next 200.000 miles.
Oskar, thank you very much."
"You are welcome, I feel very confident that you will have no problems I wish you the best luck, I am appreciating meeting you and we will always remember you two nice German people."

Jetzt bleibt ja nur zu hoffen, dass er uns nicht nur in sein Herz geschlossen hat, weil er so gut verdiente.
Immerhin wird uns später erzählt, das unser Motor für 3000 $ überteuert gewesen

sei.

Ich schrieb eine Glosse über diese "Glosse":
Bitte suchen Sie eine Spezialwerkstatt auf.
Mit dem eigenen Auto vereisen, ein alter Hut.
Das Fahrzeug in den USA kaufen, Land der Automobile, dichtes Werkstattnetz,
genug Auswahl, warum nicht.
Aber wer wird denn gleich an die Werkstatt denken?
Selbst schon genug am Auto repariert.
Früher, alter VW-Bus, Schraubenzieher und Schlüsselsatz waren genug.
Vielleicht noch ein Fachbuch zum Selbstreparieren.
Wenn dort stand " Bitte suchen sie eine Werkstatt auf", -- dann erst recht nicht.
Ging eigentlich auch immer so.
Das Auto in Amerika war schnell gefunden.
Chevy, Lieferwagen, Diesel.
Ideal zum Ausbau als Wohnmobil.
Diesel. Hält ewig, wenig Elektrik.
600 Meilen später sprang er nicht mehr an.
"Bitte suchen Sie eine Werkstatt auf."
Diesmal wohl doch.
Die erste Werkstatt arbeitet unter meinen "fachmännischen" Augen einen Tag."
Sorry Mister - bitte suchen Sie eine Spezialwerkstatt auf"
Noch eine Woche bis Weihnachten sollte reichen.
Die Spezialisten waren vier Tage zu Gange.
Auch hier ertrug man meinen wachsamen Blick.
Zwei Sätze Glühkerzen brannten durch, waren nicht mehr rauszuschrauben.
Abbrechen und durch die Öffnung der Einspritzdüsen rausfummeln.
Zwei Relais und zwei Kontrollfühler wurden durchprobiert.
Inzwischen machten wir eine schöne Weihnachtsfeier in der Werkstatt mit. Buffet
und kalte Getränke für die Gäste, Kunden und Freunde.
Zu Weihnachten dann die Rechnung.
Das Auto sprang immer noch nicht an.
Inzwischen waren auch die Vertragswerkstätten konsultiert worden.
Keine Idee, das Problem ist unbekannt.
Gibt es nicht.
Tauschen Sie die Relais aus.
Über die Feiertage bekamen wir eine Dose Sprühstarter geschenkt: Nicht bei
Glühkerzen benutzen.
Aber von denen war sowieso nur noch das Schraubgewinde im Motor, um die
Löcher abzudichten.
"Fahren Sie irgendwo auf einen Campingplatz und machen sich schöne
Feiertage.
Vergessen Sie die Probleme. Danach sehen wir uns wieder.
Bis dahin haben wir einen neuen Motor für Sie."

Weihnachten war trotzdem erholsam, das Auto ist fast fertig wohnlich ausgebaut.
Neujahr war ruhig - und zurzeit wird ein neuer Motor eingebaut.
Ein Benziner-Chevy.
Wegen der Aufhängung und der Anschlüsse.
Sollten Probleme auftreten: "Bitte suchen Sie eine Spezialwerkstatt auf."

Dann kommt der letzte Abend, diesmal wieder bei Klaus vor dem Haus, denn Elenore ist krank. Immerhin werden wir diesmal eingeladen, denn es sind noch andere Freunde dort.
Unter anderem ein Pärchen, das seit zwei Wochen mit einem VW-Bus unterwegs ist.
Sie erzählen uns von einer Organisation, die SERVAS heißt. Als "Reisender" ruft man "Gastgeber" an oder schreibt ihnen und besucht sie dann für einige Tage und ist dort zu Gast.
Erscheint uns gut, um Kontakte zu bekommen und nicht isoliert im Wohnmobil an den Amerikanern vorbei zu fahren.
Die Beiden allerdings nutzen die Gastgeber nur als billige Unterkunft, jeden Abend einen anderen. Das soll nicht der Sinn der Sache sein, sind wir sicher.
Aber Nassauer gibt es überall.
Wir jedenfalls werden uns über eine Mitgliedschaft Gedanken machen.

Kalt ist es heute. Im Fernsehen wird ausführlich berichtet, dass die Obstfarmer "Wache stehen", um bei Frost ihre Bäume mit Wasser zu besprühen. Unter dem Eis über den Orangen, gefrieren die Früchte nicht. Wissenschaftlich bewiesen und doch möchte ich mich nicht mit einem Eismantel wärmen müssen.

Die nächsten Tage verbringen wir noch bei Bob auf dem Werkstattgelände und machen das Auto endgültig fertig.
Ich darf sein Werkzeug und seine Maschinen benutzen, abends klönen wir noch einige Runden.
Zum Abschied veranstalten wir eine kleine Feier und Bob bekommt einen Orden.
Freunde hatten uns zum Abschied in Hamburg einen alten Orden aus dem Dritten Reich geschenkt: "Kann man bestimmt gut in USA verkaufen."
Und so wird Bob zu einer "Deutschen Mutter". -- Mutter aller RV-Besitzer.
Verdient hat er ihn bestimmt.

Weniger erfreulich ist ein erneuter Versuch, unser Geld auf einer Bank los-zuwerden. Selbst nicht in der Zentrale der Barnett Bank. Die verschiedenen Banken sind tatsächlich nicht miteinander verbunden, es gibt -wie bei uns die Euroschecks- keine allgemein und überall gültigen Schecks.
Aber auf den Mond fliegen, das können sie. So legen wir unsere restlichen Mengen an Travellerschecks auf drei Monate mit 6.25% an. Danach soll das Geld, bis dahin brauchen wir es hoffentlich nicht, auf ein normales Sparkonto.

Von dort kann man sich dann per Brief, mit viel Kosten, Geld woanders hin überweisen lassen. Wenn man Zeit hat.
Wir werden vorerst von unserem Geld in Deutschland mit der Eurokarte leben.

On the road again ?

Jetzt will ich aber die erste Nacht, endlich nach vielem Verabschieden unterwegs, nicht als Omen für unsere Reise betrachten.
Es ist der 30.Januar 1988, wir stehen in der Nähe der <1> an einem kleinen Kanal und schlafen, als ich wach werde, weil die Polizei ein anderes Auto wegschickt.
Kurz darauf klopft es dann auch bei uns. Also in die Hose und nach vorne ins Fahrerhaus. "Your passport please".-
"Thank you, good night."
Und damit fahren sie wieder weg.
Leider ist auch das andere Auto bald wieder da und noch einige andere mit Halbstarken, die jetzt feten und als "Mutprobe" an unser Auto bumsen.
Was oder wer mag da wohl drin sein?
Unsere Fenster sind so hoch angebracht, dass man nicht einfach von draußen reinsehen kann.
Uns aber wird es zu blöd und wir fahren weiter auf eine Raststätte, wo wir zwischen anderen "LKW`s" schlafen.

Gemütlich tuckern wir weiter in Richtung Cape Canaveral. Die Nebenstraßen entlang.
Ein Nachtplatz soll laut einem Reiseführer an einem kleinen See sein.
(USA/Kanada, H.R.Grundmann).
Bis auf seinen Spleen, jede Bade- oder Surfstelle zu erwähnen, ganz gut.)
Wir also hin.
Ach du je, eine inoffizielle Müllkippe inzwischen.
Wie schnell werden Reiseführer mit Wegbeschreibungen überholt.
Mir ist klar, warum überall "No Trespassing" steht, wenn jeder seinen Dreck beim Nachbarn liegen lässt; wie bei uns.

Das Space Center ist ganz interessant.
Wie klein waren doch die ersten Raumkapseln.
Da wurden später nur Menschen gegen Affen ausgetauscht.
Man hat ja inzwischen viel vergessen.

Die Fahrt mit einem Bus zu den Abschussrampen schenken wir uns und wollen uns Lieber in Cap Canaveral ein Museum über die Schätze aus den spanischen Galeeren und Goldtransportern ansehen.
Leider gibt es das Museum nicht mehr.
So sitzen wir in der Sonne, relaxen.

"You must see Disney World, it is just unbelievable."
So sind wir also da.
Immerhin 28 $ pro Tag und Person plus 8 $ Parkplatz.
Wir sind skeptisch, Mickey Mouse und Ringelpiez?
Aber kurz gesagt: Es war super!

Erste Abteilung das Epcot Center mit seinen Gebäuden und Shows.
"Die Welt der Energie", man saß in einer Art Kino und sah einen Film an, als die einzelnen Sitzreihen als riesige Wagen hintereinander losfuhren.
In die Vergangenheit, eine bewegte Landschaft mit Sauriern, fuhren wir.
Selbst der "Geruch" stimmte.
Noch besser die "Welt der Bewegung". man saß in kleinen Wägelchen.
Sie fuhren an bewegten Bildern und Szenen vorbei, alles Roboter, die aussahen wie lebende Menschen oder Tiere, vorbei in die Frühgeschichte der Fortbewegung.
Vom Ur-Menschen, der seine glühenden Füße kühlte, über die Erfindung des Rades, die ersten Flugzeuge bis zur Gegenwart.
Am besten gefiel mir das "Land der Fantasie" von Kodak.
Alle "Shows", bzw. Gebäude sind von Firmen gesponsert.
Man begleitete sozusagen in seinem Wägelchen einen Märchenerzähler in seiner Flugmaschine, der einen mit seinem kleinen Drachen durch die Möglichkeiten der Illusion führt, begleitet von Musik.
Wie schön, wieder ein Kind sein zu dürfen.
Schön sind auch die Wasserspiele. Einer spuckt springende Wasserschlangen aus. Lustig, wenn die Kinder versuchen, sie zu fangen und nass werden.

Ein Thema für sich, die Länderpräsentationen um einen See herum.
Deutschland besteht aus einem kleinen Städtchen; natürlich mit Fachwerk und Brunnen.
Wie sich die Amerikaner Old Germany vorstellen.
Dazu Sauerkraut und immerhin auch frische Laugenbrezeln, die ich mir nicht entgehen lasse. Gut organisiert, die Warteschlangen, immer wieder trifft man "alte Gesichter" zum klönen.
Weiter geht es mit einer Einschienenbahn zum Hafen und mit der Fähre zum "Magic Kingdom", dem zweiten Komplex von Disney World.
Dies entspricht mehr unseren Vorurteilen, muss aber für Kinder das Paradies sein.

Mit Mickey Mouse oder Goofy auf einem Foto, mit dem Raddampfer durch die Märchen, vorbei an der Robinsoninsel oder dem Wilden Westen.

Wieder sind die meisten "Aktivisten" Roboter.

Aber superecht gemacht.

Oder mit der Nautilus durch Käptain Nemo`s Reich.

Dazu Mengen Restaurants und Shops.

Das Eis ist äußerst lecker.

Abends sind wir wieder im Epcot Center.

Alles ist jetzt beleuchtet, es ist fast leer, die Musik, die überall ertönt, können wir gut genießen.

Über dem "Golfball", ein Gebäude und Wahrzeichen der Anlage, steht der Vollmond, diesmal der Echte.

Wir lassen die Stimmung auf uns wirken, ich kämpfe mit dem Fotoapparat.

Abschluss ist ein Feuerwerk.

Was ein schöner Tag, nur viel zu kurz.

Es ist wirklich schwer, über diese Anlage zu berichten.

Soll ich die riesigen Ausmaße beschreiben?

Immerhin 4000 Acres, wenn ich die Wälder und Seen, die Hotel- und Freizeitanlagen mitrechne?

Und da sind die MGM-Studios noch nicht mitgerechnet.

Soll ich berichten, dass dort rund 28.000 Angestellte arbeiten, dass jährlich um 20 Millionen Besucher kommen, 250 Millionen (Stand 1984) seit der Eröffnung?

Dass man seinen ganzen Urlaub dort verbringen kann: Tropical Gardens, Badespaß, Golf, Tennis, Restaurants, Shows; Freizeit – perfekt.

Jetzt würden mich noch die Hektoliter Cola interessieren, die täglich getrunken werden, die Tonnen Speiseeis, tausende Luftballons.

Wieviel Kilometer unterirdische Versorgungswege, wieviel Strombedarf, wieviel Tonnen Müll pro Tag.   Faszinierend!!!!!

Der erste Kreis hat sich geschlossen.

Wir sind wieder in Tampa, nicht ohne vorher die "Sea World" besucht zu haben.

Wasserskishow, Fresst- und Souvenirstände. Delphine und ein Aquarium, wo die Fische vom Taucher gefüttert werden.

Mit dem "Weißen Hai" wäre es interessanter.

Wir übernachten auf dem Platz bei Robby. Er ist zwar nicht da, aber er kennt ja unser Auto. Morgens dann zu Jerry, der uns das Auto verkauft hat.

Eigentlich will ich Stunk machen, aber was sagt er: *" Warum habt ihr mich nicht aus Fort Lauderdale angerufen? Wir hätten euch sofort hierher geschleppt und den Wagen repariert, billiger!"*

Scheiße.

Wir sind doch noch keine Amis.

Ein Auto über 300 Meilen abholen!

Wir stellen uns vor, ein gebrauchtes Auto in Hamburg zu kaufen und dann bei Problemen aus München anzurufen.

Hahahahahh.

Gerry, der Bruder von Jerry lädt uns ein, bei ihm zu wohnen.
Er und Kim haben ein herrliches Haus mit Swimmingpool innen, an einem
kleinen See und genug Platz, uns unterzubringen.
Die Wut verraucht.
Wer hat uns über den Tisch gezogen? Oskar oder Jerry ?????

Das Thema "Servas" hat uns weiter beschäftigt und auf telefonische Anfrage
bekommen wir eine Kontaktadresse in St.Petersburg, der anderen Doppelstadt-
hälfte von Tampa.
Also hin.
Um Mitglied bei Servas zu werden, muss man sich bei einem
Koordinator vorstellen.
Sind wir seriös genug?
Es sind reizende ältere Leute, die uns "beschnüffeln" und für gut befinden.
Mitgliedsbeitrag o.k.
Also jetzt sind wir "Servas-Traveller".
Wir werden es nicht ausnutzen (Servas 11 John Street, New York, NY 100389).
Es ist eine Friedensorganisation, denn Menschen, die sich und Menschen aus
anderen Ländern und Kulturkreisen kennen, keine Kriege gegeneinander.
Sehr richtig.
Auf dem Klo haben sowieso alle einen roten Kopf beim Drücken.
Wir sind jetzt also "Traveller" und sollen ein dickes Buch für die USA von
"Gastgebern", die gerne Gäste aufnehmen, bekommen.

Da Sonntag ist, sind Kim und Dewayne abends immer noch im Schlafanzug, was
wir gut finden, denn es zeigt, dass wir in den Tagesablauf und den Rhythmus in-
tegriert sind.
Ich koche: Bohnen- Nudel-Auflauf.
Aufläufe können wir in unserem Auto nicht machen, denn wir haben keinen
Backofen.
So nutze ich die Möglichkeit. Lecker, lecker!
Anschließend eine Runde Pool-Billard.
Mir gelingt ein Traumschuss - schwer, das neue Image aufrecht zu erhalten.

Ein R- Gespräch zu Babs Eltern scheitert.
Ich glaube es nicht.
Nie davon gehört, dass unsere Post in Deutschland keine R-Gespräche mehr
bearbeitet (R-Gespräch = der Empfänger übernimmt die Kosten).
Da kann man ins tiefste Afrika telefonieren per R-Gespräch, aber nicht nach
Deutschland!
Armes Deutschland.
Wohl kommentarlos unter den Tisch gefallen.
Na ja, Monopol, der Kunde ist immer der Dumme.

Dafür erzählt uns Kim, sie ist Operator bei einer Telefongesellschaft, so einige Horrorgeschichten. Alle drei Stunden eine Pause von 15 Minuten, wenn die Blase zwischendurch drückt, geht es vom Gehalt ab.
Für jede Verbindung hat sie 27,5 Sekunden Zeit zur Vermittlung.
Dauert es länger, bekommt sie Minuspunkte, desgleichen, wenn sie die falschen Floskeln benutzt: Thank you for using xxxxxx.
Es wird mitgehört.
Nichts mit Telefonseelsorge.

Wir fangen an, die optimale Organisation der National-, State- und Recreationparks zu nutzen.
Da kann Europa einiges lernen.
Zuerst der "Manatee State Park".
Ein Park für Seekühe (Manatee) im Norden Floridas.
Es ist schön.
Ein runder See mit Abfluss in den Suwannee- Fluss.
Eine unterirdische Quelle, 85.000 Gallonen pro Minute.
Sie brodelt eicht und ist warm, kristallklar.
Hübsch angelegt, mit Spazierwegen, Stegen.
Wenige Menschen.
Es gefällt uns so gut, dass wir zwei Tage blieben. Kraniche, Misteln und andere Schlingpflanzen, die die Baumwipfel umranken, alles ist noch ursprünglich.
Manatees allerdings sehen wir nicht.
Macht nichts, die Viecher haben genug Probleme, nicht von Motorbooten über den Haufen gefahren zu werden.

Nächster Stopp: die Wakulla Quellen.
Laut ADAC sehenswert, für uns aber waren die Manatee Springs schöner und urwüchsiger.
So sind wir bald auf der St.Joseph Peninsula, wo wir im State Park an der Inselspitze übernachten.
Die Küsten sind bebaut mit Villen auf Stelzen, die man mieten kann. 200$ die Woche außerhalb der Saison, also jetzt; Mit mehreren Schlafzimmern, z.T. mit Kamin. Erscheint uns eine gute Idee, mit mehreren Freunden, zu sein.
Der Strand ist schneeweiß, Sand wie aus der Eieruhr.
Trotz der Kälte machen wir einen ausgiebigen Spaziergang und sammeln Muscheln.
Es ist herrlich. Es sind gerade 4°C, der Wind ist eiskalt.
Sind wir in Florida?

An der Küste geht es weiter nach Pensacola Beach vor Alabama.
Eine schöne Landschaft, falls man sie von der Straße aus sieht.
Sonst, wie USA aus dem Lehrbuch.
Schnurgerade Straße.

Rechts und links Motels, Vergnügungsparks, Schnellimbisse.
Bunt, Neon, oberflächlich, Mallorca an der Küste? Irgendwie trotzdem anders,
denn es gibt keine Hochhäuser.
Wofür auch, Platz ist genug da.
Wir halten uns nicht lange auf.

Blick auf den Kalender: Karneval, oder Mardi Gras, wie es hier heißt, es ist der
14.2.
Pass Christian/ Mississippi ist unser nächster Stopp.
Wir finden einen guten Parkplatz und beobachten das Treiben, das schon tobt.
Picknick am Straßenrand, Grills, Schnickschnack.
Eigentlich ist die Parade überflüssig, alles amüsiert sich auch so schon.
Vor der City Hall ist abgesperrt, für die Obermuftis, incl. einer Tribüne und
Hochstand für die Fernsehkameras.
Da man dort die Parade besser sehen kann, ignorieren wir die Absperrung, wofür
habe ich einen Presseausweis.
Und was passiert?
Wir werden erwischt und als deutsche Kollegen dem Bürgermeister vorgestellt.
Außerdem gibt es ein Buffet.
Es ist die 58. Parade, wie er uns stolz erzählt.
In Pass Christian leben rund 8000 Menschen, zu Mardi Gras kommen 40.000.
Interessant auch, dass hier diejenigen Karnevals-Prinz und Prinzessin werden,
deren Organisation am meisten Geld für die Kirche sammelt.
Sie organisiert den Umzug und sackt 90% des Gewinns ein.
Die Stimmung ist gut, ohne Kostüme.
Sieht man kaum.
Aber dann kommen die Umzugswagen, in erster Linie geschmückte Trucks.
Es werden Perlenketten ins Volk geworfen, keine Bonbons, wie bei uns.
Außerdem Münzen als Gutschein für z.B. eine kostenlose Pizza bei "Pizza Hut".
In der Regel geht es friedlich ab, nur gelegentlich haben einige Idioten den
Ehrgeiz, alles zu fangen und setzten sich brutal gegen jeden durch.
Schlägerei für 5 Cent Plastikketten?
Anyway. Ich erwische für Babs eine wunderschöne Muschelkette, Sonderwurf.

Abends stehen wir mit dem Wagen am Kai.
Es klopft. *"Wie wäre es mit drei Tagen kostenlosem Campingplatz-Aufenthalt?
Sie müssen nur eine Tour mitmachen, sich etwas anhören."*
Kommt uns doch bekannt vor.
Es gibt auf alle Fälle einen guten Satz Küchenmesser umsonst.
So stehen wir also auf einem Campingplatz, Pass Christian, Gulfport Ressort,
Five stars.
Die Tour war diesmal gut, richtige Beratung.
Lebenslange Mitgliedschaft 4.995 $.
Nichts für uns. Zehn Jahre 1.995 $.

Was sollen wir damit?

Man lässt mit sich handeln. Rechenaufgabe: Zwei Jahre für 795 $, auf allen Plätzen 1 $ pro Nacht, also 365 plus 795 gleich 1160 durch 365 gleich rund 3$ pro Nacht auf einem der 600 Mitgliedsplätze.

Passt.

Wir werden Mitglieder.

Eigentlich hätten wir bei all dem Entgegenkommen misstrauisch werden müssen!?!?

Außerdem ist der Platz nicht sonderlich einladend.

Für amerikanische Verhältnisse schmutzig.

Das wissen wir zu diesem Zeitpunkt aber noch nicht.

Na ja.

Wir zahlen mit Eurocard.

Unser Vertreter macht auch per Telefon gleich die Übernachtung für den nächsten Abend, 1$, in Alice Springs für uns fest.

Doch siehe da, als wir dort ankommen, ein Schild am Eingang: "Bis April geschlossen".

Nanu?

Die Besitzerin hatte auch keinen Anruf bekommen, geschweige denn eine Reservierung erhalten.

Der Platz ist sowieso überschwemmt.

Sie rät uns, bis zum Yogi Bear Jellystone Park Camp Resort in Roberts/ Louisiana weiterzufahren.

Auch ein Coast to Coast Platz.

Schwer frustriert fahren wir also hin.

Wir sind verunsichert.

Und dann kommt der zweite Schock.

Unser "Homeplatz" in Pass Christian ist auf der Schwarzen Liste und nicht mehr autorisiert, Mitgliedschaften zu verkaufen, steht in der Mitgliederzeitung, die wir hier bekommen.

Die Zeitung hatten wir auch schon in Pass Christian bekommen.

Allerdings hatte man dort die letzten Seiten, wo dies stand, entfernt. Scheiße!!!

Also ist unser Vertrag ungültig.

Wir aber dürfen erstmal als Gast von Maurice, dem Parkbesitzer, hier bleiben, bis wir unser Problem gelöst haben.

Es gibt noch nette Menschen.

So sperren wir zuerst mit einem Telefonat nach Deutschland unsere Auszahlung mit der Eurocard.

Das geht zwar nicht so einfach, erst muss gezahlt werden und wenn der Einspruch berechtigt ist, wird zurückgebucht, es dauert Zeit.

Aber es klappte letztendlich.

Wir bekommen unser Geld zurück, die Gauner nichts.

Wenigstens kein Verlust und vor allem kein Erfolg für die Verbrecher im

Gulfport Resort. Puh.
Ein Schreiben an Coast to Coast ist weniger befriedigend, denn man zieht sich
auf die Aussage zurück, dass man nur eine "Verwaltung" sei und nicht
verantwortlich für die Aktivitäten der Mitgliedsplätze.
Ganz schön schwach.

"Mardi Gras" in New Orleans

Wie auch immer, jetzt ist erstmal Mardi Gras, in New Orleans.
Wo ist meine rote Pappnase?
So fahren wir über die 29 Meilen lange Brücke über den Lake Pontchartrain in
die Stadt.
Ein eigentümliches Gefühl, eine Brücke dieser Länge.
Rechts und links Wasser, die Straße bis zum Horizont vorne und hinten, erst jetzt
spät tauchen die ersten Hochhäuser in der Ferne auf.
Wir parken auf einem bewachten Parkplatz, teuer.
Im French Quarter ist schon die Hölle los.
Laut Reiseführer ist Mardi Gras nur vergleichbar mit dem Karneval in Rio.
Wir stimmen dem zu.
Zuerst kommt der Zulu-Zug.
Massen über Massen von Menschen.
Riesen LKW`s und Zugmaschinen, geschmückt, dazwischen berittene Polizei,
um den Weg freizuhalten.
Es folgt der Rex-Zug.
Ca. 200 Wagen.
Das Volk kocht.
Krieg um den Schnickschnack, wie gehabt Plastikketten, Becher, usw.
Ein ganz großer Prozentsatz der Besucher sind Schwarze, logisch, der größere
Prozent-satz der Bewohner von New Orleans sind Schwarze.
Wie drückt man das freundlich aus, wenn diese besonders um den Tinnef
kämpfen?
Rex oder Zulu sind Mardi Gras Vereine, die sich auch das ganze Jahr durch auf
ihre Umzüge vorbereiten.
Louis Armstrong war übrigens 1949 King Zulu.
Viel Spaß macht der Gang durchs Quartier, die Transvestiten und Exhibitionisten
toben sich aus.
Die Balkone sind gestopft voll, von dort werden Ketten hinunter geworfen und
um-gekehrt.
Nicht ohne Bedingungen: "Show your tits" oder so, und das aus hunderten von

Kehlen.

Babs kann jetzt mit Ketten handeln.

Die sie gefangen hat, ohne Zugabe, bitte schön.

Die Kostüme im Quartier sind teilweise ebenfalls, wie man es aus Rio kennt.

Federarrangements, nicht ohne Hilfen zu tragen, tolle Masken und viel Spaß überall, kein "Bierernst", wie bei uns bekannt.

Arme Stadtreinigung, der Dreck liegt kniehoch im Rinnstein.

Spät quälen wir uns in einer Autoschlange aus der Stadt.

Was ein toller Tag.

Die nächsten Tage bleiben wir in Roberts, machen uns über verschiedene Quellen und andere Camper sachkundig über Coast to Coast und werden dann wieder Mitglied, diesmal mit dem Yogi Bears Jellystone als Homepark.

Auf dem Homepark kann man 30 Tage pro Jahr kostenlos stehen.

Beitrag hier 795 $ pro Jahr.

Diesmal bekommen wir auch einen Homepark- und CCC-Ausweis und erwerben die 1$ Nachtkarten für die anderen Plätze.

Jetzt hat alles seine Ordnung (und hat sich am Ende unserer Reise auch gut gerechnet).

Unser Platz hat für Mitglieder viele Aktivitäten.

Heute früh French Breakfast, morgen Abend Crawfish- (Krebse) Party.

Man macht sich viel Mühe und die Anlage ist großzügig und sauber.

Leider findet seit heute, mit Unterbrechungen, die zweite Sintflut statt.

Ein Ausflug bringt uns nach Baton Rouge und wir besuchen das Capitol von Louisiana.

Sehr hübsch, Babs ist ganz erstaunt, dass man hier nicht nur Pizza Huts bauen kann.

Eine Enttäuschung ist aber die Catfish Town.

Laut Reiseführer ein alter restaurierter Stadtteil.

Sehr schön und liebevoll gemacht, aber die Läden leer, Totentanz.

Eine Spekulationsruine?

Zurück geht es über kleine Straßen, über Flüsse, die wegen des Regens zu kleinen Seen angeschwollen sind.

Auffällig, dass jeder freie Platz, jeder Waldweg einer Müllkippe gleicht.

Wie kann man sich nur so zusauen????

Wir verbringen noch einige Tage in Roberts, bis unsere Post kommt, die uns Hella aus Washington, unsere USA Kontakt-Adresse, nachgeschickt hat.

Dabei ist auch das Servas- Handbuch mit den Adressen der USA-Hosts.

Angegeben sind neben der Adresse die Hobbys, das Alter und der Familienstand, Beruf, besondere Interessen und wie lange Gäste aufgenommen werden oder ob sie auch Amerikaner nehmen.

Da es ja der internationalen Verständigung dienen und kein Hotelersatz sein soll, nehmen viele keine eigenen Landsleute auf.
Im Laufe der Zeit lernen wir, auch zwischen den Zeilen zu lesen: Einzelner Mann, nimmt nur Männer, Interessen besondere Erfahrungen.
Na und.
Wir rufen Mona in New Orleans an und fragen, ob sie uns aufnehmen will.
Wellcome.

Diesmal nehmen wir die alte <51>, die neben dem Highway durch die Swamps entlangführt.
Mona ist eine ältere Dame, die in einem Appartement in der Nähe der Uni wohnt.
Wir schlafen bei ihr und lassen bangen Herzens, unser Auto allein vor dem Haus stehen, nicht ohne alle Wertsachen auszuräumen.
Sie erzählt auch noch, dass dies eine unsichere Gegend wäre.
Wir sollen vorsichtig sein.
Aber alles geht gut.
Wir bewundern ihr Gästebuch mit Eintragungen der vielen Gäste aus aller Welt.
Abends kommt noch Besuch und es wird ein gemütlicher Abend mit "Gumbo", einer typischen Cajun Suppe. Seafood, Chicken, Okra, Schrimps.

Den nächsten Tag besuchen wir das größte Mardi Gras Museum "The Old U.S. Mint".
Äußerst interessant.
Dann geht es nach Algier.
Kein Tippfehler sondern ein Stadtteil von New Orleans auf der anderen Mississippi Seite.
Ganz nett, und super, nämlich "Algiers Landing".
Ein Restaurant auf Stelzen im Wasser.
Von außen völlig verkommen aufgemacht, als ob es gleich zusammenbricht?
Innen fünf Sterne.
Wir machen uns hübsch und erhalten einen tollen Platz am Fenster mit Blick über den Fluss auf das French Quarter.
Wir nehmen uns viel Zeit, haben unseren "eigenen" Kellner und einen Boy, der das Eiswasser nachgießt.

Filet und Schrimps, Krebse mit Pilzen, eine Muschelpastete, mit Bacon umwickelte und gegrillte Austern, Krokodilsteaks, Schokoladenmousse-Kuchen.
Langsam wird es dunkel und in New Orleans gehen die Lichter an.
Was kann das Leben schön sein.

Über den nächsten Tag soll Mona berichten:
Fat Jackie, my cat, waked me im time to prepare ein tolles Frühstück for Bar-barc (muesli etc.) and Hartmut (one egg overpoached in the microwave, sausage etc.).

*Morning was warm and cloudy as we boarded the bread truck /camper for Jean
Lafitte Park across the river.*
*Drove past the "goast house" in Lower Garden Distrikt, where part of movie
"Pretty Baby" was filmed.*
*House has been in family of a former co-worker since before Civil War and was
used as headquarter for general "Beast Butler" during Yankee occupation of
Louisiana.*
*Saw movie at visitor centre of Lafitte Park, walked the Coquille (shell) trail, saw
snakes, a small blue heron and some alligators   .*
*Drove south to the village of Lafitte and Bouttee`s Café which has a secret
outside deck with tables.*
*Talked to a lady near Bayon Barataria about the flood of 1986 caused by the
storm Juan, which floated coffins out of the family Friedhof.*
Back in N.O. bought muffalettas at central grocery and came home.
Great movie on TV about an old horse that had a foal died.
Gute Reise- Mona

Zum Lafitte Park noch ein paar Sätze.
Es ist ein kleiner Park, aber einfach super, jedenfalls an diesem nebligen Tag.
Schmale Kanäle durch einen Wald, der aussieht, als wäre hier die Heimat aller
Grusel-filme.
Die Bäume sind mit dichten Vorhängen von Moosen behangen, der Nebel zieht
wie Schleier durch die Sümpfe und wallt um die toten Äste.
Grau in grau, gelegentlich nur leuchten die roten Blüten einiger
Schmarotzerpflanzen durch das Geäst, usw., grusel, grusel.
Wenn man Phantasie hat.

New Orleans ist einen weiteren Tag wert.
Sonntag auf dem French Market, French Quarter.
Wir sitzen im Straßencafé, trinken Café au lait und schauen dem Treiben um uns
herum zu.
Straßenmusikanten, Clowns, Pantomime und Maler. Pferdedroschken.
Wie Montmatre. Wir lieben diese Stadt.

Don`t mess with Texas

Was wäre Louisiana ohne seine Plantation Homes, die alten Villen der Plantagen
Besitzer am Mississippi; Destrehan Plantation (gebaut 1787), San Francisco
Plantation (1856), Oak-Alley Plantation (1837), fast schon kleine Schlösser.

Interessant für Babs als Ärztin, ist dann das U.S.P.H. Hospital (National

Hansen`s Desease Center) in Carville.
Zweimal pro Tag gibt es eine Führung, allerdings war nicht viel los.
Zuerst einen Film über die Lepra-Krankheit, um Vorurteile abzubauen und die
Heilungsmöglichkeiten zu zeigen.
Das Krankenhaus liegt auf einem 300 Acres großen Gelände, mit Golfplatz,
Theater, 2 Kirchen, Apartments und einem Stationstrakt mit 50 Betten.
Eine kleine Stadt für sich.
Eine eigene Zeitung wird sogar herausgegeben.
Zurzeit sind dort 195 Patienten, einige nur für Monate, andere für Jahre.
Der Komplex ist für 700 Patienten eingerichtet.
Es wird international kooperiert.
Ich dachte eigentlich, dass Lepra kaum noch existiert und muss mich belehren
lassen, dass es noch rund 5 Millionen Kranke gibt.

Am Mississippi Ufer eine Fabrik oder Raffinerie an der anderen, der Fluss ist
hier immer noch für Hochseeschiffe befahrbar.

Letztes Plantation home ist die Nottoway Plantation (1859) in White Castle.
Für uns Europäer schon komisch, wie man sich um Geschichte bemüht. Jedes
Möbelstück wird gepriesen, als sei es 1000 Jahre alt, erinnerte mich aber mehr an
meine Großeltern.
Jetzt gehört es einem Australier, der nur gelegentlich herkommt.
Die Vorbesitzerin hat lebenslanges Wohnrecht, einige Zimmer werden für 150
bis 250$ pro Nacht mit Frühstück vermietet.
Mein Wundern, warum die meisten Plantation homes so dicht am Wasser liegen,
wird aufgeklärt.
Früher war das Flussbett des Mississippi weiter weg. Aha.

Dann wollen wir es scharf.
Wir besichtigen die Tabasco-Fabrik in Avery Island.
Salz und Pfefferschoten drei Jahre lagern, dann mit Essig mischen, filtern und
abfüllen.
Fertig.
Zur Insel und Fabrik, alles Privatbesitz, gehört ein schöner Park, Jungle Garden,
mit einer Reiherbrutkolonie in einem See.
In Lafayette haben wir uns wieder mal bei einem Servas-Host angemeldet.
Nette Leute, viel Geld, 3 Autos, 2 Schiffe, Flugzeug, Haus, Motorhome.
Herrman lebt nicht schlecht.
Er zählt sich zu den Cajun (Franzosen aus Kanada) und kann interessant
erzählen.
Es regnet und stürmt so stark, dass wir unser Auto umsetzen, da wir befürchten,
dass ein aufgebocktes Boot dagegen fallen könnte.
Die Befürchtung ist nicht falsch, das Boot fällt zwar nicht um, aber am nächsten
Morgen fahren wir zum Flughafen.

Hier ist der Orkan voll durchgegangen.
So etwas haben wir noch nicht gesehen.
Die Sportflugzeuge sind wie Spielzeug durcheinander gewirbelt, liegen auf dem Rücken oder sind ineinander verkeilt.
Eine Hangar Wand ist umgefallen.
Herrman hat aber Glück, sein Flugzeug wurde nicht beschädigt.
Am Abend Barbecue, es kommt noch mehr Besuch.
Auch eine alte Dame, Deutsche, seit 25 Jahren in USA. zuckerkrank, säuft und frisst wie ein Ochse und will "den Politikern, Richtern und Niggern den" Head off blowen" und das in einem immer noch schauderhaften Englisch.
Kein Kommentar.

Die <82> entlang, entpuppt sich als eine wunderschöne Strecke, Marschlandschaft.
Die Grenze zwischen Wasser und Land verwischt sich.
Dieser Eindruck wird durch riesige Reisfelder verstärkt, die mehrmals im Jahr geflutet und mit dem Flugzeug besät werden.
Wie anders doch das bekannte Bild von Reisfeldern in Asien.
Auf einem Feld fährt ein kleines Boot und wir beobachten einen Mann, der Drahtkäfige einsammelt, mit denen das Feld bestückt ist.
Wir kommen ins Gespräch und erfahren, dass die Reisfelder gleichzeitig als Crawfish-Farmen genutzt werden. 75.000 kg Krebse holte er pro Jahr aus dem Feld.
 Wir bekommen Appetit und am nächsten Stand erwerben wir 6 Pound lebende Krebs, die wir in einer Plastikwanne unterbringen.
Während der Fahrt hoffen wir, dass sie nicht ausbrechen und wir den einen oder anderen im Schlafsack wiederfinden.

"Don`t mess with Texas", das große Schild am Straßenrand vor Orange zeigt uns, dass wir wieder einmal eine "Grenze" überfahren haben

Unser erster Stopp ist ein großes Visitor Center und wir erhalten erstklassiges Informationsmaterial über Texas.
Aber leider haben wir hier auch unseren ersten Unfall.
Ein PKW hat doch glatt unseren Truck übersehen.
Laut Babs reagiere ich super und treffe ihn nur fast parallel seitlich.
Schaden bei uns null, beim "Angreifer" eine Beule.
Wir einigen uns mit der Fahrerin darauf, keinen Aufstand zu machen.
Jeder fährt seinen Weg weiter, bei ihr hörten wir den Stein vom Herzen plumpsen.

Unser erster CCC-Campground, Cypress Lake.
Ob diesmal alles o.k. ist?
Es ist.

Was eine Anlage.

Pförtner, Anmelden. Dann fast zwei Kilometer durch einen Park zum Clubhaus, ein-checken.

Noch einmal rund 1 Kilometer bis zu unserem Standplatz.

Es ist fast leer hier, Anfang März ist eben noch keine Saison.

Wir buchen zwei Nächte, verbringen den Tag mit einem ausführlichen Spaziergang am See entlang, sehen ein Gürteltier und eine Eule.

Relaxen.

Ich bastele einen Drahtaufsatz für unseren Colemann-Kocher, jetzt können wir das Fapp-Toastbrot wenigstens toasten.

Einen Wasserschlauch haben wir jetzt auch und können einfacher unsere Tanks füllen.

Es wird immer noch gemütlicher und komfortabler.

Auf der Fahrt zum nächsten CCC-Campground, diesmal sogar mit Golfplatz, sehe ich im Rückspiegel ein Auto mit bunten Blinklichtern.

Es dauert etwas, bis mir einfällt, dass die Polizei in USA einen von hinten stoppt, nicht wie bei uns mit einer Suppenkelle.

Also fahre ich rechts ran und richtig, auch der Polizist hält.

Wir fahren ohne Nummernschild, meint er.

Dabei ist es von Anfang an vorne montiert worden.

Er prüft unsere Personalien, die er per Funk bestätigt bekommt und rät uns, das Nummernschild besser hinten anzubringen.

Wenn`s nicht mehr ist.

Trotzdem eine Enttäuschung, der Sheriff trägt eine Baseballmütze.

Wo bleibt der Stetson?

Heute waren Babs und ich fast eine halbe Stunde getrennt.

Ich an den Duschen, Babs 500 Meter entfernt im Auto, dazwischen ein fürchterlicher Regen.

Und siehe da, plötzlich kommt sie mich abholen.

Hat extra abgehuckt. Na ja, so lange waren wir auch seit vier Monaten nicht mehr getrennt.

Unsere erste amerikanische Millionenstadt ist Houston.

Straßen mit 4 bis 12 Spuren, Einfahrten, Ausfahrten rechts und links, Spagettiknoten überschneidender Fahrbahnen, bis zu 5 Ebenen übereinander.

Mindestgeschwindigkeit (!) 45 Meilen.

Überholen rechts und links, Spurwechsel, drei Spuren geradeaus, zwei Spuren rechts weg, zwei Spuren links ab.

Hinweisschilder Highway-Nummer soundso North, West, East oder South.

Junction sowieso, Straße irgendwie. Schwerlastwagen mit Höchstgeschwindigkeit (55 Miles) und mehr.

Babs lotst mich hervorragend trotz einer schlechten Straßenkarte und Blutdruck

300 wegen der Geschwindigkeit;
Ich habe von der Stadt bis jetzt nicht viel gesehen, Konzentration auf den
Verkehr.
Spurwechsel, wenn wieder eine Abzweigung links war.
Überhaupt Spur halten.
Es ist sehr windig und unser Auto schlingert gefährlich, denn es ist leicht und
hat eine große Angriffsfläche für den Wind.
Trotzdem gelangen wir in den Hafen- da wollen wir nämlich auch hin.

Das Schlachtschiff "Texas" ist unser Ziel.
Veteran beider Weltkriege, ein riesiger grauer Brocken.
Innen ein Labyrinth.
Wir sind uns einig, im Krieg nicht darauf sein zu wollen.
Vor allem nicht als Bedienung einer der sechs gewaltigen Kanonen, die zwar
hinter 30cm dickem Stahl saßen, aber völlig eingeschlossen waren. Nur eine
kleine Luke, nichts Sehen, die Befehle per Kopfhörer.
Das Schiff eine Stadt.
Postoffice, Schneiderei usw., Töpfe in der Küche, in die ein ganzes Schwein
passt.
1625 Mann Besatzung und 1000 Offiziere.
Schon beeindruckend, was der Mensch bastelt, um sich gegenseitig
umzubringen.

Babs ist am Houston Medical Center interessiert und so haben wir uns bei David
und Sally als Servas-Gast angemeldet, denn er arbeitet dort.
Er nimmt Babs mit zur Klinik.
Sie bekommt einen weißen Kittel und "arbeitet" mit.
Orthopädie - 1400 Patienten, Kardiologie, Herzoperationen - 1200 Menschen.
Alles riesig.
Heimann Krankenhaus für Veteranen, ein Krankenhaus für arme Patienten.
Immer überbelegt.
David hat seine Praxis in einem 28 Etagen hohen Haus.
Er lässt sich Zeit bei seinen "Kunden".
Babs ist ganz begeistert und von den Ausmaßen des Komplexes überwältigt.
Ich bummle während des Tages durch die Gegend, bestelle Visitenkarten.
Braucht man in USA, besonders wenn man Hartmut heißt, was keiner aus-
sprechen kann.

Houston Downtown besichtigen wir zu Fuß.
Erstmals benutzten wir den öffentlichen Bus in die Stadt, denn Houston hat als
eine der wenigen Städte der USA ein gut ausgebautes Nahverkehrsnetz.
Interessante Hochhäuser, mehrstöckige Eingangshallen, Marmor, Messing.
Man sieht wo Geld ist.
Besonders liebe ich die Reflexionen in den Glasfassaden, eine Liebe, die sich im

Laufe unserer Reise noch verstärkt und Babs teils zur Verzweiflung bringt, wenn ich in einen Fotorausch verfalle.

Ein Museum für Western Art mit einer Fotoausstellung über den Bau der Eisenbahn - Union Pacific gegen Union National.

Alte Fotos aus der Zeit gegen Ende 1800.

Sehr interessant.

David fährt mit Familie heute Abend weg, lässt uns aber den Schlüssel fürs Haus da, damit wir duschen und uns etwas zu Essen machen können.

Wir schlafen im Truck im Garten. Was ein Vertrauen.

David ist sehr nett, seine Frau ist aber viel zu hektisch.

Die Kinder werden nur rumkommandiert, Essen nimmt sie im Stehen ein.

Keine Zeit, keine Zeit.

Leider ist sie auch nicht informiert, was in Houston los ist.

Sollte man, wenn man auswärtigen Besuch bekommt.

Sie hatte uns gesagt, dass wir Mittwoch kommen sollen.

Leider erfahren wir später, dass Dienstag in Houston ein großes Rodeo zu Ende gegangen ist oder eine RV-Ausstellung stattfand.

Der Campingplatz in Bandera ist wieder ein Yogi Bear Platz.

Klein, aber mitten in der "Welthauptstadt der Cowboys", wie sich Bandera in aller Bescheidenheit selbst nennt.

Warum ?

Ein Wohnmobil neben dem anderen.

Wir sind erschreckt, aber dann sehen wir, dass in einem anderen Bereich viel Platz ist.

Also stellen wir uns dort hin und haben unsere Ruhe.

Das mag einer verstehen, warum viele Menschen so einen Ölsardinentrieb haben.

Ein Phänomen, das wir noch oft erleben werden.

Bandera ist ein guter Ausgangspunkt für eine Fahrt nach San Antonio.

Unser erster Besuch führt uns zum Mexican Market, den aber sicher kein Mexikaner freiwillig besucht, außer um seinen Tinnef zu verkaufen.

Da ist die alte Missionsstation schon interessanter.

Richtig alt!

17. Jahrhundert. Kirche, Schule, Wohnungen, Ackerbau und Viehzucht damals, eine autonome Gemeinschaft.

Die Kirche wird heute wieder genutzt.

Doch dann kommt eine Besichtigung, ganz nach meinem Herzen: Die "Lone Star Brewery".

Die Brauerei selbst besichtigen wir zwar nicht, aber es gibt Freibier.

Außerdem gehört zur Brauerei ein Museum, das es in sich hat.

Angefangen hatte es mit dem Buckhorn Saloon, der 1881 eröffnet wurde.

Trapper und Trader tauschten ungewöhnliche Hörner, Geweihe und Trophäen gegen einen Drink.

So entstand auch eine einmalige Kuriositätensammlung; Geweihe, die nach unten gewachsen sind oder z.B. in die Augen der Tiere stoßen.
Gehörne aus aller Welt, die größte Sammlung überhaupt, heutzutage unterteilt nach Kontinenten.
Hinzu kommt eine Hall of Feathers (Vogelausstellung) und Hall of Fins (präparierte Fische aus aller Welt).
Die Bar selbst, 1956 von Lone Star übernommen und auf ihr Gelände gebracht, ist auch sehenswert, natürlich voller Hörner, Messing und Erinnerungsstücken.
Mir gefallen besonders die Stühle, aus Büffelhörnern zusammen gesetzt.
Es ist schon toll und rund 300.000 Besucher jährlich sind ja ein Beweis.

Dass ich es nicht vergesse!
Die Alamo.
Was wäre denn ein San Antonio Besuch ohne dorthin zu fahren.
Eine Missionsstation, jetzt mitten in der Stadt.
1836 kämpften und starben hier 186 Amerikaner 13 Tage lang gegen die mexikanische Übermacht von 4000 Mann und ermöglichten durch diesen Zeitgewinn General Houston, seine Freiwilligen Armee zu organisieren und später die Mexikaner zu besiegen.
Aber was erzähle ich Allgemeinwissen.
Männer bitte den Hut beim Betreten abnehmen, es lebe der Patriotismus, "Remember the Alamo"!
Gut gemacht, ein eindrucksvolles Modell der Schlacht in der Mitte des Raumes.

Zurück geht es im Dunkeln.
Die Straße ist wie ein Flugplatzrollfeld markiert.
Außergewöhnlich. Katzenaugen und Rückstrahler auf unserer Seite rechts, Mitte und links weiß, Gegenfahrbahn orange.

Zum Abendbrot machen wir Bratkartoffeln, die aber mehr ein gut gewürzter Kartoffelbrei werden.
Hartmut will ihn erst aus dem Fenster werfen, isst ihn aber dann doch mit viel Appetit.

Dafür gibt es am nächsten Abend "Pottluck".
Wer sich anmeldet, kocht für mehrere Personen und nimmt das Essen mit in den Clubraum.
Dort warten schon die anderen und hoffen, dass wiederum die anderen was Besseres als sie selbst gekocht haben. Oder?
Zumindest wird alles mit viel Vergnügen aufgegessen.

Wir verbringen noch die halbe Nacht in einem anderen "Haus", einem 26 Feet Motorhome von Familie Becker und sehen uns Dia aus Alaska und Kanada an und sammeln Informationen.

Sie haben sogar einen Computer in ihrem Motorhome.
Plötzlich kommt uns unser "Häuschen" sehr klein vor.
Das wird sich aber wieder geben.

Es ist saukalt, nachts unter 0°. Morgen kaufen wir uns einen Heizlüfter.
Es ist Mitte März.

Da gibt es doch tatsächlich in den USA alte Felsenmalereien.
Na bitte.
Und wir sehen sie uns natürlich an, im Seminole Canyon State Historical Park.
Die Fahrt dorthin führt uns an der mexikanischen Grenze am Rio Grande entlang,
durch eine öde und trockene Landschaft.
Gelegentlich Schafe.
Wo sind denn die berühmten Longhorns?
Stattdessen Ziegen und normale Rindviecher.
Wir erwischen die letzte Tour mit dem Rancher in den Canyon.
1000 bis 2000 Jahre alt sollen die Malereien sein.
Mit viel Phantasie können wir eine Garnele (!) und ein paar Strichmenschen er-
kennen.
Der Rancher erzählt, dass sich durch die Luftfeuchtigkeit langsam die Farben
auflösen.
Trotzdem ist der Canyon staubtrocken, die Zeichnungen ca. 10 bis 20 Meter
über dem Grund.
Wir erfahren, dass noch vor einigen hundert Jahren hier Wald und fruchtbares
Land war, bis die weißen Farmer kamen und alles abholzten.
Außerdem brauchte man Eisenbahnschwellen.
Jetzt gibt es dafür Staudämme.
Das erhöht die Luftfeuchtigkeit, der Schaden aber ist passiert.
Es ist ein hübscher kleiner Park, der die Phantasie und die Beinmuskeln trainiert.

Etwas neuere Geschichte auf unserem weiteren Weg bietet das alte Haus von
Judge Roy Bean, als Historical Side.
Sieht noch ganz abenteuerlich aus.
Wir stellen uns vor, wie noch vor nicht so ganz langer Zeit die Gehängten im
Wird baumelten.
Hängen war die Leidenschaft des Judge.
Im Visitor Center beim alten Judge hängt ein Schild, dass alle Campingplätze in
Big Bend Nationalpark belegt sind.
Wir haben aber unsere Schulaufgaben gut gemacht und wissen, dass es dort auch
"freie Campingplätze" ohne Huck up gibt.
Im Visitor Center kaufen wir uns den "Golden Eagle Pass".
Ein Jahresausweis für alle Nationalparks für 25 $.
Bei dem, was wir noch vorhaben, eine gute Investition.

Alle Campingplätze sind belegt, aber wir buchen wie geplant einen der Back-
country Stellplätze, 8 Meilen Gravelroad in die Pampa, herrlich, mitten in der
Natur, weit und breit kein Mensch.
Wir sonnen uns streifenfrei.
Durch den Big Bend kann man auch wandern, mit vorheriger Anmeldung
natürlich und man bekommt, wie auch wir, eine Liste der Vorschriften:
 -Ground fires are prohibited
-No smoking on trails while traveling
-Cutting switchbacks hastens erosion. Stay on trails
-Leave all natural or historical features undisturbed
-Locate latrines well away from camp and water source, cover with soil
-Use of firearms and metal detectors is prohibited
*-Make no camp in a dry wash, arroyo, or stream bed. They may flood after the
smallest shower*
*-Theft of property from unoccupied vehicles and campsites is a problem in
remote parts of the park..........*

Die Berge im Süden sind wie gemalt als die Sonne untergeht.
Es ist wunderschön.

Der Name Big Bend bezieht sich auf die große Schleife des Rio Grande hier im
Park.
Laut einer Indianerlegende nahm der große Geist, nachdem er die Welt
erschaffen hatte, alle übriggebliebenen Felsbrocken und warf sie auf den
Big Bend.
Die Spanier später nannten die Gegend das unbewohnte Land.
Am besten lässt man die Wüste, den Fluss und die Berge getrennt auf sich
wirken, sagt man.
Wir machen es so und genießen die verschiedenen Eindrücke.
Der Rio Grande enttäuscht uns etwas.
Wir haben uns den Fluss größer und gewaltiger vorgestellt, der Canyon aber ist
schon was.
Im Sommer muss es hier nicht auszuhalten sein vor Hitze, um diese Jahreszeit
aber machen wir einen ausgedehnten Spaziergang.

Ein Abstecher bringt uns zu heißen Quellen, vorbei an sehenswerten Fels-
formationen, Gesteinstafeln aufeinander geschichtet, haushoch.
Die Quellen selbst aber sind ein Witz, drei Badewannen mit einem Steinwall
gesäumt, dreckig.
Nichts zum Baden.
Nur eine Mexikaner Familie nimmt ein ausgiebiges "Schlammbad".
Die Wanderwut packt uns einige Tage später im "Basin", einem Teil des Big
Bend Nat. Parks in den Chisos Bergen.
2,8 Meilen und wir sind an der "Lost Mine", der verlorenen Mine.

Unendlich weite Ausblicke über die Berge und die Täler.
Nachdem wir den Park ausgiebig und in aller Ruhe genossen haben, fahren wir den Ross Maxwell Scenic Drive zum Santa Elena Canyon.
Die Landschaft wechselt nach jeder Kurve, gewaltige Bergformationen, breite trockene Flussläufe, kleine Canyons und weiße kahle Berge mit großen roten Steinbrocken als Hut, wie darauf gelegt.

Auf unserem Campingplatz bitten wir einen anderen Camper, der in den Park fahren will, unsere "Outback Genehmigung" zur Rancher Station mitzunehmen.
Wir haben uns nicht abgemeldet, Umweg.
Er weiß von keinen Genehmigungen, will den Schrieb aber mitnehmen.
Ich hoffe, man sucht uns nicht noch heute im Big Bend.

In Lajitas besichtigen wir ein Privatmuseum mit Desert Garden.
Es ist mit viel Liebe gemacht und sehenswert.

Eine Achterbahnstrecke führt uns am Rio Grande entlang.
Wir sehen einen Canyon, der in keinem Reiseführer erwähnt ist, aber interessant wirkt.
Wir halten an und wandern den ausgetrockneten Fluss entlang.
Die Felswände treffen sich im Himmel und wir können sehr gut erkennen, wie das die Felsen ausgewaschen hat.
Das letzte Stück wird dann langweilig.
Soweit wir sehen, nur ausgedörrte Landschaft.
Wenn bei uns eine Kuh von 100 qm satt wird, braucht hier ein Rindvieh einen qkm.

Fort Davis, das besterhaltene Fort, sagt man, besehen wir uns nur von außen.
Fort Davis wurde berühmt durch die "Buffalo Soldiers", schwarze Soldaten, die wegen ihrer Hautfarbe so von den Indianern genannt wurden.
Hier sind so einige Dramen gelaufen, was schwarze Soldaten und ihre weißen Offiziere betrifft.
Dabei hatten die Buffalo Soldiers einen sehr guten Ruf bei den Rothäuten, die ihnen Respekt zollten.

Cowboystiefel wo seid ihr!
Natürlich in El Paso. Steht sogar in meinen Lieblingsstiefeln, die in Good Old Germany ein Vermögen kosten und die ich hier "billig" bekomme.

Wir besuchen das Bundeswehrhauptquartier in El Paso, nachdem wir endlich den Eingang zu diesem riesigen Militärkomplex gefunden haben. Hier werden Piloten ausgebildet und ich will ein Interview machen.
Ein Telex aus Deutschland von der Bundeswehr soll schon hier sein.
Ist aber nicht.

Ich möchte bitte wiederkommen, wenn man das o.k. von dort hat.
Wir fahren erstmal weiter nach New Mexiko.

Auf der schnurgeraden Straße begleiten uns nur Radarstationen.
Wir nähern uns dem "White Sands National Monument".
In White Sands, natürlich nicht im Park, landet gelegentlich der Spaceshuttle.
Bald kommen die schneeweißen Sandfelder und Dünen in Sicht.
Im National Monument - heute ist Sonntag - stehen Autoschlangen vor dem Eingang.
Weekend auf Amerikanisch, das heißt Automassen am Straßenrand zwischen den Dünen, Picknick und Highlife.
Die Autotüren sind offen und aus jedem Wagen röhrt ein anderer Sender. Was ein schöner Strand, nur das Meer ist so weit entfernt. Haha.
Wir parken weit hinten im Park und wandern in die Dünen.
Nur 10 Minuten und schon sind wir völlig alleine.
Es ist beeindruckend, so weit man sehen kann weißer Sand bis zum Horizont.
Was eine Stimmung. In den Sand schreiben wir "1987" und machen ein Foto.
Überhaupt läuft meine Knipse heiß.
Wo außer in der Sahara bekommt man noch diese Bilder.
Wir lernen, dass der Wasserlevel an manchen Stellen nur einen Meter unter der Oberfläche ist.
Pflanzenwuchs zeigt dies an.

Der größte Teil des Sandes ist Gips, der aus den umgebenden Bergen ausgewaschen und hierher geweht wurde.
Es gibt Outback Camping.
Allerdings muss man sein Auto auf einem Parkplatz stehen lassen und kann dann mit Schlafsack in den Dünen schlafen.
Wir wollen unser Auto nicht alleine lassen, im nachherein eigentlich schade.
Wüste, kein Streulicht, Natur pur.

So landen wir in der "Aquirre Spring Recreation Site", kostenlos aber kein Strom oder Wasser, rund 10 Meilen eine kleine gewundene Straße.
Wir stehen am Hang, haben einen traumhaften Blick über die Umgegend.
Bis rund 20.00 Uhr ist auch hier der Teufel los, aber jetzt stehen außer uns noch fünf Wagen dort, denn um 22.00 Uhr wird das Tor geschlossen.
Wir beobachten eine endlos erscheinende Lichterschlange der heim-fahrenden Autos aus White Sands.

In Las Cruz sind wir auf einem Markt.
Bei einer Indianerin kaufen wir "Canagre Red Duck".
Sieht aus wie in Scheiben geschnittene Äste und soll gegen Entzündungen helfen, ich habe wieder eine Entzündung am Zahnfleisch.
Also gurgle ich damit.

Es hilft.
Ein Hoch auf unser Kräuterweiblein.

Eine wunderschöne Serpentinen-Bergstrecke führt uns in Richtung Silver City.
Erst die <90> und dann, da wir erst morgen dort sein wollen, die <35> und <15>
durch den Gila National Forrest.
Eine super schöne Straße.
Nicht der Zustand, aber die Ausblicke.
Manchmal wie im Schwarzwald.
Teilweise liegt noch Schnee, obwohl es warm ist.
Eine Schneeballschlacht steht an.

Dann stehen wir vor dem Gatter zu einem der eingeplanten Forrest Stellplätze.
Noch geschlossen.
Keine Saison.
So übernachten wir auf einem Bergkamm neben der Straße mit einem Traum-
blick in alle vier Himmelsrichtungen.
Rechts und links geht es mehrere hundert Meter abwärts.
Das einzige Geräusch ist der Wind, der kräftig in den Bäumen pfeift.
Ein bisschen unheimlich, aber traumhaft.

Hinter Silver City biegen wir auf die <180> gen Norden nach "White Water
Catswalks".
Ein kleiner Canyon.
Früher wurde hier das Wasser des Flüsschens über eine Holzwasserleitung zu
einer Steinmühle geleitet, heute ist ein wunderschöner Wanderweg neben und
teils über dem Wasser angelegt.
Fast zwei Stunden genießen wir die Natur.

Nächster Stopp ist Mogollon.
Über eine atemberaubende Bergstraße- "be carefull, watch trucks"-, zum Glück
kamen keine, denn die Straße wäre zu eng gewesen, klettern wir aufwärts zu
einer alten Gold- und Silberminenstadt.
Nur noch wenige Menschen wohnen heute hier.
Da keine Touristensaison ist, ist die Stadt tot.
Oder sonst auch?
Museum mit Gift Shop, zu erkaufen!
Kleines Theater, verfallen. Tradepost, zu verkaufen.
Hier sagen sich die Füchse gute Nacht.

Ein Klohäuschen, "No trespassing" an der Tür.
So was fehlt uns im überfüllten Europa.

Hier sollen Indianer sein

Damit genug erstmal von New Mexico, Arizona wartet.

Es ist wahnsinnig, wie sich die Landschaft ändert: Vom Mittelgebirge über Norwegen bis in die Sahara, jedenfalls optisch gesehen.
In dieser Gegend Arizonas sind die Hügel völlig rund abgeschliffen und mit gelbem Moos oder Gras bedeckt.
Sieht von ferne aus wie Sanddünen.
Wir machen Pause auf "The Ranch" bei Springerville und haben einen Stellplatz mit Blick über die Umgebung, die "White- Mountains".
In Show Low kaufen wir günstig Fleisch ein und neben umfangreichen Kochorgien genießen wir außerdem das Clubhaus mit Kamin.
Ein Sturm während der Nacht, unser Auto schwankt wie die Patty, der immer stärker wird, vernichtet unsere Reitpläne für heute auf der Ranch.
Zu gefährlich.
Quatsch. Wir wären sowieso vom Pferd gefallen, denn die sollen ja keine Sicherheitsgurte haben.
Anyway.
So spielen wir halt Billard.

Das Wetter vor unseren Autofenstern wechselt stündlich: Weite Sicht über die Umgebung, dann Nebel, man sieht die Hand vor Augen nicht, Schneefall.
Aber immerhin sind wir auf 2000 Meter Höhe und hier ist ein Skigebiet.
Hat uns der Winter doch noch erwischt?
Wir bummeln auf der Ranch herum.
Früher eine Rinderranch, heute bringen die Touristen mehr.
Aber es gibt noch drei Longhorns - endlich - und zwei Zebu Bullen.
Sind wir denn in Indien?

Die Sonne scheint.
Wir fahren in die Umgebung, natürlich kleine Straßen, Gravelroad.
Es ist der 1. April.
Hahahaha.
Eigentlich doch nicht komisch.
Was passiert?
Wir fahren uns im Schnee fest.
Blöder Scherz.
Schotter, glitschig, gelegentlich Schneefelder auf der Straße.
Irgendwann wird es uns u unsicher.
Also kehrt.
Leider liegt das eine Schneefeld jetzt hinter uns und bergauf.
Und so bleiben wir stecken.
Mit Axt, um das Eis aufzuschlagen, Müllschaufel, um das Eis weg und Dreck

hinzuschaufeln, sind wir nach einer Stunde wieder flott.
Plötzlich ist unser Auto doch zu groß, jedenfalls zum Schieben.
Babs und ich sind ein gutes Team.
Kein böses Wort trotz Ackerei, kalten Füßen und Händen.
Erstens ändert Schimpfen nichts und mit Humor geht alles besser.
Ich erlebe erstmals die Nachteile von Zwillingsreifen hinten.
Bekannt war es mir schon vorher.
Die Vorderreifen machen ihre Spur im Gelände, Sand, hier Schnee.
Die Zwillingsreifen passen nicht mehr in die Spur.
Sie müssen über den "Berg", den die Vorderreifen aufgeworfen haben.
Die äußeren Reifen hängen in der Luft, die inneren schaffen die "Steigung"
nicht, drehen durch.
Alles klar?
Ein guter steifer Drink wieder auf unserem Stellplatz, auch Babs hat sich an die
schöne Sitte eines Drinks gewöhnt, wärmt uns später wieder auf.

Abends gibt es eine Osterfete im Clubhaus mit Livemusik, das soundso Trio.
Wir sehen uns mal ganz vorsichtig um und sind schnell wieder weg. Rentnerball.

Der Petrified Forrest erwartet uns.
Ein Nationalpark, der versteinerte Bäume und Wälder zeigt.
Schon am Südeingang bekommen wir Kulleraugen.
Geschliffene Baumscheiben von einer eigenen Schönheit.
Desgleichen im Park an den Besuichtigungspunkten.
Die Baumriesen sind alle umgefallen, logisch, die schönsten Farben haben sich
im Laufe von Millionen Jahren eingelagert.

Damals war hier eine Sumpf- und Seengegend, als die Bäume umfielen, lagerten
sich in ihnen Mineralien, im Wasser gelöstes Silizium, Vulkanasche, unter
Luftabschluss im Wasser, ab.
So 'versteinerten" sie langsam.
Durch Erdkrustenbewegungen kommen sie wieder zu Tage oder erscheinen,
wenn an Tal- oder Canyonrändern die Erdeabrutscht.
Dann allerdings zerbrechen sie auch.
 Wir hatten uns anfangs eingebildet, dass die Bäume noch stehen.
Eine solch Farbenpracht und Landschaft hatten wir uns nicht vorgestellt.
Ganze liegende Stämme oder Bruchstücke.
Super.
Manchmal liegt der Stamm wie ein Pilzhut auf Felsspitzen, die nicht erodiert
sind, da der Stamm sie schützte.

Im Visitor Center kann man Steine schleifen.
Wir verzichteten darauf.
Wann sind alle Steine/Bäume von den Touristen weggeschleppt?

Es sind sowieso nicht mehr so viele Stämme vorhanden, denn früher wurden die zermahlenen Bäume industriell z.b. als Schleifmaterial genutzt.

Das Painted Dessert anschließend, durch welches wir nur fahren, begeistert uns jetzt nicht mehr so
Vielleicht steht auch nur das Licht schlecht, denn zumindest von der Straße aus fehlten die berühmten Farben.

Schon wieder so ein super Tag in einer super Landschaft: El Moro National Monument.
Wenig bekannt, aber oho.
Ein Berg mit einer Wasserstelle, erst waren die Indianer da, dann Spanier, Trapper und Soldaten.

Viele gruben ihre Autogramme in den weichen Fels. Z.B. Don Juan de Unate 1605 oder 1659 ein spanischer Gesandter, ein US-Leutnant 1849 und viele andere.
Schon wieder Geschichte.
Wir machen noch einen langen Spaziergang auf den Berg.
Und siehe da, der Berg hat die Form eines Hufeisens, plötzlich öffnet sich der Blick auf einen kleinen Canyon, ein kleines Tal im Berg.
Ein wunderschöner Spaziergang, wunderschöne Ausblicke.
Wir sind ganz hin und her gerissen.
Das hatten wir wieder mal nicht erwartet.

Schon wieder eine Hauptstadt der Welt, Gallup, die Indianer-Hauptstadt.
Kleines Bahnstädtchen mit rund 18.000 Einwohnern und Ort der jährlichen "Inter-Tribal Indian Ceremonial".
Leider nicht zu dieser Zeit sondern im August, wenn sich hier Indianer der verschiedensten Stämme zu Tänzen, Rodeos und Märkten treffen.
Dann ist schwer was los, wie auch Ingeborg und Don bestätigen, bei denen wir als Servas-Gäste untergekommen sind.
Ein ganz reizendes älteres Paar, Inge Deutsche, seit dem Krieg hier und mit Don verheiratet, der bei der Bahn arbeitet und viel unterwegs ist.
Bevor wir eintrudeln, streichen wir noch durch die Stadt und bewundern den Indianerschmuck, für den Gallup berühmt ist.
Später decken wir uns auch ein, zwei Ohrringe (Navajo) und einen Armreif (Zuni).
Uns fallen sehr viele Pfandleihen (Prawn shop) auf und bedauerlicherweise viele betrunkene und heruntergekommene Indianer.
Inge erzählt später, dass sie auch schon einen schlafenden Indianer hinten in ihrem Auto gefunden hat.
Erstmals in unserem Leben schlafen wir unter großen gut warmen Heizdecken.
Es ist sehr angenehm, ich bin aber skeptisch, morgen geröstet aufzuwachen.

Babs hat etwas gesundheitliche Probleme.
Mit einigen Telefonaten von Inge erreichen wir sofort einen Termin bei einem Arzt, der sie kostenlos untersucht.
Ärzte untereinander behandeln sich umsonst, ist sein Kommentar

Wir erleben originale Indianertänze, Inge sei Dank.
Sie schreibt dazu:
Nach einem gemütlichen Frühstück fahren wir los zum Red Rock State Park, wo wir uns im Museum ein bisschen über Indianerkunst und -geschichte orientieren.
Dann zum jetzt leeren Ceremonial Platz, wo wir uns sonnen.
Weiter nach Fort Wingate (altes Kavallerie-Fort, Chief Geronimo), wo wir im Trading Post Cafe ein Indian Fried Bread essen.
Nachmittags einige Besorgungen in der Stadt, Gemäldegalerie mit Aquarellen vom Navajo-Künstler Teddy Drapes und dann noch zum Pueblo. Wandmalereien in der restaurierten katholischen Missionsschule von Alex Seomtewa (?) ange-guckt und von der Indianerin, die uns führte, wird uns Hoffnung gemacht, dass abends ein Pawhow stattfindet.
Wir erkundigen uns weiter, vielleicht ja, wahrscheinlich nicht.
Wir verbummeln die Zeit mit Schmuck ansehen und etwas trinken.
Ein letzter Versuch, wir fahren zum Platz und es regt sich etwas- klappern und Trommelgeräusche.
Als Weiße werden wir aber auf ein Haus geschickt und freuen uns, dass wir einen außergewöhnlichen Comanchen Tanz sehen können.

Das Warten nervt mich, auf eine einfache Frage nach den Tänzen bekommen wir keine richtige Antwort.
Aber dafür sehen wir jetzt Indianertänze auf einem kleinen Platz, nicht für Touristen bestimmt.
Die Tänzer sind toll kostümiert.
Jeder eine andere Tier-Gesichtsmaske, Federschmuck und Schmuck aus Silber und Türkisen, wie man ihn in Gallup für ein Vermögen kaufen kann. Riesige Halbedelsteine und Ornamente.
Zwischen den Tänzern die "Mud heads", Männer mit Ganzkopfmasken aus Lehm, nur eine Decke um den Bauch.
Sie fungieren als Ordner, Pausenclows und Saubermacher.
Die Tänze sind für unsere Ohren nach einiger Zeit monoton, ohne aber lang-weilig zu werden.
Am Rand des Platzes sitzen viele alte Frauen in bunten Tüchern, die im Rhythmus mitschaukeln, voll beteiligt sind.
Viele der jungen zuschauenden Indianer erscheinen dagegen wie "Touristen".
So hat sich das Warten doch noch richtig für uns gelohnt.

Vielleicht noch ein Wort zu der Missionskirche.
Der Maler hat 1970 begonnen zu malen.

Er malt nur in seiner Freizeit und ist noch lange nicht fertig.
Bisher sind die farbenprächtigen Figuren der Indianer-Tänzer fertig, Sommer-tänzer, Regentänzer.
Die katholische Kirche scheint begriffen zu haben, dass man auch andere Kulturen und Glauben respektieren muss und mit dem Christentum kombinieren kann.
Erstaunlich und immer noch ungewöhnlich.

Es steht mal wieder ein längerer Spaziergang an, zum Church Rock.
Über Stock und Stein, durch Canyons und kleine Hochebenen bahnen wir uns mit Inge unseren Weg.
Es gibt keinen Trail. Man sieht den Gipfel, also die Richtung und sucht sich seinen Weg.
Eine ganz schöne Kraxelei, gelegentlich zurück, weil es nicht weiter geht.
Der Ausblick vom Gipfel belohnt uns.

Am letzten Abend klönen wir bis spät in die Nacht und lösen alle Probleme dieser Welt.
Aber schließlich müssen wir doch weiter.

Unser Eintrag in Inges Gästebuch:
After being on the road since 5 month we suddenly had two homes.
One parking in front of your house and the other inside, so full of hospitality and friedship.
We will never forget the days in Gallup with you, when we are on the road again.

Beschwerde über New Mexiko: Sonntags wird kein Bier im Supermarkt verkauft.
Passiert uns aber später noch in anderen Bundesstaaten, muss ja nicht logisch sein, Hauptsache die Moral bekommt ihr Recht!?!??
Wo war es doch noch?
Alkoholflaschen dürfen nur verpackt auf der Straße getragen werden.
So sieht man halt Leute, die sich die Papiertüte an den Hals setzen.
Was da wohl drin ist?

Es wird mal wirklich Zeit, dass die Amis ihre Geschichte bei den Indianern be-ginnen, dann haben sie nämlich wirklich "Historie" anzubieten.
Beispiel der Chaco Culture National Historical Park, unser nächstes Ziel.
Mir qualmen die Socken.
Es hat sich aber gelohnt. In einem 8km langen Wanderweg erlaufen und erklettern wir uns den Park, oben am Rand eines Bergplateaus entlang mit einem gutem Blick auf die alten Indianersiedlungen der Anasazi.
Pueblo Bonito, halbrund gebautes Pueblo, ca.im Jahre 1050 bewohnt, 600 Räume, 40 Kivas. Eine Stadt.

Echt imponierend und recht gut erhalten.

Die Kivas sind runde, eigentlich unterirdische oder überdachte Kultstätten mit nur einem ganz kleinen Eingang im Dach aber raffiniert konstruiertem Rauchabzug, denn Feuer und Qualmen gehört dazu.

Man nimmt an, dass im Chaco Tal 5000 Menschen in 75 Siedlungen verschiedener Größen lebten, die mit fast 400 Meilen "Straßen" verbunden waren.

Kaum noch erkennbar ist der Jackson Stairway, fast senkrecht in die Felswand geschlagene Stufen, um auf das Plateau zu kommen.

Ich wäre da nie rauf gekommen.

An den Pueblos stehen Kästchen mit Informationsmaterial, man nimmt es heraus und legt auf Vertrauen seine 40 Cent hinein.

In jedem Fall gut angelegtes Geld.

Wir sind schon ganz schön beeindruckt von den Bauwerken.

Wir wollten über Servas einen Parkrancher im Chaco besuchen und hatten Tom vorher geschrieben, aber leider musste er weg.

So bekamen wir halt nur ein erstklassiges Frühstück bei Jan, seiner Frau, bevor wir weiterfahren.

Sie muss jeden Morgen ihre Kinder viele Kilometer weit über die Schotterstraße aus dem Park zum Schulbus-Stopp bringen.

Das ist es aber alles wert, wenn man im Nationalpark wohnt und arbeitet, sagt sie.

Mein Gott, die Kultur nimmt ja kein Ende.

Schon wieder alte Indianer-Ruinen.

Allerdings sind die Atzec-Ruins zum größten Teil restauriert, die Phantasie wird nicht überstrapaziert und sie sind relativ klein.

Sie gefallen uns.

Vor allem eine wiedererrichtete Kiwa.

Rund, vier Säulen zum Abstützen der Decke, zwei gemauerte Becken.

Badewannen?

Die Archäologen sind sich nicht ganz sicher, vermuten aber, es seien Trommeln gewesen.

Brav brummend kraucht unser Truck die beeindruckenden Serpentinen im "High Plateau Country" von Südwest Colorado entlang, nachdem wir von der <160> abgebogen sind, um den "Mesa Verde National Park" zu besuchen, der schon 1906 eingerichtet wurde.

Nochmal Indianer-Ruinen.

Naja?

Das Visitor Center ist noch geschlossen, wir sind wieder vor der Saison dort.

Wie schön, noch nicht viele Besucher.

Aber ein Museum mit Infostand hat offen.

Wir sehen die ersten Ruinen, "Cliff Dwellings", und uns bleibt die Luft weg.
Wenn uns Chaco durch die Größe der Pueblos beeindruckt hat, dann Mesa durch
deren Lage.
Wie Schwalbennester kleben sie in Steilwänden unter Felsüberhängen.
Toll, toll.
"Cliff Palace" ist die größte Anlage, mehrstöckige Häuser, Kiwas, alles aus
bearbeiteten Sandsteinen gemauert.
Von oben ist nichts zu sehen.
Über einen schmalen Kletterweg gelangen wir vom Plateau abwärts unter den
Fels-hang und da liegt das Pueblo.
Früher gab es den Weg nicht, die Indianer benutzten gekerbte Baumstämme als
Leitern oder zogen in Körben die Sachen rauf oder runter.
Nach unten geht es hunderte von Metern in den Canyon, über uns sehen wir nur
den Felsüberhang.
Interessiert jemanden Geschichte?
Die Anasazi lebten in dieser Gegend vor rund 1400 Jahren, bevor sie im späten
12. Jahrhundert einfach fortzogen.
Keiner weiß warum.
Genauso unbekannt ist, warum sie dieses Dwellings bauten und auch dort nur
rund 75 Jahre wohnten.
Kriegerische Gründe waren es nicht.
Wunsch der Götter?
Wir vermuten, es wird uns später auch von einem Rancher bestätigt, dass sie sich
durch das Abholzen der Bäume und zu intensiver Landnutzung ihren
Lebensraums selbst zerstörten.
Da sie keine Schriften hinterließen, ist fast alles Vermutung.
Die Navajos nannten sie nur die "ancient ones", die Ehemaligen, die Ver-
gangenen.
Ein wirklich sehenswerter Park.
Wir erhaschen noch einige Blicke auf andere Dwellings auf der Rundfahrt,
verlassen aber am Abend den Park, da noch kein Campingplatz offen ist.
Wir haben aber an der Bundesstraße vor dem Abzweig einen gesehen, "Free
Camping Dafür ist ein großer Souvenirladen angeschlossen.
Ich denke, der bringt das Geld, jedenfalls außerhalb der Saison, denn dann kostet
das Campen doch etwas.

Was ein Erfolgserlebnis für Babs:
*Wir sind vorher noch, nach langer Zeit mal wieder, in einer Kneipe, und da
passiert es: die Kellnerin will meine Identitycard sehen, bevor es Bier gibt.
Alkoholausschank erst ab 21 Jahre erlaubt (ich bin 32 Jahre alt).
Kein Kommentar.
Näheres im Gesetzbuch von Colorado.*

Wie sagt der Amerikaner: breathtaking.

Aber wirklich, atemberaubend, nämlich das "Monument Valley".
Bisher die landschaftliche Krönung für mich.
Falls es überhaupt möglich ist, eine Gewichtung aufzustellen.
Der 'Monument Valley Navajo Tribal Park, Arizona-Utah" ist kein Nationalpark,
denn das Land gehört den Navajos, die ihn auch verwalten.

Monument Valley, bekannt durch unzählige Western-Filme: "Stagecoach", "How
the west was won", mal ganz zu schweigen von den zigarettenrauchenden
Cowboys aus der Werbung.
Wir fahren den 17 Meilen Rundweg durch das Tal, eine teilweise sehr schlechte
Gravelroad.
Wie soll ich das beschreiben?
Diese Felsen und Berge, freistehend in der Ebene.

Als hätte ein Riese sein Spielzeug liegen gelassen.
Rote Sanddünen und mittendrin Felsspitzen, Dome, Kathedralen, Hände aus
Stein.
Wie gesagt, breathtaking.
 Wir verbringen den ganzen Tag im Tal und staunen.
Im Sommer wird es unerträglich heiß (90°F), jetzt ist es angenehm.
Ich verbrauche wieder zu viel Fotomaterial.

Wir stehen am Abend auf dem fast leeren Campground am Eingang, mit einem
berauschenden Blick über das Valley, als sich der Himmel bezieht.
Die Plateaus der freistehenden Berge in Wolken, das Tal frei, der Mond starrt
durch die Wolken.
Da kann einem schon ganz komisch werden.

Die Straße der Nationalparks

Bald müssen wir aufpassen, dass wir uns nicht übersättigen an Nationalparks und
sind
im ' Grand Canyon Nationalpark /Arizona".
 Seit einigen Tage ist das Wetter bewölkt und wird immer schlechter.
*Aber zum Fotografieren ist das nicht übel, denn ein blauer Himmel kann ganz
schön langweilig sein, die Farben der Berge kommen jetzt besser raus.*
*Immerhin ist der Rand des Grand Canyon 2100 Meter hoch, und so versteckt
sich das Weltwunder selbst in Wolken.*
Allerdings wechselt das Wetter sehr schnell.
Mal sieht man die imponierenden Schluchten, dann zieht der Nebel weiter ins

Tal, dann ist das Tal schwarz verhangen und ein anderes frei.
Auch schön. Nur: breathtaking ist es nicht.
Der West-Rim ist im Sommer wegen der Automassen für Privatwagen gesperrt, nur ein Shuttelbus fährt.
Jetzt dürfen wir noch selbst fahren.
Die andere Canyon-Seite ist noch wegen Schnee gesperrt.
Im Sommer muss es hier entsetzlich sein wegen der Menschenmassen.
Selbst jetzt ist der Campingplatz mit Huck-up voll.
Wir müssen auf einen anderen einfacheren.

Leise rieselt der Schnee, es ist aber zum Glück nicht so kalt.
Wir buchen für heute Abend einen Stellplatz auf dem guten Ground und fahren ins Geologische Museum.
Super gemacht.
Große Fenster auf den Canyon, mit Tafeln davor, die die verschiedenen Erdschichten erklären, die man sieht - bzw. heute nicht sieht.

Uns reitet der Wahnsinn.
Es regnet mal nicht und schon wandern wir los, den "Bridge Angel Trail" in Richtung Canyon-Grund, ein 19 km Weg zum Plateau Point.
Wir kommen bis zur zweiten Hütte, als es wieder anfängt zu regnen.
4,8 km abwärts in 1 Stunde, Höhenunterschied 1000 Meter.
Wenn wir auf dem Weg nicht im Schlamm versinken, rutschten wir durch grüne Maultierscheiße.
An jeder Kehre pissen sie, und eigentlich gibt es nur Kehren.
Man kann nämlich auch einige der Wege auf dem Mulirücken "bezwingen".
Stillos.
Es stinkt jetzt schon, wie muss das erst im Sommer sein?
Gasmaske Pflicht.

Es regnet sich ein und wir machen kehrt.
Selbe Strecke in 1 1/2 Stunden.
Hartmut spinnt und meckert vor sich hin.
Bei seiner Marschgeschwindigkeit komme ich kaum mit.
Der Schlamm ist jetzt noch tiefer und die Scheiße mehr verteilt, man kann ihr nicht mehr ausweichen.
Auf dem Abwärtsweg hatten wir schöne Blicke auf den Canyon, jetzt sehen wir nichts mehr, denn der Regen läuft in die Augen.
In unserem Auto sieht es jetzt aus wie in einem Zigeunerlager.
Nasse Wäsche hängt überall herum, dazwischen wir mit Zigarette und Gin.
Gut, dass wir heute früh den neuen Stellplatz reserviert hatten.
Als wir ankommen, steht eine lange Schlange Wohnmobile vor dem Eingang.
Wir klönen mit einem amerikanischen Ehepaar.
Die Frau weint, denn sie sind heute angekommen um den Grand Canyon zu

sehen und müssen morgen weiter.
Der Canyon aber hüllt sich in Wolken.
Wie gut, dass wir Zeit haben.
Trotzdem sind wir uns unter dem Strich einig, dass der Grand Canyon völlig überbewertet wird.
Wir haben und werden auch später viel schönere Nationalparks sehen.
Nach drei Tagen fahren wir weiter.
Auf einem Parkplatz steht ein selbstgebautes "Wohnmobil". Nur das Chassis ist Fabrik Made, Bus Größe.
Die Vorderfront sieht aus wie die Schützenkanzel in alten Kriegsflugzeugen.
Bis zum Fahrersitz alles Glas und Holzstreben, Innen davor Blumen und Gemüse.
Das Steuerrad also mitten im Garten.
Wir durften rein. Vater und Sohn sind seit 1 1/2 Jahren damit unterwegs.
Innen viele Spiegel, Holz, viel Schnickschnack, und einen Kanonenofen.
Alles urig aber wenig funktionell.
Küche, Klo, Dusche ?
 Beim Rausgehen, ein Hut zum Geldsammeln.
Unser TÜV würde einen Herzinfarkt bekommen.

Wir kommen durch eine recht eintönige Landschaft nach Page am Lake Powell Staudamm.
Der zweitgrößte künstliche See der Welt.
Ein Paradies für Wassersportler, auch wenn fast keine Vegetation vorhanden ist.
Der See hat 96 Seitenarme.
Für geradezu unverschämte Kosten kann man ein Boot mieten oder mit einem Touristenschlepper zur Rainbow Natural Bridge schippern, einem Felsenbogen.
Wir verzichten auf diesen Nepp und sehen uns einen Film im Informations-center über den See und seinen Bau an.

Einen erstklassigen Campingplatz haben wir jetzt in Hurricane, sogar mit Kabel-TV-Anschluss.
Wir machen einige Tage Pause und verdauen die Nationalparks, lesen und waschen Wäsche.
Im Guesthouse ist eine gute Bibliothek.
Wer Bücher dort lässt, kann dafür andere Bücher mitnehmen: Vertrauen.
Wir tauschen auch.
 Hurricane liegt in Utah, aber in dieser Ecke der USA wechselt man mehrmals täglich die Grenzen zwischen New Mexiko, Arizona, Colorado und Utah.

Ein Ausflug führt uns zum "Zion National Park" in der Nähe, einem Park aus Bergen und Canyons.
Eine Stichstraße reicht bis zu einem Canyon Eingang, den man erwandern kann.
Wir aber nicht, denn ein Fluss überschwemmt noch den Weg.

Dafür machen wir einen wunderschönen Spaziergang zum "Hidden Canyon".
Anfangs ist es ein bequemer Weg, dann steiler und steiler.
Am Schluss wird der Pfad teils schmal am Fels entlang oder hineingehauen, dass
man die dort befestigte Ketten zum Festhalten braucht.
Auf der anderen Seite geht es nämlich sehr, sehr tief hinab.
Richtig abenteuerlich.
Endpunkt ist ein kleiner schmaler Canyon mit einem
beachtenswerten Blick ins Tal.
Wir lassen uns viel Zeit, auch die Sonne ist hervorgekommen.

Im Visitor Center später steht ein Wettercomputer.
Wie ist das Wetter im Bryce Canyon, unserem nächsten Ziel?
Schnee, unter 0°C. Also bleiben wir noch etwas in Hurricane.
Frühlingsputz, der Schrecken jedes Ehemannes ist angesagt.
Aber meiner geht währenddessen nicht in die Kneipe, es ist keine in der Nähe.
Anschließend sitzen wir in der Sonne.
Die Berge sind klar zu sehen, auf der einen Seite schneebedeckt, auf der
anderen frei.
Es ist richtig schön warm.

Die Straße lockt.
Noch einmal teilweise durch den Zion in östlicher Richtung, vorbei an
majestätischen Bergen, zwei Tunnel und wir sind in einer völlig anderen
Landschaft.
Kuhfladen-Felsen nennen wir die Berge, denn genau so sehen sie aus.
Die Landschaft wird flacher, viele Felsen sind abgeschliffen mit deutlichen
Spuren.

Wie Perlen sind die Nationalparks auf dieser Strecke aufgereiht, die <12> und
<24> verbindet sie.

Es gibt noch Steigerungen.
Der "Bryce Canyon National Park" ist eine.

Zuerst aber windet sich die Straße auf der Hinfahrt durch den Red Canyon.
Plötzlich nach einer Kurve sind wir mittendrin.
Ein Vorgeschmack auf den Bryce?
Endlich dort, fahren wir zuerst die rund 15 Meilen lange Aussichtsstraße bis zu
ihrem Ende und sind enttäuscht.
Es ist ja gar kein richtiger Canyon, sondern ein Plateauabbruch.
Die Straße führt oben am Rand entlang und nur gelegentlich sehen wir die roten
Felsen, für die der Canyon so berühmt sein soll.
Auf dem Rückweg nehmen wir dann die Stichstraße zum Bryce Point.
Sowas haben wir noch nie gesehen, uns fehlt die Spucke, so einmalig, das Bryce

Amphitheater unter uns.
Minarette, Kathedralen, Tempel, die Akropolis, Figuren, Fenster, der Phantasie sind keine Grenzen gesetzt.
Alles in verschiedenen Rot- und Gelbtönen, je nach Lichteinfall.
Die Felsen erscheinen teils wie hauchdünne Vorhänge, die durch den Abbruch wehen.
Ich verstehe die Paiute-Indianer, für die Bryce eine religiöse Bedeutung hatte.
Sie nannten ihn: "Rote Felsen, die wie Männer in einer schalenförmigen Schlucht stehen."
Wie soll man auch diese Felsen beschreiben?
Wir sind Glückskinder, die Sonne strahlt, wir sind unterwegs auf Schusters Rappen vom Bryce Point hinab.
Der Anfang ist beschwerlich, denn ein Bergrutsch und Steinschlag war über den Weg gegangen.
Wir versinken bis zum Knie im Schlamm und kraxeln über wacklige Steine.
Aber dann wird es besser.
Was für Ausblicke, wir sind vor jeder Kurve neugierig, was hinter ihr kommt.
Affen, Dome, Zwerge, die sich gegen den blauen Himmel abheben.
Vor hier unten ist der Eindruck ganz anders als vom Plateau aus.
Nach 13 km klettern wir beim Sunset Point wieder nach oben.
Glücklich und geschafft.
Hier könnte man Märchenfilme drehen, denn die Phantasie macht sich sowieso selbständig.
Dazu die Ruhe, die Schatten, die Stimmung.
Es sind noch kaum Touristen hier um diese Jahreszeit.

Der nächste Nationalpark., "Capitol Reef National Park".
Eigentlich haben wir nach dem Bryce fast keine Lust mehr, wir sind immer noch beeindruckt.
Aber wir finden ihn auch anfangs ganz schön lau, eine schwache Mischung aus Monument Valley und Bryce.
Jedenfalls bis zum Visitor Center.
Auf der 10 Meilen langen Stichstraße zur Capitol Gorge wird er jedoch schön.
Auffallend die verschiedenen Farben der Felsen, des Sandes.
Manche Berge sehen aus wie Schweizer Käse, so zerlöchert.

In die Gorge machen wir einen Spaziergang zu fünf kleinen übereinander liegenden Wasserbecken.
Die Felsen, die Farbe, die Strukturen im Fels, toll.
Wir jedenfalls sind beruhigt, dass uns der Park doch gefällt.

Wir dachten schon, wir wären übersättigt.
Die weitere Straße nach dem Park führt durch eine atemberaubende Mondlandschaft.

Kleine zementfarbene Hügel, die ineinander übergehen oder wie Wellen verlaufen und kleiner werden.
Oben auf diesen grauen, runden, verwitterten Bergen thronen gelegentlich wie Burgen oder Castelle die harten Gesteine.

Jetzt ist es uns doch zum ersten Mal passiert, dass der National Park-Campingplatz voll ist, im "Arches National Park".
Zuvor fahren wir in Moab zum Einkaufen.
Wir schenken uns ein Autoradio zu meinem Geburtstag.

Der Parkranger nennt uns einen "wilden" Platz an der <128> in der Nähe. Einige andere Wohnmobile stehen schon da.
Da es noch früh ist, mache ich mich gleich an den Einbau, während Babs erstaunlich lange auf dem Klo bleibt.
Als sie rauskommt, macht sie mich darauf aufmerksam, dass in Deutschland jetzt 00.00 Uhr und der 29.4. sind. Mein Geburtstag.
Pünktlich funktioniert das Radio.
Babs schenkt mir ein liebes (auf dem Klo) selbstgemachtes Puzzle.
Es ist schon schwer sich zu überraschen, wenn man wie wir, immer aufeinander sitzt.

Der Nationalpark ist ja schon wieder super.
Langsam werden ja die dauernden Superlative unglaubwürdig.
Trotzdem.
Wir wandern 2,5 km eine schöne Strecke zum "Delicate Arch".
Der Arch ist ein völlig freistehender Steinbogen auf dem Rand eines rund ausgeschliffenen Talkessels.
Beeindruckend, was die Natur so schafft.
Im Vordergrund der Bogen, weit hinten schneebedeckte Berge.
Wir klettern auch noch in den Kessel, um eine andere Perspektive zu genießen.
Die zweite, lange Wanderung unternehmen wir im "Devils Garden" am Ende der Stichstraße durch den Park.
Zuerst 1,6 km Oneway an zwei weiteren Steinbögen vorbei bis zum Abzweig "Primitiv road, difficult hiking".
Genau das Richtige für uns.
Erst 3.6 Km durch Sand und Semiwüste, dann in die Felsen, über Stock und Stein, durch Canyons, über Felsbarrieren bis zur "Doppel-O-Arche", zwei Felsbrücken übereinander.
Dort treffen wir wieder auf den Hauptweg, der aber auch mehr ein Pfad ist.
Einmal geht es auf einem Felsgrad entlang mit einem tollen Blick aus der Höhe über den Park.
Hier sieht man richtig, dass die Felsen wie Finger ins Land ragen.
Nach 8,8 km sind wir wieder am Auto und haben erst mal Durst.

Bier, wegen der Mineralien.

Wieder auf dem "wilden" Campground, er ist gut besucht, erfahren wir, dass es in den Rocky Mountains in Richtung Denver geschneit hat.
Wir überdenken unsere weitere Reiseroute.

Das haben wir in Moab nicht erwartet.
Ein Restaurant mit angeschlossener Brauerei! McStiff.
Vier Sorten eigenes Bier.
Ich halte mich ans Stout, Babs zieht ein "Obst-Bier" vor.
Hinweis in der Speisekarte: *The beer is brewed after the German Reinheitsgebot.*
Dann kann ja nichts schiefgehen.

Da wir lieber in der Sonne bleiben, besuchen wir den "Canyonlands National Park" ganz in der Nähe.
Er ist berühmt für seine Off Road Strecken.
Allerdings ist es uns zu teuer, einen Geländewagen zu mieten und wir halten uns an die besseren Straßen.
Aus Erfahrung klug geworden reservieren wir uns einen Stellplatz auf einem der winzigen Plätze im Park, bevor wir losziehen.
Der Park ist in drei Teile unterteilt, die durch den Colorado und Green River getrennt werden.
Wir beginnen mit dem Teil "Island in the Sky" und fahren zum "Upheaval Dome", bzw. in dessen Nähe, denn etwas muss man schon noch laufen.
Eine einmalige Sache, denn das Tal ist eingebrochen, als sich dicke Salz-schichten in der Erde auflösten, der Fels nachdrückte und in der Mitte des neuen Tales die Tiefengesteine nach oben gedrückt wurden.
Oder so ähnlich.
Sieht jedenfalls ungewöhnlich aus.
Am Abend dann Lagerfeuer mit dem Rancher.
Leider tobt ein Sturm, der den Sand vor sich her treibt.
So sitzen rund zehn Unentwegte mit dem Rancher um ein Feuer - er hat es tatsächlich anbekommen - und lauschen seinen interessanten Erzählungen über den Park, soweit wir sie verstehen, denn wir haben Kapuzen über dem Kopf und diesen zwischen den Knien, um uns vor dem Sandsturm zu schützen.
Über Nacht, ich glaube es nicht, hat es geschneit.
Er bleibt aber nicht liegen, es ist nicht kalt genug.
Uns reicht es.

Wegen des Wetters fahren wir am nächsten Tag mit dem Auto zum "Grand view point overlook" und sehen aus dem warmen Auto über die Landschaft.
Die Sonne kommt wieder hervor, wir beschließen, uns auch den zweiten Teil des Parks "The Needles" anzusehen.
Dazu müssen wir wieder aus dem Park und gen Süden fahren, die <191>

und dann die <211>, um in diesen Teil zu kommen.
Am "Newspaper Rock State Park" bleiben wir auf einem kleinen Stellplatz.
Nur keine Hektik.
Der Rock ist mit prähistorischen Kritzeleien übersät.
Bei uns gibt es Chicken wings, wie in Floridas Zeiten.
Schon früh hackt Babs Knoblauch.
Dazu einen super Dip.
Abends gesellen sich noch ein englisches Pärchen mit VW-Bus und ein älteres
Paar aus Idaho zu unserem Lagerfeuer.
Wir haben sie eingeladen, sich zu uns zu setzen.
Es wird sehr gemütlich.

Unser Hochzeitstag, wir feiern ihn gemütlich in einem Fünf-Sterne Restaurant.
Ja denkste.
Stattdessen laufen wir 12 Meilen durch die "Needles".
Zuerst zum "Elephant Hill", soweit kann man mit normalen Autos fahren, dann
wandern wir los.
Ein wunderschöner Weg, rauf und runter bis zum "Chesler Park", einer
Hochebene, herrlich, grün, von rot/weißen Felsen umgeben wie in einer Park-
landschaft, und weiter zum "Joint Trail".
Riesige Felsen liegen da rum, dazwischen wie in einem Labyrinth schulterbreite
Wege, oft sehen wir den Himmel kaum.
Zurück nehmen wir teilweise den Jeep-Weg.
Allmählich werden die Beine immer müder.
Das letzte Stück auf der "Straße", den Berg hinab zum Elephant Hill.
Wirklich nur für Geländewagen.
Wir beobachten einige Enduro-Fahrer, die sich die hohen Stufen und Felsen
hinabquälten.
Ein Ford-4wheel drive hat es noch schwerer.
Dauernd setzt er auf oder die Räder drehen durch und finden keinen Halt am
Felsen.
Ein kleinerer Jeep nimmt zu viel Schwung, er steigt vorne hoch und bleibt auf
der Rückfront stehen.
Man kippt ihn wieder nach vorne und fährt weiter.
Hätte mir auch Spaß gemacht, der Traum jedes Offroad-Fahrers.

Panik in der Nacht.
Wir stehen wieder am Zeitungs-Rock und klönen mit den vier anderen, die auch
erneut aufgetaucht sind.
Babs geht ins Auto.
Ein Schrei.
Gibt es hier Grizzly Bären?
Nein, eine Maus genügt.
Wie kommt die in unseren Wagen?????

Es gelingt mir, sie zu verjagen, allerdings muss ich anschließend noch jede Ecke nach möglichen weiteren Monstern untersuchen.

Von Farmern, Indianerkriegen und Geysiren

Die <128> schlängelt sich am Colorado entlang.
Das Tal ist anfänglich schmal, hohe Felsen schimmern rötlich in der Sonne.
Wir entfernen uns vom Fluss, bis Delta wird die Strecke eintönig, aber die <92> anschließend ist wieder berauschend.
Blicke in tiefe Canyons, an einem grün schimmernden See in der Ferne vorbei, schneebedeckte Berge im Hintergrund.
Schöne Picknick Overlook Plätze. Kaum Verkehr.
Die Straße windet sich zum "Blue Mesa Damm" hinab.
Der Damm ist Teil eines Projekts von fünf Staudämmen in Utah und Colorado.
Der See wieder eintönig, keine Häuser, kaum Grün, keine Restaurants, trotzdem viele Picknickplätze.
Ein Sturm treibt dicke Sand- und Dreckwolken über die Straße.
Wir fahren fast Schritttempo wegen der Sicht.
Endlich klettert die Straße wieder über 4000 Meter zum Monarch Pass, und die Luft wird klar, dafür liegt tiefer Schnee.
Am nächsten Tag gibt es sogar eine Sturmwarnung im Radio, wir wehen fast von der Straße.

Nicht nur jeder Ami, der etwas auf sich hält, hat Verwandtschaft in Europa, auch Babs hat einen Onkel Hans(Sohn des Bruders von Babs Großvater) in Amerika.
Keine Erblinie.
Wir besuchen ihn in Denver/Colorado.
Da heute Muttertag ist, ist auch noch die Mutter von Gerda zu Besuch.
Sie kam 1929 in die Staaten.
Sie ist eine süße alte Dame von 80 Jahren.
Gerda ist hier geboren.
Nach einem opulenten Essen fährt er mit uns zum "Red Rock Amphitheater", von wo wir einen guten Blick über die Stadt haben.
Das Theater ist in den Felsen gehauen und integriert und fasst 20.000 Personen.
Wir bleiben zwei Tage bei der Verwandtschaft und fühlen uns sehr wohl.
Wir denken, das ist gegenseitig. Oder ?
Sie haben nie auf spätere Briefe geantwortet. Schade.

Ein Besuch in einer Werkstatt ist erfolglos.
Beim Fahren von Rechtskurven knarrt es weiterhin. ????
Zum Abschied erhalten wir eine kleine Blumenvase für unser Armaturenbrett.
Wir hatten schon selbst nach einer gesucht.

Geplant ist ein Besuch bei einem Rancher in Wyoming.
Wir kontakten eine Servas-Familie.
Sie haben leider keine Zeit, die Mutter ist im Krankenhaus.
Wir sollen später wieder anrufen, man würde uns bei Freunden unterbringen.
Genau das machen sie dann auch.
Wir kommen wieder mal nicht an einem Baumarkt vorbei und erwerben ein kleines Bücherregal und einen Grillaufsatz (Griddel) für unseren Benzinkocher.
Er bereitet uns noch viel Freude.
Sagte ich schon, dass wir im Auto mit Benzin kochen, Coleman?
Wir trauen Gas nicht so ganz.

Erster Test: *Flour Tortillas: 2 cup Flour, 1 tsp Baking powder, 1/2 - 1 cup warm water, 1/8 cup Margarine.*

Die <34> ist eine sehr schöne Canyon-Straße, eingerahmt von hohen Bergen in Richtung Loveland.
Überall, wo neben dem Fluss ein wenig Platz ist, stehen Ferienhäuser, ist ein Campingplatz.
Über Fort Collins erreichen wir unseren 11. Bundesstaat, Wyoming.
Im Touristenbüro erhalten wir einen Sticker und Gutscheine für kostenlose Übernachtungen auf den State Parks.

Durch Farmland erreichen wir das Anwesen von MaryKay und Howard.
Sie sind keine Servas-Gastgeber, nehmen uns aber auf, als ihre Freunde fragten.
Der Empfang von MaryKay ist herzlich.
Mit ihrem Pickup fahren wir aufs Feld, wo Howard noch pflügt.
Ich fahre ein Stück mit auf diesem Ungetüm, 260 PS, Klimaanlage, staubdichtem Führerhaus und Reifen, so groß wie ich.
Zum Abendessen kommt auch ein Sohn, Mike, mit seiner Frau Heidi vorbei.
Deutsche Großmutter, wie es sich gehört.

Howard fällt beim Essen auf, dass wir wie Heidi essen, *"seems to be the german way"*, nämlich gleichzeitig mit Messer und Gabel.
Jetzt wo er es sagt, fällt es uns auch auf.
Die Amerikaner nutzen das Messer zum Zerschneiden, legen es dann weg und essen nur mit der Gabel.
Ein Überbleibsel aus dem Wilden Westen, denn die eine Hand musste ja für den Griff zum Colt freibleiben.
Erstmals schlafen wir in einem großen Wasserbett, werden aber nicht seekrank.

Wir bleiben wieder mal länger als geplant.
Wir vertragen uns mit unseren Gastgebern super.
Ist für sie ja auch mal was Neues, Besuch aus Germany.

Lassen wir aber MaryKay berichten:
Romsa Farm is a dry land winter wheat farm in the south east corner of Wyoming.
We also raise grass, fed cattle here.
We are lucky to have Barbara and Hartmut visit us in May of 1988.
On Thursday we toured around the farm, also to the cattle range land and could see for over 100 miles to the mountains.
We also took them to our town of Albin. Population of 120 where my mother lives and all of our family have gone to school.
Since Barbara and Hartmut didn`t see the Capitol of Wyoming in Cheyenne we drove to Cheyenne and took a tour of the Capitol Building. Wyoming is celebrating 100 years of statehood so it was redecorated and painted last year.
There is one of the world largest steam engines in a park there and Hartmut was wanting to take a look at.
Hartmut may open frozen yogurt shops in Germany so we thought he should have a taste of that also.
Of cause we all had a cone of it.
One can't visit Cheyenne and not go to see where the Frontier Days Rodeo is held.
It claims to be the world's largest outdoor rodeo.
It is held the last week in July.
We had been wanting to go to the Dog races in Colorado for several weeks so it was a perfect time to take some new friends to a restaurant in Fort Collins and go to the races in Loveland.
None of the four of us could get lucky with betting but had a great time with a good steak and beer at the race.
This has been a good experience for Howard and myself.
It was our good fortune that our friend could not take Barbara and Hartmut.
We have a wonderful life here on our farm and it was a joy to share it for a brief time with our new friends.

Amerikanische Entfernungen, wir fahren 90 Meilen bis zum Hunderennen.
Bakas und ich verwetten 10 $.
Immerhin liegen wir jeweils nur knapp daneben und als wir beim Quiniela (erste beiden Hunde, Reihenfolge egal) eine Wette aussetzten und nur für uns den Tipp abgeben, hätten wir gewonnen.
Trotzdem macht es Spaß zu sehen, wie die Hunde hinter Wispo dem Motorhasen, her hetzen.
Wir fühlen uns wieder mal sauwohl.
Der Himmel ist traumhaft, kein Streulicht.

Häuser oder Autos werden nicht abgeschlossen.

Ich kaufe von Howard einen CD-Funk.
Es wird kompliziert ihn anzubauen, denn die Magnetplatte hält nicht auf unserer Aluminiumkarosserie.
Jetzt müssen wir wohl die Funkersprache lernen: "You read me - hörst du mich?", "Anyone get a copy - Hört mich jemand?", "Roger and out - Ende".

Lassen wir MaryKay wieder berichten.
May 14. Today we got a lot of work done on the fences.
In the morning we tossed tumble weed off two fences.
Or at least Hartmut and Barbara did two.
I only helped with one of them so it made them work harder than it would.
Then after lunch we really got busy and took a load of fence posts out and set them in the fence line where the other posts were broken.
All of this fence damage is due to the tumble weeds and wind.
We got quite a lot fixed before we worked out.
Hartmut dig 25 post holes and Barbara and I set the posts.
It looked much better after our after morning work.
Howard kept busy in the tractor working the fields.
We are all going to Mike and Heidi for a Hamburger cook out for supper. That will taste good after our hard work.
Sure do thank both of you for all the help and fun time we had together.

Wie MaryKay schon erzählt, es war ein arbeitsreicher Tag, der uns Stadt-menschen sogar Spaß machte.
Zäune setzen, Gestrüpp aus den Zäunen entfernen.
Der Wind steht günstig für die Trumble weeds.
Die aus dem Fernsehen bekannten vertrockneten Büsche, die über das Land rollen und dann eben in Zäunen hängen bleiben.
Werden es zu viel, fängt sich wiederum der Wind in ihnen und reißt die Zäune um.
Also weg damit, über den Zaun, wenn der Wind günstig steht, weiter wandern lassen, bis zum nächsten Zaun, dann von vorne anfangen.
Beim Reparieren schaffen wir alle fünf Minuten einen Pfosten.
Ich bekomme eine Spezialschaufel für die Löcher, zwei Schaufeln, um genau zu sein, mit einem Scharnier verbunden.
Man rammt sie in den Boden, drückt sie zusammen und hebt den Boden heraus. Klar?
Geht jedenfalls gut, besser als mit einer normalen Schaufel, einen Meter tiefe Löcher zu buddeln.
Meine Stiefel lösen sich auf, ich stifte für die Farm das Paar als Zaunpfostenmarkierung.

Die Farm von MaryKay und Howard ist 3000 Acre groß, bewirtschaftet werden 900 Acres pro Jahr.
Ein schönes aber hartes Leben.
Meinen sie auch und würden nicht tauschen.
Mich stört nur ein kleines abgezäuntes Areal in der Nähe: Atomraketen-Abschuss Bunker.
Wyoming ist übersät damit.

Irgendwann müssen wir doch weiter.
Nächster Punkt: "Fort Laramie", bekannt von diversen Filmen.
Zum Teil gut restauriert und der Zeit entsprechend möbliert.
Die Herren Offiziere haben nicht schlecht gelebt.
Uns überrascht, dass die Häuser um einen Exerzierplatz gruppiert sind.
Keine Palisaden.
Wie hat man das verteidigt?
Das Fort wie wir es sehen, ist aus der Zeit um 1849.
Da hatte man in dieser Gegend schon das Indianerproblem "begraben".
Immerhin fand in Wyoming fast an jeder Straßenecke ein Massaker statt. Mal an Weißen, mal an Indianern.
Ist uns gar nicht bewusst gewesen.
Der Boden ist blutgetränkt.

Wir sind am Oregon-Trail. In Guernsey sehen wir noch Wagenspuren, die sich in den Stein gegraben haben.

Am Guernsey Lake machen wir Pause.
Die Sonne strahlt, kein Mensch, herrlich. Sternklarer Himmel, Lagerfeuer, Wetterleuchten, friedlich.
Auf dem Weg sieht Babs eine große Schlange auf der Straße.
Ich nicht.
War es eine der berühmten gelb-braunen Wodka-Schlangen?

Mit einem Schlenker durch Nebraska auf einer kleinen unbefestigten Straße erreichen wir Rapid City in South Dakota.
Es geht durch die "Black Hills", die sehr schön sind und am "Wind Cave National Park" sehen wir die ersten Büffelherden, klein aber immerhin.

Wir nisten uns bei Rapid City in der Nähe auf einem Campingplatz ein.
CCC lohnt sich immer mehr.
Wir haben uns aber auch ein Buch "A Guide to Free Campgrounds" gekauft.
Für alle Fälle, denn CCC ist ja auch nicht überall und das Buch wird sich später noch bezahlt machen.
In der Stadt finden wir einen "Aldi" und erwerben eine Kiste Obst mit einer Ananas, Äpfeln, Apfelsinen, Birnen und Grapefruit sowie eine mit Gemüse, zwei

Blumenkohl, Champignons, Mohrrüben und Kohlrabi für je 2 $.
Die Kassiererin übersieht noch eine Kiste (?).
Wir haben für die nächste Zeit ausgesorgt.
Jetzt ist es aber Zeit ein Wort zum Fleisch zu sagen: Traumhaft im Vergleich zu Deutschland und billig.
Beim Braten dampfen nicht erstmal drei Liter Wasser aus.
Selbst Babs wird zum Fleischesser.
Sei es Rindfleisch oder Pute oder "Hundefutter" wie Hühnerflügel oder Innereien, die uns fast hinterhergeworfen werden.
Um beim Essen zu bleiben.
Das Toastbrot, das wir fast nur bekommen, hängt uns zum Halse raus.
Ich denke, ein ganzes Brot kann ich so zusammendrücken, dass nur ein Körnchen Vogelfutter übrig bleibt.
Abgesehen davon, dass kein Vogel mit Geschmack es essen würde.
Wenn eine "German Bakery" in der Nähe ist, 200 Meilen, ist sie bekannt wie das Capitol.
Also müssen unsere Freunde richtiges Brot doch auch mögen?

Wir besuchen noch das "Geologic Museum" mit Dinosaurier-Gerippen und fluoreszierenden Steinen.
Sehr interessant.
Der "Dinosaurier Park" dagegen ist ein Horrortrip: Riesige Zementtiere in grün und weiß gestrichen.
Wenigstens ist der Blick von hier über die Stadt viel wert.

Gestern Abend schrieb Hartmut an die Decke über meinem Bett "you are always on my mind".
Ist das nicht süß.
Wir sind jetzt fast sieben Monate unterwegs, haben uns noch nicht richtig gestritten und sind glücklich.
Jeder Tag ist anders und bringt neue Überraschungen.

Nur die kleinen Überraschungen mit dem Auto gefallen Hartmut nicht, wenn er Leitungen abdichten oder was auch immer reparieren muss.
Zum Glück sind es aber keine großen Sachen, er zaubert es mit Klebeband und Einfallsreichtum.
Dafür bekommt er anschließend eine Schultermassage.
Ob manche Reparaturen getürkt sind?

Kann man nach USA fahren, ohne "Mount Rushmore" zu besuchen?
Reicht der Hitchcock Film- welcher war es?
Wir sind froh, uns die Köpfe von Jefferson, Roosevelt, Washington und Lincoln anzusehen.
Zwischen 1927 und 1931 in den Berg gehauen und gesprengt.

In 4 Jahren, nicht schlecht.
Gutzon Borglum war der Bildhauer und Ingenieur des Ganzen, das damals 1 Million Dollar kostete.

Trotzdem fasziniert uns das Denkmal für Crazy Horse in der Nähe viel mehr.
Da soll der Indianer auf einem Pferd aus dem Felsen gearbeitet werden.
Seit 1948 ist man nach Vorlagen von Korczak Biolkowski, einem Schüler von Borglum, dabei, und noch nicht sehr weit.
Immerhin müssen diesmal alle Kosten aus Spenden und Eintrittsgeldern aufgebracht werden, der Staat mit all seinem Geld steht nicht dahinter.
Entsprechend, wenn es so weitergeht, ist man in 500 Jahren fertig?
Das Gelände soll auch eine Indianer-Universität und ein Kulturzentrum beinhalten.
Crazy Horse wurde von allen Indianern in Abstimmung ausgewählt.
Schon eigenartig, dass ein Denkmal für einen Mann wie Crazy Horse zusammengebettelt werden muss, der zu seiner Zeit die Ideale der Amerikaner, wie Gleichheit, Brüderlichkeit, Liebe zur Heimat viel mehr symbolisierte als die meisten weißen Amerikaner.
Hatte er es doch gewagt, gegen General zu kämpfen und ihn zu besiegen.
Passend zu den großen amerikanischen Präsidenten wurde auch er heimtückisch ermordet.
Wir haben uns das Buch "Indian Fights and Fighters" von Cyrus Towsend Brady gekauft.
Eigentlich sollte es eine Pflichtlektüre in amerikanischen Schulen und vor allem in Kadettenschulen sein.
Ein sachlicher Bericht über die Indianerkriege in dieser Gegend, mit Berichten von Augenzeugen.
Geschrieben 1904.
Wie ich schon sagte, das Schicksal der Indianer entschied sich hier in den nörd-lichen Staaten und nicht im Süden, wo die Western-Filme spielen.
Die Soldaten hatten ja viel Glück, dass die Indianer sich nicht mit ihrer Kriegs-führung anpassten.
 Beispiel: Der Kampf von 32 Soldaten in einer Wagenburg gegen 3000 Indianer unter der Führung von Red Cloud in der Nähe von Fort Phil Kearney.
Die Waffenüberlegenheit der Soldaten war immens, aber als die Indianer sich doch bis an die Wagen heran gearbeitet hatten, zogen sie ab.
Die eigenen Opfer waren zu groß.
Hätte das denn auch einen weißen General interessiert?
Oder die bekannte Schlacht am Little Big Horn, Montana, 1876.
Warum verehrt man heute noch einen General wie Custer, der Befehle nicht be-folgte und dadurch seine Leute in den Tod führte - obwohl das umstritten ist.-
Es wird berichtet von der 9. Kavallerie, einer schwarzen Einheit unter Guy V.Henry , genannt "Henry`s Brunettes", die im Laufe von 34 Stunden 108 Meilen geritten ist und dabei 24 Stunden im Sattel saß und dabei noch zwei

Kämpfe zu bestehen hatte.
Ein guter Eindruck von Ignoranten und Helden auf beiden Seiten, von Soldaten und Indianern.
Von Rain-in-the-Face, Roman Nose, Red Cloud, Sitting Bull, Crazy Horse und anderen Indianer Chiefs, oder den Armeeoffizieren wie Capt.George A.Forsyth, Gen.Carrington, Major-General Alfred Terry und und und.
Kriegsorte wie Beecher`s Creek, Beaver Creak, Washita, Summit Springs, Wounded Knee;
 Indianerstämmen von den Sioux, Cheyenne, Comanche bis zu den Oglala, Osage und Apache.
 Oft verstehe ich aber die Kriegsführung der Roten nicht.
Mit einer südostasiatischen Mentalität (Vietnam), und es gäbe keine USA.

Babs führt mich dann den "Needles Highway" zurück, eine wunderschöne Schwarzwaldgegend.
Wir haben Glück, unser Auto passt gerade durch die Tunnel, rechts und links eine handbreite Luft.
Dann die "Iron Road" über Serpentinen zurück, gelegentlich Mount Rushmore in der Ferne.

Wir sind wieder in Wyoming und bummeln durch Deadwood City, wo sich Wild Bill Hickok und Calamity Jane ausgetobt hatten.
Das waren vielleicht Typen.

Der "Devils Tower, National Monument" ist ein Lavafelsen, der 246 Meter aus einer leicht hügligen Landschaft hervorsteht.
Vor Millionen von Jahren entstand er, als flüssiges Magma bis kurz vor die Erdoberfläche gedrückt wurde.
Die Lava erstarrt zu den mehrkantigen Säulen des Towers.
Die Erde rundherum erodierte und der Felsblock blieb stehen.

Die Kiowa's erzählen die Geschichte so:
 Eight children were there at play, seven sisters and their brother.
Suddenly the boy was struck dump; he trembled and began to run upon his hands and feet.
His fingers became claws, and his body was covered with fur.
Directly there was a bear where the boy had been.
The sisters were terrified; they run and the bear after them.
They came to the stump of a great tree, and the tree spoke to them.
It bade them climb upon it, and as they did so it began to rise into the air. The bear came to kill them, but they were just beyond its reach.
It reared against the tree and scored the bark all around with its claws. The seven sisters were born into the sky, and they became the stars of the Big Dipper.

Genauso sieht der Fels aus, als hätte ein Riesenbär mit seinen Krallen senkrechte Rillen in das Gestein gerissen.
Ein idealer Kletter- und Bergsteigerfels.
Wir sehen einige Kletterer in der Wand hängen, sehen es uns aber selber nur von unten an.
Eine große Präriehunde-Kolonie wohnt neben der Straße.
Sie stehen auf den Hinterbeinen und beobachten uns.
Ich zücke den Fotoapparat, ein Pfiff und alle sind weg.
Na denn nicht.

Wir besuchen wieder die Stätten der Indianerkriege.
Heute kaum vorstellbar in dieser friedlichen, schönen Landschaft; Grüne sanfte Hügel, Bäume, am Horizont schneebedeckte Berge.
Der Oregon Trail ging hier durch und es war das letzte Jagdgebiet der Sioux.
Fort Phil Kearny wurde 1886 gebaut, um die Trecks zu schützen.
Das Holz für das Fort musste aus den Bergen gebracht werden.
Der Schutz der Transporte war schon ein "full time job" und damit war man fast ausgelastet.
Der Offizier Feddermann verfolgte, gegen Befehle, mit 87 Soldaten die Indianer nach einem Angriff: "Gebt mir 87 Soldaten und ich reite durch das ganze Sioux-Gebiet".
Das Ergebnis seiner Überheblichkeit waren dann auch genau 87 tote Soldaten.
Und das alles dafür, dass das Fort nach zwei Jahren wieder aufgegeben wurde.

Wir stehen auf einem Campingplatz der Forstbehörde im Big Horn National Forrest, alleine, einen Elch ausgenommen.
Ein Bach rauscht hinter dem Auto.
Wir sind happy und froh, dass die Indianerkriege schon vor hundert Jahren stattfanden.

Über die alte <14A> erreichen wir Cody.
Die Straße schlängelt sich mit 10 % Gefälle ins Tal.
Mehrere Auslaufspuren für LKW`s, Warntafeln, die Bremsen zu überprüfen, und Parkstreifen, um die Bremsen abzukühlen, und das über einige Meilen.
Fast abenteuerlich.
Wir kriechen teilweise im 1.Gang abwärts.
Cody ist die Stadt von Buffalo Bill.
Ein tolles Museum über das Leben von Buffalo Bill trägt dem Rechnung, seine Reisen um die Welt mit seiner Wild West Show.
Angeschlossen sind eine Abteilung mit rund 1500 Winchester Gewehren und anderen Schusswaffen, eine Bilder- und Skulpturengalerie und eine Ausstellung über die Plateau-Indianer.
Wie gesagt: Toll.
Vor allem fahre ich auf die Skulpturen und Gemälde von Frederic Remington ab.

Wir haben jetzt "Großes" zu planen.
Anne und Hannelore, Freunde von uns aus Hamburg, machen eine USA-Reise,
wir wollen uns treffen.
Wie schreibt Gunter, Annes Mann: "Ein Treffen im freien Raum".
Wir verabreden uns per Post im "Crater of the moon National Park", das liegt
ungefähr auf ihrer kurzen Route.

Sag mal einer, es gibt keine Steigerungen mehr, nach all den National Parks.
Ich will aber nicht wieder versuchen, eine Wertung aufzustellen.
Jedenfalls sind wir im "Yellowstone National Park".
Es fängt schon mit der Anfahrt durch den "Shoshone National Forrest" an.
Dann der Eingang: dreispurig, auf Massen von Besuchern eingestellt. Wieder
mal zum Glück jetzt noch Vorsaison, Straße vom 1. November bis 30.April
gesperrt.
Eine Fahrt durch eine schöne Landschaft, die ersten Büffel.
Warning: Many Visitors were gored by Buffalo last Summer.
Buffalo can weight 2000 Pounds and can sprint at 30 MPH, three times faster
than you can run.
These animals may appear tame but are wild, unpredictable and dangerous.
Do not approach Buffalo.

Am Yellowstone Lake vorbei, der erste Rauch aus Felsspalten.
Dann der erste "Mud Volcano".
Ein Spazierweg an dampfenden und brodelnden Höllenschlünden vorbei.
Die Luft stinkt nach Schwefel.
Aber Luzifer zeigt sich nicht.
 Kaum einladender der "Sulphur Caldron", brodelnd, schwefelhaltig wie eine
Autobatterie.
Im Canyon Village gibt es Informationen.
Nur drei Campingplätze sind jetzt offen.
Also sofort belegen, man erwartet ein volles Wochenende, Memorial Day, der
Beginn der Schulferien.
So fahren wir zuerst zum Norris Campground und erwischen tatsächlich den
letzten freien Platz.
Er liegt am "Norris Geyser Basin", das wir uns jetzt ansehen.
Ich will nicht schon wieder von breathtaking reden.
Trotzdem.
Das Innere der Erde an der Oberfläche, und das in 2200 Meter Höhe.
Wir begreifen es nicht ganz, aber es ist einfach super.
Ein markierter und teils auf Bohlen verlegter Weg führt durch dieses Becken.
Vorbei an brodelnden Quellen, bläulich
bis grünlich schimmerndes Wasser, 95°C.
Wir hören einen Geyser, wie eine Dampflokomotive.
Aus einem kleinen Loch kommt ununterbrochen heißer Dampf.

Rundherum zwei riesige weiße Ablagerungsberge, Salz, Schwefel (?), die sich je nach Windrichtung aufgebaut haben.

Wir warten an einem kleinen Loch.

Erst brodelt es ein wenig, dann wird es stärker und plötzlich wird das kochende Wasser in einer Fontäne weit hoch gespritzt, begleitet von einem ohrenbetäubenden Lärm, Rauch und Gestank.

Dazu Sonnenschein und wenige Menschen, obwohl die mögliche Eruptionszeit auf einer Tafel angegeben wurde.

Der kleine Bach, in den das Wasser abfließt, kocht.

Ohne gekochten Fisch. Schade, aber logisch.

Wir machen den nördlichen Rundkurs nach "Mammoth Hot Springs".

Schon wieder sehenswert.

Die Calcium haltigen Quellen bildeten in den Jahrmillionen Terrassen mit kleinen Wasserbecken, die ineinander überlaufen.

Ein Teil der Quellen ist inzwischen versiegt, die anderen bauen an ihrem weißen "Zuckerberg" weiter.

Was die Natur so zaubert.

Wir sehen uns natürlich auch den "Grand Canyon of the Yellowstone" an. Der "Tower Fall" stürzt 40 Meter in die Tiefe, eigentlich schöner noch der "Lower Fall', zu dem man wandern muss.

Die Sonne steht günstig und ein herrlicher Regenbogen krönt den Wasserfall.

Auf der Rückfahrt begegnen wir einem Elch.

Hartmut macht schöne Fotos, aber ich hätte lieber eine Kamera gehabt, um anschließend Hartmuts sehr eiligen Rückzug ins Auto zu fotografieren.

Ausgerechnet mich hat das Vieh auf dem Kieker.

Tiere haben wohl ein Gefühl dafür, wo echte Gegner sind.

Hartmut leidet unter Verfolgungswahn und Größenwahn.

Wenigstens behauptet Babs nicht, er habe mich verfolgt, weil ich nach "Wildlife" rieche.

Ganz früh fahren wir weiter in Richtung Madison, eine wunderschöne Strecke, viele Büffel, Wapiti-Hirsche, bewaldete Hügel, langsam kommt der Tag.

Dort wieder brodelnde Schlammlöcher.

Eines wie eine Gipskocherei, teilweise rosa.

Die Schlammblasen zerplatzen in Zeitlupe.

Dann eine Stichstraße zum "Goose Lake".

Ein See, ein Fluss, Ruhe, friedlich.

Wiesen. Tannen, Tiere, am Horizont Dampfwolken.

Ein Fleckchen Erde wie aus dem Paradies.

Hier möchte man alt werden.

Das "Midway Geyser Basen".

Ein See vor Tannenhügeln.

Heiß und bunt.

Algen geben ihm die Farben des Regenbogens: dunkel- und hellblau, grün, gelb, orange.

Darüber der Wasserdampf.

In den Farben des Wassers treibt er über den See.

Der zweite See, eine Krateröffnung in allen Farben des Blaus.

Glasklar bis in die tiefsten Tiefen des Erdinneren, brodelnd.

Gelegentlich gibt der Wind einen Blick in die Tiefe des unendlichen Blaus frei.

Mir fällt nichts mehr ein, als immer hinsehen zu wollen und zu begreifen, was Schönheit ist und der Zauber der Natur.

Ich begreife die japanischen Touristen nicht, die all dies im Dauerlauf abhaken können.

Der berühmteste Geyser ist der " Old Faithfull".

Pünktlich spuckt er seine Wassermassen regelmäßig in die Luft.

Jede Eruption wird im Visitor Center angekündigt.

Sorry, Touristenquatsch.

Rund um den Geyser sind Sitzbänke in mehreren Reihen aufgestellt und kurz vor jedem Ausbruch wird es voll wie im Zirkus.

Der "Auftritt" ist zwar pünktlich aber nicht atemberaubend.

Bevor wir in den nächsten Nationalpark fahren, den "Grand Teton", machen wir eine Pause auf dem Platz der National Parkverwaltung, dem "Colt Bay Camping-platz.

Vorher erkundigen wir uns nach dem Wetter im Grand Teton für die folgenden Tage.

Sieht nicht gut aus: Today shower 60%, 50°F, Low night, 20-30°F, 40% chance of shower.

Wir gehen erstmal unserer Lieblingsbeschäftigung nach.

Nein!

Wir planen das Abendessen für heute Abend.

Gebutterte und gewürzte Kartoffeln in Alufolie, gebratener Speck, Bohnensalat, Dip.

Wir zerlegen einen Baumstamm fürs Lagerfeuer.

Vorher noch ein ausgiebiger Spaziergang. Geräuschvoll, wegen der Grizzly-bären, wir haben das Infomaterial über Grizzlys gelesen:

--*Pack out all garbage. Make sure items such as empty food containers are clean and odor free.*

---- *Store food in plastic bags out of reach of bears and well away from sleeping areas*

--- *Don`t use perfumes, deodorants, and other sweet smelling substances.*

---*Women should stay out of bear country during their menstrual period*

--*Human sexual activity may attract bears.*

--Hike in Groups and make enough noise so that bears aren`t taken by surprise. -
---If you see a bear, give it plenty of room.
---Should a bear advance aggressively, head for the nearest tree tall enough to
get you out of reach.
Most adult grizzlies cannot climb trees.
---Drop some sizeable items- a bedroll or pack -to divert the bear and give you
more time to retreat.

Unsere Nachbarn auf dem Platz erzählen, dass sie wegen Schnee nicht in den
Yellowstone reinkamen.
Haben wir ein Glück gehabt.
Wern Engel reisen.

Den "Grand Teton National Park" durchqueren wir nur auf der Hauptstraße und
bewundern die grandiose Gebirgskulisse, die der Teton bietet.
Leicer ist sie oft hinter Wolken verborgen.
In Moose besuchen wir eine kleine Kirche mit Holzbänken.
Hinter dem Altar ein großes Fenster mit Blick auf die Berge.
Besser als mit so einem Ausblick kann man meiner Meinung nach Gott nicht
deutlich machen.
Was für eine gute Idee.

In der Nähe ein kleines Museum und eine alte Fähre über den Snake River, die
William D. Menor ab 1894 betrieb.
Kosten: 50c für einen Wagen mit Mannschaft, 25c für ein Pferd mit Reiter.
Fußgänger frei.
Die Fähre wurde die wichtigste Überquerungsmöglichkeit hier im Jackson Hole,
wie das Tal hieß.
 In Jackson selbst, einer natürlich touristisch voll erschlossenen Stadt am
Parkeingang, besichtigen wir die "Million Dollar Bar".
Nett gemacht.
Alle in Holz gehalten und zwar speziellen Stämme mit "Beulen".
Die Barhocker sind Sättel; Zwei ausgestopfte Tiere, zwei Schmucksättel.

Das Treffen im freien Raum

Nach einer mehrtägigen Pause auf einem luxuriösen Campingplatz tuckeln wir weiter über die sehr schöne <34> .nach Idaho.
Wie im Mittelgebirge, grüne Wiesen, gelbe Blumen, Birken.
Vor Pocatello soll ein Statepark sein, wo wir übernachten wollen.
Leider gibt es ihn nicht mehr und so fahren wir in die Stadt zur Camber of Commerce, Touristeninformation.
Wir bekommen den Tipp, weiter südlich in den Staatsforst zum Scout Mountain Campground zu fahren.
Ein guter Tipp.
Er ist noch kostenlos, keine Saison, und sehr schön.
Auf einer Lichtung lassen wir uns von der Sonne bescheinen.
Saison hin, Saison her.

Es hat geklappt, das Treffen im freien Raum.
An der Tür vom Visitor Center im "Crater of the Moon National Monument" hängt ein Zettel für uns.
Die Girls sind schon da.

Die trostlose Landschaft und Weite von Nevada hatte Anne und Hannelore vorangetrieben.
So steht jetzt unser Wohnmobil einträchtig neben ihrem Zelt.
Wir davor, und feiern das Wiedersehen mit reichlich Wein.
Später, nachdem wir fast Fusseln am Mund haben, vom vielen Erzählen, gibt es Chili con Carne und dazu Babs selbstgebackenes Fladenbrot.
Lecker.
1 Tasse Mehl, 1 Tl Backpulver, Prise Salz, Wasser bis es einen formbaren Teig ergibt.
Fladen formen, in der Bratpfanne ausbacken:
(Geht auch auf einem heißen Stein am Feuer).

Die Girls hatten den Park schon gestern durchstreift, also ziehen wir ganz früh alleine los.
Wir haben wieder mal Glück, die Wüstenblumen blühen gerade. Die schwarzen Lavahalden und der schwarze Sand sind übersät mit kleinen bunten Blümchen.
In ein paar Wochen ist dann wieder alles vorbei.
Wir sehen genau, wo und wie die Lava geflossen ist, erstarrte "Flüsse" zeigen es uns.
Dabei bildeten sich auch Höhlen, die wir teils besuchen können.
Allerdings ist unsere Taschenlampe so schwach, dass wir nicht tief eindringen können.
Vulkane gab es hier nicht, sondern die Lava floss so aus der Erde hervor.
Das Licht steht traumhaft über dieser Mondlandschaft durch die frühe Stunde.

Wir sind ganz alleine und lassen uns verzaubern.

Anne und Hannelore fahren mit ihrem kleinen Mietauto in unserem Windschatten die Scenic Route <75>.
Langsam klettert die Straße bis auf 8500 feet, von wo wir einen wahnsinnigen Blick über das Tal haben.
Am Red Fish Lake finden wir einen schönen Nachtplatz der Forstbehörde, aus dem Campingführer für kostenlose oder billige Übernachtungsplätze, den ich schon erwähnt habe.
Nach einem gemütlichen Frühstück geht es weiter die sehr kurvenreiche <21> nach Boise.
Meilenlang klettern und klettern wir und denken schon, wir bekommen einen Drehwurm.
Traumhafte Strecke, viele Blumen, wenig Zivilisation.

In Boise schauen wir uns das Capitol an, riesig, ganz in Marmor, halten uns aber nicht lange auf.

Die Payette River Scenic Route wird anfangs ihrem Namen nicht gerecht. Stark befahren, Campingplätze direkt an der Straße.
Durch einen engen Canyon - Straße, Fluss, Eisenbahn - erreichen wir dann das Hochplateau.
In Richtung Cascade biegen wir auf eine kleine unbefestigte Straße ab, am See entlang gelangen wir wieder zu einem Forstbehörden Campingplatz mit Blick auf den See.
Feuerholz liegt schon da.
Was ein Service.
Es wird wieder sehr spät.

Über den nächsten Tag mag Hannelore berichten:
So ein Service der Forstbehörde, pünktlich um 6.30 Uhr weckt mich ein Specht.
Das war rechtzeitig, um den Sonnenaufgang am anderen Seeufer zu sehen.
Leider waren drei Leute taub und haben dieses Erlebnis verpasst.
Bis um ca. 8.30 Uhr habe ich mir dann die Zeit vertrieben, und weil es so kalt war, ein Feuer gemacht.
Zum Frühstück gab es "Mixed pan" (Nudeln, Speck, Kartoffeln), Stangensellerie mit Peanutbutter, Kaffee, Kakao.
Nach diesem herzhaften Mahl waren wir bereit für weitere Meilen unter den Rädern.
Zuerst ging es 16 Meilen auf einer Gravel Road am See entlang, wilde Tiere (Rinder) und ein verunglückter Truck säumten unseren Weg.
Die Fahrt ging wieder auf und ab, durch enge Täler, entlang des Salmon River und dann kurz hinter White Bird kamen wir ins Indianerland.
60 Nesperze Indianer haben 100 Weiße in die Flucht geschlagen.

Die ganze Gegend lebt von der Erinnerung an diese Zeit, als nur ein toter Indianer ein guter Indianer war.
Heute ist es ein gutes Geschäft.
In Grangeville machen wir außer einem Tankstop einige unmotivierte Päuschen, dann noch eine Fotopause auf der grünen Wiese.
Nach einer kurzen Rundfahrt erreichen wir unser Tagesziel: Die Duschen.
Nachdem wir stadtfein waren, gings zum Chicken-Essen ins Clubhaus.
Wir haben das Durchschnittsalter der Teilnehmer auf diesem Campingplatz gewaltig (vielleicht unter 70 Jahre) gedrückt.
Jetzt sitze ich bei der Arbeit, Anne schreibt ihre Lebensgeschichte an Gunter, Hartmut plaudert mit zwei Opas und Babs passt auf, dass wir keine Dummheiten machen.
Wir sind auf einem CCC-Campingplatz, die Girls dürfen als unsere Gäste bei uns stehen.

Was ein herrlicher Sonnen-Sonntag.
Wir fahren mit dem Mietwagen durch die Gegend und besuchen eine Fischfarm, natürlich die größte der Welt, die Dworshak Fish Hatchery. Schon interessant, aber Fisch gibt es keinen zu kaufen.
Also doch Supermarkt.
Und so gibt es Rippchen als Abschiedsessen.
Morgen trennen sich unsere Wege, die beiden Girls müssen zurück.

Wir machen noch ein Interview mit ihnen:
".........das Treffen hat stattgefunden, weil wir uns alle so beeilt haben.
Wir waren zu früh, Ihr wart zu früh.
Wir sind durch Nevada gebrettert."
" Das war so öde, dass wir gedacht haben, dann doch lieber ihr."
" Danke."
"Aber wir haben uns eine schöne Zeit gemacht.
Gut gekocht, gut gegessen und getrunken."
„Schön hinter Euch her gezuckelt"
"Anne bekam fast Zustände auf der Serpentinenstrecke, sie hasst Kurven."
"Hannelore hatte immer noch ihre kurzen Hosen an, weil ihr immer noch zu warm war, und wir froren beim bloßen Anblick".
"Aber wir fahren jetzt an die Küste in die Sonne und essen Fisch, ihr müsst in den kalten Norden und esst in Alaska Eisbären."
"In San Francisco steigen wir dann ins Flugzeug".
"Heimwärts. Wo ist da die Gerechtigkeit?"
" Wir werden uns aber vorher die Stadt ansehen, die kurvenreichen Straßen."
" Ich will keine Berge mehr fahren. Ich fahre seit drei Tagen nur Berge."
" Du hast doch gar keine Berge gesehen, du sahst ja nur das Hinterteil von unserem Auto."
"Das ist richtig, immer nur so ein weißer Kasten, wie ein Fernseher, der kein

Bild hat"
"Wenn wir anhalten wollten, müssten wir hinten Blinkzeichen geben.
Es hat ja ewig gedauert, bis Hartmut reagiert hat."
" Man soll ja auch nach vorne sehen.
Außerdem verfolgte mich die ganze Zeit so ein kleiner Toyota. Eigenartig.
Ist das nicht rührend?"
"Ich war nur immer froh, wenn sich auf den Steigungen eine Autoschlange
hinter uns gebildet hatte: Ich bin`s ja nicht.
Ich kann nichts dafür.
Hartmut ist schuld."

Jetzt ist es soweit, das sonnenüberflutete Frühstück ist beendet, wir packen, wir
müssen uns trennen.
Schade, es waren Supertage.
Ein paar Tränchen flossen.
Schön den neuesten Klatsch aus Deutschland zu hören.
Parkprobleme, Streit wegen der Volkszählung usw.
Was ist das weit weg für uns!
Eine andere Welt!

Zur Musik von Kitaro fahren wir über den Lolo-Pass nach Montana, kurvenreich
neben einem Fluss entlang.
Den ersten Forrest-Platz verlassen wir bald wieder wegen der Mücken, groß wie
Fliegen, der zweite ist o.k.
Babs hat heute Heimweh oder so was ähnliches?
Freunde weg, ihr Vater im Krankenhaus (haben wir von Anne erfahren, die
Eltern schreiben sowas nicht), und überhaupt ist alles schrecklich.
Zum Glück geht es ihr heute früh wieder gut.

Wir fahren nach Missoula, wir brauchen zwei neue Reifen.
Der eine ist abgefahren, der andere verliert Luft.
Wir wollen auch eine Angel kaufen, aber nach einem Gespräch mit dem Ver-
käufer kapituliere ich.
Eine Wissenschaft für sich. Tausend verschiedene Köder, hunderte Ruten, für
jeden Fisch je nach dessen Laune eine andere.
Danke. Wir lassen es sein.
Auch der Versuch, zu Alkohol zu kommen, ist ein Drama.
Staatliche Läden mit unverschämten Preisen, staatlich festgelegt.
Ich habe einen Hautausschlag, den wir bei mir schon aus Deutschland kennen.
Freunde aus Deutschland schickten uns die Zusammensetzung der Tinktur.
Aber die erstmal hier bekommen.
Die erste Pharmazie hat die Zutaten nicht.
Zur Universität.
Haben die Zutaten nicht.

Im nächsten Drugstore auch nicht, aber nach langer Diskussion mischt uns der Manager ein Ersatzmittel.
Gut, dass Babs ihren Arztausweis hat.
Jetzt sind wir gespannt, ob ich mich auflöse.

Auf dem Flathead Lake RV-Resort verbringen wir einige Tage.
Sonnenschein, eine Hitzewelle für diese Jahreszeit, sagt man uns, 32°C.
Wir warten das Ende des Wochenendes und Vatertag ab, bevor wir weiterfahren.
Wir besorgen uns eine Kette mit Schloss und hängen den Reservereifen hinten ans Auto.
Innen wird es zu eng.

Auf dem Platz mieten wir ein Motorboot, cremen uns gut ein und tuckern auf den See hinaus.
Aus Deutschland habe ich noch eine finnische Eisangel dabei - 30 cm Rute, Handrolle.
Zwischen zwei kleinen Inseln machen wir eine Angelpause, aber die Fische sind keine finnischen Tricks gewöhnt.
Sie beißen nicht an.

Uns stoppt die Wasserschutzpolizei.
Lizenz und Schwimmwesten!
Haben wir alles nicht, war nicht im Mietboot.
Die Polizisten sind sehr nett, sie geben uns eine Schwimmweste, die sie gerade kurz vorher aus dem Wasser gefischt haben und ein Schwimmkissen und wünschen uns gute Erholung.
Alles andere wollen sie mit dem Resort klären, da wir die Sachen nicht mitbekommen haben.
Nicht unser Problem.
 Wir beglückwünschen uns zu der Mini Angel, die sie nicht gesehen haben oder nicht ernstnehmen.

Ein Ölwechsel, Bremsflüssigkeitskontrolle usw. sind fällig.
Wir begrüßen die Sofort-Service-Stationen.
In einer halben Stunde ist alles erledigt.
Babs hat heute Nacht geträumt, unsere Bremsen versagen auf einer Gefälle-strecke.
Ich hoffe, jetzt schläft sie wieder besser.

Der "Hungry Horse Staudamm" ist fast leer.
Überall sehen wir die Stämme, dort wo sonst Wasser ist.
Die Campingplätze sind kostenlos, da man nichts machen kann, kein Bootfahren, kein Schwimmen.

Schon früh fahren wir in den "Waterton/Glacier International Peace Park", ein Nationalpark, der auf USA- und Kanadagebiet liegt und dann die "Going to the sun road" quer durch den Park entlang.

Eine schmale Hochgebirgsstraße, über den Logan Pass (2031m), am Berg klebend, herrliche Aussichten auf Bergriesen und grüne Täler, Wasserläufe und Tannenwälder.

Kurz vor dem Pass sehen wir Mountain Goats (Bergziegen), weiß heben sie sich kaum vom Schnee ab und bewältigen Hänge. wo unsereins sich anseilen würde.

Der Abstecher zum "Many Glaciers" lohnt sich nicht, die vielen Gletscher haben sich schon seit Jahren verzogen.

Kanada, was bietest du?

Ein neues Land, trotz der vielen Grenzen, die wir schon überquert haben:
Kanada. Die Grenzformalitäten sind problemlos.
Haben sie etwas zu verzollen? Natürlich nicht.
Der Alkohol in Montana war auch so teuer genug.
Wie lange wollen Sie bleiben?
Drei Monate.
 O.k.....................
Was sind Sie von Beruf?
Journalist.
Warum sind Sie nicht in Toronto? Bundeskanzler Kohl, Reagan, Thatcher usw.
sind doch dort?
Als ob ich auf einen der Politiker Bock hätte.

Am "Red Rock Canyon", logisch rote Felsen, wandern wir ein Stück in den
Canyon hinein, teilweise durch den klaren, aber kalten Bach.
Das ist schon schön. Wir haben extra unsere Badeschuhe an, es geht gut.
Babs rettet mich davor, in ein Wasserloch zu fallen, ich habe nämlich die Kamera
umhängen.

Überall Warntafeln vor Grizzlybären.
Wir machen nur einen kleinen Spaziergang.
Ein zweiter Ausflug führt uns zum "Cameron Lake", einem glasklaren Bergsee.
Kanumiete Stunde 6 $.
Wir lassen es.
Die Sonne scheint den ganzen Tag, ein gutes Omen für die weitere Reise?
Die Entfernungen werden wieder zu Kilometern, die Tankfüllungen zu Litern.
Es bleibt immer länger hell.
Bis fast 22.00 Uhr haben wir volles Leselicht, dann wird es ganz langsam
dämmrig.

Das war der Schock dieser Reise.
Wir sind Einkaufen. Die Kanadier müssen eine Meise haben oder Geld wie
verrückt verdienen.
Zwei Liter Cola über 3 $, in den USA 90c.
Konservendosen doppelt so teuer und mehr.
Und das 70 km von der Grenze entfernt und nicht hinter dem Polarkreis, wo ich
es hätte akzeptieren können.
Fleisch unbezahlbar.
Zum Glück gehen wir in kein Alkoholgeschäft, sonst wären wir wohl schon
wieder in den USA.
Bei den Preisen selbst für Tampons, schlage ich Babs vor, diese aus Papier-
taschentüchern selbst zu drehen.

Steinschlaggitter für unsere Scheinwerfer finden wir nicht.

"Fort Mc Load" sehen wir uns durch die Zäune an.
Uns reichen die Preise.
Wir sehen jedenfalls genug, um zu erkennen, dass da ein "richtiges" Holzfort,
wie wir es uns vorstellten, nachgebaut ist.

Cowboys in Action

Wir haben noch Zeit bis zur Calgary Stampede und studieren die
Veranstaltungstermine in der Umgebung.
Siehe da, in Fort McLoad ist übermorgen was los.

Zuvor fahren wir zum "Head smashed in Buffalo jump"   .
Einem rund 10 Meter hohen Felsenkliff in der Hügellandschaft.
Die Indianer trieben früher die Büffelherden über das Kliff und sammelten unten
die Kadaver ein. Praktisch.
Heute ist das alles ein "UNESCO World Heritage Center", ein offizielles
Weltkulturerbe über die Plain Indianer.
Zumindest ermöglichte das Welterbe ein gutes angeschlossenes Museum und
InterpretiveCentre.
 Im Informationsmaterial ist ein großer Absatz in einer mir unbekannten Sprache
geschrieben.
Indianisch?
 Aoki.
Anniihka pisskanihka ayaakitaohkanipihtsoo`pihka
aaktsinnaahkootaitsinikatawa annaka iiniipaitapiiyiwaka, aoki ki ainnika
otaco`toohsi
aapamiaapiikoaiksi.
 Und so weiter.
Vielleicht habe ich jetzt den Weg zum Klo abgeschrieben?

Also heute "Midnight days" in Fort Mc Leod.
Benannt nach einem berühmten Rodeo Pferd mit Namen „Midnight".
Zuerst eine Straßenparade.
Nicht viele Menschen am Straßenrand.
Mehr oder weniger - mehr weniger - geschmückte Wagen, Oldtimer, vorneweg

zwei "Rotröcke", Mountainpolice.
Es geht alles sehr ruhig zu.
Wir spazieren zur etwas verkommenen Rodeo-Arena.
Wettreiten um zwei Tonnen, Einfangen von Kälbern.
Kleine Steppke von vielleicht fünf Jahren üben sich.
Hut ab.
Wir bummeln zum "Dorfrummel" zurück.
Skatebordvorführungen, Zielspritzen der Feuerwehr.
Man kann auch mit einem Ball nach einem Freiwilligen werfen, trifft man, fällt er in einen Wasserbottich.
Wie komisch.
Oder doch?
Ab 14.00 Uhr ist der "Biergarten" n der Sporthalle offen.
Dosenbier!!!! und Totentanz.
Wir fahren zurück auf unseren Campingplatz.
Um 22.00 Uhr sitzen wir noch in Badesachen vor dem Wagen.
Wir überlegen, ob wir über eine Holperstraße direkt nach Calgary oder über die Rockys und durch British Columbia weiter fahren.
Variation zwei gewinnt.
Wir füllen unsere Wasservorräte in Pincher Creek auf und fahren über den "Crowsnest Pass".
Eine Sternstunde für die Augen.
In Frank machen wir Stopp.
Die Minenstadt wurde 1903 von einem gewaltigen Erdrutsch verschüttet.
Jetzt sehen wir noch auf 2 x 1 Kilometer nur riesige Felsbrocken und Schutt.
All dies geschah in 1 1/2 Minuten.
Die Minenarbeiter, die gerade unter Tage waren, kamen alle heraus, aber was sie dann sahen, war die Hölle.
Heute erinnert ein Visitor-Center mit einer erstklassigen Ausstellung an das Unglück.
Man streitet sich darüber, ob der Erdrutsch "homemade" war, da der Berg stark unterhöhlt wurde.
Dadurch entstanden Erdrisse, Wasser sammelte sich dort, gefror und sprengte den Berg ab.

Holdrio, wir sind in Bayern.
In Kimberley.
Zuvor aber kaufen wir schaudernd in Cranbrook Schnaps ein.
35 C$ der billigste.
Es lebe die freie Marktwirtschaft.
Sind wir denn in einem staatlich diktierten Land?
Irgendwas stimmt da nicht, außer dass der Staat gut verdient.
Gesoffen wird eh nicht weniger dadurch.
Zweiter Schock, Babs Arztausweis ist hier nichts wert.

Sogar Rezepte müssen von einem Arzt aus demselben Bundesstaat stammen.
Das heißt, dass ein Rezept aus Alberta in BC nichts wert ist.
Die spinnen die Kanadier.

War es doch schön in USA.
Wir fragen auf einem Campingplatz ganz vorsichtig nach dem Preis.
Wir haben es geahnt.
Als wir wieder ins Auto steigen wollen, ist der Wagenschlüssel weg.
Babs ist schuld - Hartmut ist schuld.
Jedenfalls ist der Wagen gut verschlossen und der Schlüssel steckt im
Zündschloss.
Immerhin umsonst erhalten wir vom Campingplatzwart einen Schraubenzieher
geliehen. Zum Glück hatten wir die hintere Doppeltüre nicht zugeschweißt, die
Dusche ist nur hinter der linken Hälfte.
Tür gesichert zusätzlich durch ein Zahlenschloss.
Es gelingt mir, den oberen Riegel zu lösen und die Tür einen Spalt zu öffnen,
durch den Babs klettern kann, sozusagen durch unseren Kleiderschrank.
Hauptsache sie ist drin.
Das passiert uns nicht noch einmal. Oder?

Wir verpassen eine Abfahrt, landen auf der <95A> und damit bald in British
Columbias höchstem Ort, nämlich Kimberley.
Den Bummel durch "Bayern" machen wir mit einem Lächeln im Gesicht.
Natürlich größte Kuckucksuhr der Welt, Blasmusik, hübsch zurechtgemachte
Häuschen.
Bratwurst, Wiener Schnitzel, Sauerkraut.
Wem es gefällt.
Gasthaus "Zur Alten Liebe" und "Zum weißen Röslein".

In "Radium Hot Spring" steuern wir wieder einen CCC-Campingplatz an und fragen, wie lange wir bleiben dürfen, denn Übermorgen ist "Canada Day", also
Feiertag und verlängertes Wochenende.
Die Camper, deren Homeplatz hier ist, haben Vorrecht.
Zwei Tage erhalten wir.
14 km weiter im nächsten Ort suchen wir ein Forrest Office auf und erhalten
gutes Material über kostenlose Plätze.
Auf einer Bank geben wir ein beglaubigtes Telex an die Barnett Bank auf, um
unser Geld dort, weitere drei Monate anzulegen.

Nach den zwei Tagen verlassen wir morgens den leeren CCC-Platz, der
angeblich ab heute Abend gerammelt voll sein soll.
Es ist uns zu dumm, nochmal zu fragen.
Wir fahren in die Wildnis.
Abenteuerliche Wege, kaum breiter als unser Auto, steil, nass, zu dem Forrest

Stellplatz.
Der Platz ist an einem kleinen See und Bach, wunderschön, nur noch ein weiterer Camper.

Am nächsten Morgen fährt er weiter und hinterläßt einen Haufen Konservendosen und Dreck in der Feuerstelle.
Verdammte Sau.
Dafür kommen zwei Pickups mit Anglern und ihren Ruderbooten, mit denen wir eine Weile klönen.
Leider fängt es an zu regnen.
Nichtsdestotrotz beschließe ich, dass wir heute Abend Fisch essen werden.
Mit Gummistiefeln und Cowboyhut, na ja, nicht nur, gehe ich zu dem Bach und wässere den Köder.
Nach relativ kurzer Zeit habe ich zwei Bachforellen.
Reicht aber noch nicht für ein Essen.
Inzwischen plattert es.
Egal.
Die nächste Stunde passiert nichts.
Vielleicht mal auf der anderen Bachseite versuchen.
Ich latsche durch den Bach, das Wasser strömt oben in die Stiefel.
Nass bin ich eh.
Endlich fange ich einen weiteren Fisch, dabei bleibt es aber leider.
Ich bin inzwischen so nass, dass ich auch nach den Fischen hätte tauchen können.
Immerhin, drei Fische, die später im Auto, umgeben von zum Trocknen aufgehängten Sachen, herrlich schmecken.
 Abgerundet wird alles durch einen leckeren Tannennadeltee, der auch meine Füße wieder wärmt.
Hat mehr Vitamin C als Apfelsinen.
Babs hat in weiser Voraussicht die Nadeln gesammelt.

Wegen des Regens verlassen wir schon am Sonntag den schönen Platz, da wir befürchten, dass der Waldweg sonst unpassierbar werden könnte.
Wir fahren am CCC-Platz vorbei, siehe da, wenig Wagen.
Haben sich wohl verschätzt bei dem Wetter.
Also halten wir doch nochmal an und erhalten problemlos wieder einen Platz.
Diesmal sogar einen schönen mit einem kleinen Shelter daneben, wo wir unter dem Dach sitzen können und dem Regen zusehen.

Da haben wir uns wohl verrechnet.
Wir nahmen an, über die Rockys und den Continental Divide rüber, und das Wetter würde wieder besser.
Aber die Sicht wird schlechter, der Regen stärker.
Vom Banff Nationalpark sehen wir eigentlich nichts.

Schade.

So biegen wir auf die <1A> ab und landen in Cochrane auf dem städtischen Campingplatz, kostenlos und voll.

Er hat nur 12 Plätze, wir stellen uns auf die Wiese, bald stehen auch da noch mehrere Wagen.

Zuvor tankten wir noch und kommen mit dem Tankwart ins Reden.

Er will unser Auto von innen sehen, er plant auch so einen Ausbau.

Alex, geboren in Rumänien, aufgewachsen in Russland, gearbeitet überall, jetzt Kanadier, wohnhaft in Calgary.

Für den nächsten Tag schlägt er vor, dass wir vor seinem Haus in Calgary übernachten.

Na mal sehen.

Wir nutzen den folgenden Tag und versuchen erstens ein Rezept für Babs Antibabypille zu bekommen und zweitens neigt sich meine Tinktur gegen den Ausschlag wieder dem Ende.

Babs Arztausweis gilt ja nicht, aber im Hospital ist das kein Problem.

Es soll nur 120 C$ kosten. In Worten: einhundert-zwanzig Kanadische Dollar !!!!!!!!

Babs meint nur, wenn sie für jedes Rezept, dass sie bisher ausgefüllt hat, 120 $ bekommen hätte, bräuchte sie schon lange nicht mehr arbeiten.

Wir verzichten.

Nächste Station eine Arztpraxis.

Die machen es gar nicht, schicken uns aber zu einer "Walk in Clinic", was immer das ist.

Dort 25 C$. Wir denken gar nicht daran.

Ich brauche inzwischen auch noch Baldrian für die Nerven.

Ich nerve herum und die Arzthelferin informiert doch ihren Doktor über die zwei Irren am Counter.

Und siehe da, Babs wird reingerufen, Kollegin und so.

Wir erhalten kostenlos das Tinktur Rezept und Babs Musterpackungen für vier Monate Antibabypillen.

Doch nett, oder.

Alex hat inzwischen einen Rückzieher gemacht (Haue von seiner Frau?), aber er zeigt uns einen großen Parkplatz am Heritage Park, wo wir die Nacht bleiben könnten.

Zumindest führt er uns in ein deutsches Restaurant, schon wieder Bayern.

Aber es gibt kanadisches Bier, wenigstens vom Fass.

Großes bahnt sich an.

Was heißt großes?

Das größte!

Nämlich die "Greatest Outdoor Show on Earth", die Calgary Exhibition and

Stampede,

" Where the World meets the West". ......

Ich hatte uns brieflich schon als Journalist angemeldet, und im Administration Office am Nordeingang bekommen wir ohne Schwierigkeiten unsere Presskarten und Infomaterial.

Wir fragen nach einem Stellplatz für unser Wohnmobil.

Bei ihnen nicht, aber um die Ecke ist eine Schule, die für die Stampede-Zeit ihren Parkplatz vermietet.

10 C$ pro Nacht.

Sogar mit Stromanschluss, denn man ist darauf eingerichtet.

Duschen im Schulgebäude.

Zwei Fußminuten vom Stampede-Eingang.

Wir versuchen es noch einmal, das Treffen im freien Raum, mit Sonya, einer Freundin aus Hamburg.

 Aber irgendwie klappte es bisher nicht, die Post lag immer irgendwo zu lange, wir wissen nicht, was los ist.

Als letzte Adresse hatte ich ihr die Pressestelle der Stampede angegeben.

Wir fragen nach, Nichts.

Sonya war aber auch nie konkret mit ihrer Planung.

Über Servas sind wir übrigens in Calgary nicht untergekommen.

Wir haben die Nase voll, nachdem uns vierzehn Tage vorher der eine am Telefon anmachte, weshalb wir jetzt schon anriefen, und der andere, warum wir erst jetzt anrufen, immerhin würde ja die Stampede stattfinden.

Aber wir stehen ja jetzt super.

Morgen geht es los, heute Abend gibt es ein freies Supper und Unterhaltung auf einem Parkplatz vor einer Mall. Hot Dogs, Bohnensuppe, Brötchen....., dazu Western Musik.

Man gibt sich Mühe.

Eröffnungsumzug in Downtown.

Fast zwei Stunden dauert er: Reiter, Cowboys, Kutschen, Musikcorps, Rotröcke, Oldtimer.

Hinter jeder Pferdegruppe ein Apfelsammler!

Es ist schon schwer was los und macht Spaß.

Wir bummeln über das Ausstellungsgelände.

Zwei Hallen Kommerz, Schnickschnack. Fotoausstellung, Westernkunst, Schauküche.

Um 14.00 Uhr chinesische Artistik im Corral (eigentlich die Eishockeyhalle), 30 Minuten, fünf Mal am Tag. Begnadete Körper.

Um 16.00 Uhr findet die Eröffnungsceremonie im Indian Village statt.

Indianerrummel, touristisch.

Zuerst Vorstellung all derer, die wichtig zu sein scheinen, vom Stampede Manager bis zum Polizeichef.

Dann Indianertänze in voller Federpracht.

Vorstellung der Festprinzessinnen der letzten Jahre.

Eigenartig die Mischung der Kostüme: Federschmuck und Turnschuhe, Perlenstickerei und Sonnenbrille.

Pause im Auto, die Füße hochlegen.

Um 19.30 Uhr beginnt der tägliche Höhepunkt: Chuckwagon Race (Planwagenrennen).

Vier Wagen pro Rennen.

Allerdings haben die Renn-Planwagen mit einem richtigen Planwagen so viel Ähnlichkeit wie ein Familienauto mit einem Ralleycar.

Alle gesponsert, Werbung groß auf den kleinen Planen.

Gestartet wird gegen die Rennrichtung.

Ein Mann hält die vier Zugpferde.

Startschuss.

Zwei Helfer werfen eine Tonne und zwei Säcke in den Wagen, scharfe Drehung um eine Tonne, ab geht die wilde Fahrt.

Begleitet wird jeder Wagen von vier Reitern.

Zur Sicherheit, früher passierte wohl einiges.

Was ein Tempo, Staub, Hufe donnern, das Publikum tobt.

Über allem der Kommentator am Mikrophon.

Leider habe ich seinen Namen vergessen.

Er macht es seit Jahren und heizt die Stimmung an.

Er hat eine Stimme und eine rollende Sprache, die unersetzlich sind.

Toll, toll.

"Hererrrrr they gooooooo".

Man muss es hören.

Wir toben mit.

Über allem schweben Heißluftballons, die in der Nähe zu ihrem Wettfliegen gestartet sind.

Der Himmel hängt voller Tanksäulen, Saurier, LKW`s, bunte Kugeln. Abschluss jeden Abends ist die Show.

Tanzende und singende Kinder, Musik, Zirkus, Tanz, Unterhaltung. Feuerwerk.

Wissen Sie schon, was sie im Juli machen?
Vorschlag: "Calgary Exhibition & Stampede" in Alberta / Kanada.
Die "größte Freiluftschau der Welt", wie sie sich selbst in aller Bescheidenheit nennt.
Sicher zumindest das größte Rodeo Nordamerikas. Rund 600 Cowboys aus den USA, Kanada und Australien kämpfen hier um den Titel und Preisgelder in Höhe von einer halben Million Dollar.

Bareback ride - Reiten auf einem wilden ungesattelten Pferd,
Bull riding - Reiten auf einem Bullen.
Calf roping - Einfangen und Binden eines Kalbes.
Steer wrestling - Niederringen eines Jungstiers.
Hohe Anforderungen an die Männer und an die Ausbildung und Qualität der Pferde.
Viele der Wettbewerbe sind aus der täglichen Arbeit der Cowboys übernommen.
Aber fast noch berühmter ist die Stampede für die Weltmeisterschaft im Planwagenrennen.
Bis zu 40 Fahrer kämpfen mit ihren Vierergespannen um die Titel.
Aktion, Tempo, Spannung, die eigentlich nicht zu überbieten ist, wenn jeweils vier Wagen, 16 Zugpferde und 16 begleitende Reiter über die Bahn donnern.
Gestartet wird gegen die Rennrichtung, der Pulk muss noch wenden, bevor die wilde Fahrt losgeht.
Verbunden ist die Stampede, wie üblich in Nordamerika, mit einem Volksfest, Fahrgeschäften, Losbuden, Essenständen.
Ursprünglich, seit 1886, war es eine Landwirtschaftsausstellung.
Auch heute noch gehört ein großer Teil den Farmern und Ranchern.
Landwirtschaftliche Maschinen, Rinderauktionen, Pferdeschauen.
Doch auch außerhalb des Geländes feiert die Stadt.
Eine Eröffnungsparade: 4000 Teilnehmer, 700 Pferde, 200 Gruppen, 50 Festwagen legen die Innenstadt lahm.
In den Parks spielen Bands, vor den Rathaustreppen fiedelt man zum Squaredance.
Jeden Tag gibt es freies Frühstück mit Pfannkuchen und Speck an den Planwagen, die dazu in der Stadt aufgestellt sind.
Der "Wilde Westen" ist überall.
Insgesamt kommen in den zehn Tagen rund eine Million Besucher nach Calgary.
Ein guter Tipp für Aktion, Spaß, Spannung und Unterhaltung.

Auch wir nutzen das Planwagenfrühstück und stellen uns dreimal für Pancake und Speck an.
Zwölf Wagen stehen heute Morgen auf einem Platz in der Innenstadt.
Am Olympia Square gibt es Vorführungen der "Marching bands", am Rathaus Squaredance.

Noch ein Höhepunkt.
Das "Half Million Dollar Rodeo".
Es beginnt mit dem Wildpferdereiten (Bareback Ride).
Einziger Halt für den Reiter ist ein Gurt um den Bauch des Pferdes.
Die Gäule bocken und drehen sich.
Es ist eine Freude zuzusehen, aber wohl nicht für die Reiter.
Diese schweben mehr über dem Pferd oder landen schnell im Sand.
Haben sie ihre vorgeschriebene Zeit auf dem Bronco überstanden, steigen sie zu

einem anderen Reiter über.

Gewertet wird, wenn sie die Zeit überstehen, die Haltung.

Nächster Punkt ist das Kälbereinfangen mit dem Lasso, umwerfen und Füße zusammenbinden (Calv rope).

Die Pferde der Cowboys machen gut mit und halten das Lasso straff, während das Kalb gebunden wird.

Größer sind die Rindviecher beim Steer wrestling, wenn der Cowboy hinter dem Vieh her reitet, sich zum Hals runterlässt, das Tier umschmeißt.

Das heißt, den Stierkopf so verdreht, bis es umfällt oder gelegentlich auf ihm landet.

4,4 sec für den Besten.

Erst mal nachmachen.

Dann werden 10 Wildpferde in die Arena getrieben.

Vier Cowboys pro Pferd müssen es mit dem Lasso einfangen, es satteln und an eine Markierung bringen.

Nur drei Gruppen gelingt es überhaupt.

Wenn ein Pferd nicht will, reichen also auch vier Männer nicht unbedingt aus.

Der Bull ride ist auch nichts für schwache Reiter.

Eine Mindestzeit ist vorgeschrieben und dann sollen sie auch noch eine gute Figur auf dem Bullen machen, also sich nicht im Schwanz festbeißen oder im Gurt verknoten.

Dabei sind die Stiere recht aggressiv und toben auch noch rum, wenn der Reiter längst abgehoben hat.

"Pausenclowns", sind zum Schutz der Reiter in der Arena, um den Stier im Zweifelsfall abzulenken.

Das Sattle Bronic, Reiten auf einem gesattelten und wild bockenden Pferd, ist auch nicht ohne.

Wir sehen uns noch eine "Heavy Horse Show" an, wunderschöne Kaltblüter mit glänzenden Geschirren.

Am nächsten Morgen frühstücken wir im Auto und die Entscheidung ist richtig, denn wir können die Menschenschlangen beim großen Pancake-Frühstück auf dem Gelände beobachten.

Zehn riesige Kocher sind aufgestellt worden, dazu Musike.

Da sehen wir lieber bei der Weltmeisterschaft der Hufschmiede zu. Schwitzend stehen die Männer an den Öfen und formen aus einem Stück Eisen die Hufeisen und passen sie an.

Gewertet wird nicht nur die Zeit sondern auch die Qualität und Sauberkeit der Eisen.

Wir plaudern im Pressebüro noch mit einem Referenten.

Er schenkt mir eine Presseanstecknadel.

Ich hatte nach solch einer Nadel gestern eine Sekretärin gefragt.

Antwort, es gibt keine mehr.
Jetzt doch. Aber ich glaubte ihr sowieso nicht, denn es war genau die Sorte Sekretärin, die sich wichtig macht und hundertmal umworben werden will und ansonsten unfreundlich ist.
Man sollte manche Mitarbeiter öfter austauschen, bevor sie einen Höhenflug bekommen.
Während der Stampede arbeiten zusätzlich 3000 Menschen hier, plus 2500 Freiwillige.

Eine Nachricht von Sonya ist immer noch nicht angekommen.

Am Abend gönnen wir uns noch einmal das Chuckwagen Rennen und sehen es uns auch später nochmal, gemütlich auf unserem Bett liegend, im Fernsehen an:
"Hererrrrrrrr they come.
Good looking starrrrrt, look at this.
Patrol Canada at numberrrrrr fourrrrr, but.......takes the race and will not give up the railllll ....streeking down thererrrrrrr........... looking goooood.......what a raaaaace......"
 Mich reißt es vom Bett.

Durch den Banff und Jasper Nationalpark fahren wir nach Jasper.
Die Parks sind recht voll, obwohl das Wetter wieder schlecht ist.
Die Landschaft, Seen, Wälder, Gebirge, Gletscher sind auch vom Auto aus schön.
Außerdem sind es 400 km bis Jasper und unsere Post ist dorthin bestellt.
Auf dem Postamt liegt aber nur eine Nachricht für uns:
Dringend Hella, Babs Tante in Washington, anrufen.
Unsere Gedanken schlagen Purzelbäume: Ist was zuhause passiert?
Wir telefonieren sofort.
Panik abblasen.
Nur Sonya hatte bei ihr angerufen und die Telefonnummer einer Bekannten in Kanada hinterlassen.
Sie will uns ja treffen. Von der Bekannten erfahren wir, dass Sonya heute ausgerechnet nach Calgary geflogen ist und von dort aus mit einem Freund im Mietauto durch die Gegend fahren will.
Fällt ihr ja plötzlich ein.
Wir hinterlassen, dass wir in der Nacht von Donnerstag zum Freitag in Seba Beach wären. Na mal sehen.
 Wir jedenfalls warten in Jasper drei Tage auf die Post, die nicht ankommt und lassen dann dort einen Zettel zurück, uns die Post nach Dawson weiter zu schicken.
Wir werden auch das sehen.
Jasper reicht uns, die Touristenläden kennen wir alle, wir standen lange genug mit unserem Wagen am Straßenrand

Über die <16> erreichen wir den bestimmten Campingplatz am Isle Lake und warten auf Sonya, die aber nicht auftaucht.
Denn nicht.

So fahren wir am nächsten Tag weiter nach Edmonton und sehen uns die bekannte West-Edmonton-Mall an, von der unser Reiseführer berichtet.
Tatsächlich ist das Ding sehenswert.
Eine Kombination von Läden, Restaurants und Unterhaltung.
Delphinshow, altes Segelschiff Santa Maria im Wasser ankernd, Touren mit einem U-Boot sind möglich. Jahrmarkt, Eisparkett, Schwimmbad mit Rutsche, Bourbon Street bei Nacht, Achterbahn, Vogelkäfige mit Flamingos und Exoten.
Alles über zwei Etagen und riesig angelegt.
Ich denke, die Mall verdient ihre Superlative.

In Fox Creek kaufen wir Fliegengitter und bauen uns den Steinschlagschutz für unsere Scheinwerfer.
Billiger geht es nicht und hielt alles aus.

Grand Prairie wartet mit einem Speedway-Rennen auf.
Wacklige Tribüne, kurze Sandrundpiste.
In der Mitte die Autos, es wird noch gebastelt, obwohl alle Wagen eher schrottreif aussehen.
Dafür sind die Motoren laut.
Das erste Rennen, die ersten Fahrer landen auf der Wiese, der Sand ist feucht, es nieselt.
Lautsprecherdurchsage: Rennen bis 17.00 Uhr verschoben wegen Regen.
Wir fahren weiter.

In Dawson Creek steht der 0-Marker vom Alaska Highway.
Ein Pfahl auf einer Kreuzung.
Wir nehmen die Meilen unter die Räder.
Anfangs gut ausgebaut, fangen bald die Baustellen und die Gravelroad an.
Wir verschätzen uns bei der Straße gewaltig mit den Entfernungen, die wir täglich fahren können.
Wir wollen bis Fort Nelson, aber nach sechs Stunden Fahrt reicht es uns, selbst wenn wir eine Stunde wegen der Zeitverschiebung geschenkt bekommen haben.
In Dawson Creek sehen wir noch zuvor eine Diashow über den Bau des Alaska Highway.
1942 wurden 1500 Meilen in 8 Monaten durch die Wildnis getrieben: Wälder, Sümpfe, Flüsse, Berge.
Der höchste Pass rund 4000 feet, die weiteste Brücke fast 1/2 Meile.
Die Fotos machen die imponierende Leistung noch deutlicher: Fotos von Trucks, bis zur Ladefläche im Matsch versunken, Pioniere, die Schneisen durch die Wälder schlagen.

Nicht ganz nett die Tatsache, dass die Amerikaner den Highway in Kanada begannen, bevor sie die Genehmigung der Kanadier hatten.

Hinter Fort Nelson wird die Landschaft schöner.
Kurven, Berge, Seen, Flüsse.

Liard Hot Springs ist berühmt für seine heißen Quellen.
Wir machen einen Stopp.
Der Campingplatz ohne Service ist uns zu teuer und so parken wir nur und laufen die 400 Meter auf einem Holzsteg durch eine Landschaft, die uns an Yellowstone erinnert, Flachwasser, bewachsen und schwefelig.
Die Quellen selbst sind eingefasst und es gibt Umkleidekabinen.
An der Quelle 90°C, weiter bachabwärts Badewannentemperatur.
Im Wasser sitzt ein älteres Paar, das uns freudig begrüßt.
Nie gesehen?
Aber sie wissen einiges über uns und so setzen wir uns neben sie ins Wasser.
Wir plaudern und tasten uns langsam heran, woher wir sie kennen müssen.
Ach ja: Radium Hot Springs und Seba Beach.
Zum Abkühlen trinken wir anschließend in ihrem Wohnmobil Eistee und bekommen auch noch eine Tüte Eiswürfel mit.
Erstaunlich (?), dass sie uns auch ohne unser ungewöhnliches Gefährt erkannt haben. Beim Baden in der Quelle wird Babs Ehering und meine silberne Halskette erst golden (kann so bleiben), dann gelb-rötlich und dann schwarz (Sauerei).
Schwefel.
70 Meilen weiter in Whirlpool Canyon übernachten wir auf einem kostenlosen "Do it yourself-Campground", direkt an riesigen Stromschnellen.
Es gibt Bier mit Eiswürfeln, denn es ist schön warm.
Babs bekommt unsere Juwelen mit Spüliwasser wieder silbern.

Der Ruf der Wildnis

Gestern checkte ich den Wagen durch, zog alle Schrauben an und bastelte an einem Schild.
Heute kaufen wir noch ein schönes Brett und erreichen dann Watson Lake.

Und wofür das Schild, das Brett?
In Watson Lake ist am Touristenbüro der berühmte "Schilderwald".
Reisende, die hier vorbeikamen, kommen, kommen werden, hinterlassen an

hohen Pfählen ihre Markierungen: Beschriebene oder Teller, geschnitzte Bretter, Straßenschilder und was ihnen halt so einfällt.
Es müssen inzwischen mehrere tausend "Marken" sein, die angenagelt sind.
Sollten wir in hundert Jahren wieder hier vorbei kommen, unser Schild wird auch noch erkennbar sein: In einen länglichen Rest des Fliegengitters knüpfte ich mit Elektrokabel "Roderfeld 1988" und befestigte dies auf besagtem Brett.
Hält ewig; Für Historiker.

Wir verlassen den Alaska Highway und biegen auf den Campbell Hwy ab.
Gravelroad, ein Schlagloch am anderen, staubig, teils schnurgerade.
Wir begegnen auf den 51 Meilen nur einem Auto bis zum Government Campground.
Eine friedliche Wildnis, mit einem schönen Blick auf den Simson Lake.

Wir besitzen einen Jahrespass für die Yukon - Government
Campingplätze, 25 C$.
Die einzelne Übernachtung kostet 5 C$.
Wir bleiben bestimmt länger als 5 Tage im Yukon.
Wir haben keine Lust, durch die Natur zu rasen und machen schon nach 100 Km am Frances Lake Stopp.

Feuerholz ist wieder da, aber leider nass, wir bekommen es nicht zum Brennen.
So gönnen wir uns einen Spaziergang am Seeufer entlang.
Treibholz, trocken.
Also doch noch ein Feuerchen.
Es gibt leckeres *"Wie man es auch nennt"*: Black eye beans, Corned beef, Grüne Bohnen, Sauerrahm.
Bei einer Pause bemerke ich, dass wir hinten aus einem der Doppelreifen Luft verlieren.
Es leben die Doppelreifen, denn wir fahren weiter bis Faro, wo wir ihn reparieren lassen.
In Faro ist eine Zinn Mine, ab hier donnern die Schwerlaster über die Sandstraße bis Carmacks.
Entsprechend ist der Straßenzustand.
Es regnet inzwischen stark.
Zum Glück ?
Denn wenn uns einer der Brummies überholt, schlägt eine Schlammwelle über unserem Auto zusammen.
Hat doch unser Wagen keine Scheibenwaschanlage!
So halten wir dann jeweils an und warten, bis der Regen die Frontscheibe wieder durch-sichtig gemacht hat.
Unser Autochen ist inzwischen schwarz. Es sieht abenteuerlich aus.
In Carmacks, einem 408 Seelen-Dorf an der Kreuzung vom Robert Campell und Klondike Loop Highway tanken wir voll.

Moose Creek Lodge.
Altes Blockhaus, dekoriert mit rustikalen Gebrauchsgegenständen, wunderschönem GußeisenKüchenofen.
Hinter der Lodge der Campground.

Wir lernen Horst und Claudia mit Töchterchen Lena (3) kennen, die mit ihrem VW-Bus, den sie aus Deutschland mitgebracht haben, rund 1 1/2 Jahre bis Feuerland fahren wollen.
Sie sind seit 8 Wochen unterwegs.
Horst ist selbständiger Spediteur und jetzt führen zwei Freunde den Laden.
Es geht also auch, entgegen den Beteuerungen, Ausreden, von vielen Leuten, dass man als Selbständiger nicht weg könne.

Dawson City, the Heart of the Klondike.
 Unser erster Weg führt uns zum Postamt, ob unsere Post wohl da ist.
Die Spannung bleibt, postlagernde
Sendungen werden erst ab 16.30 Uhr ausgegeben.
So bummeln wir durch die Stadt. Sie hat ein schönes großes Informationsbüro, aber sonst: was ein Nest!
Straßen wie zur Goldgräberzeit, wehe es regnet.
Daher sind oft Holzstiege als Bürgersteige gebaut.
Heute kämpft Dawson City um seine Existenz.
Rund 1500 Einwohnen leben noch hier.

Während des Klondike Goldrausches um 1898 waren es zeitweise 30.000 Abenteurer, Glücksritter, Goldsucher, Geschäftemacher und "Damen" in Holzhäusern und Zelten.
Damit war Dawson die größte kanadische Siedlung westlich von Winnipeg.
Die North West Mounted Police hatte aber alles im Griff und Dawson wurde nie eine gesetzlose Stadt.
 Obwohl es Kanada ist, waren 90% der Bewohner US-Amerikaner.
Man muss sich einfach mal klar machen, dass dies alles noch gar nicht so lange her ist.
Sam Steel, der Kommandeur der "Mounties", der Polizei 1898, wurde z.B. später General im 1Weltkrieg.
Nach dem Goldrausch ging es bergab und 1953 wurde auch das Territorial Capitol nach Whitehorse verlegt.
So pflegt man jetzt hier mit Liebe und zu wenig Geld die Erinnerung an eine tolle Zeit.
Viele Häuser sind gut restauriert.
Leider stehen sie sehr verstreut im Ort und wir sehen die Potemkinschen Fassaden und den Verfall rundherum.
Es ist noch viel zu tun.
 Im alten Theater, abends Show, Gaslight Follies, wie früher.

In Diamond Tooth Gerties Gambling Hall, einziges Spielkasino Kanadas, Can Can drei Shows pro Nacht.

Bei dieser Unterhaltung hätte ich mehr Besucher erwartet,

Am Ufer des Yukon River liegt der alte, gut restaurierte Raddampfer "Keno".

Die Nachricht vom Reichtum des Klondike machte so schnell die Runde, dass schon zwischen Juni und September 1898 in Dawson 57 Steamboats mit 10.886 Tonnen Ausrüstungen anlegten.

Entlang des Flusses wurden Holzfällerlager errichtet.

Die Dampfer verbrauchten je nach Größe um 120 cords of 4 foot Holz jede Fahrt.

Von den damaligen Steamern ist keiner übrig geblieben.

Die 'Keno" ist aus dem Jahre 1922, aber entspricht etwa den damaligen Schiffen.

Wir bekommen einen super Eindruck bei der Besichtigung, die von Freiwilligen in alten Kostümen geführt wird. Über der Bank ist ein "Gold Raum", der Utensilien aus der Goldgräberzeit zeigt.

Eine Gerümpelkammer.

Die Frau im Jahrhundertwendekostüm, die aufpasst, hätte ich nicht in Gold aufwiegen mögen. Bei ihrem Umfang hätte der Goldschatz von Fort Knox nicht ausgereicht.

16.30 Uhr. Unsere Post ist da.

Helka hatte sie zurückbekommen, sie hatte Briefmarken für den USA-internen Verkehr draufgeklebt.

Sie rief in Jasper an und erfuhr dort, dass wir jetzt in Dawson auf die Post warten.

So schickte sie den dicken Umschlag dann direkt dorthin.

Es hat geklappt.

Vor unserem Campingplatz, Horst und Familie sind auch da, nehmen wir wieder die Fähre über den Fluss nach Dawson und fahren zum Midnight Dom, von dem wir einen herrlichen Blick über die Flüsse Yukon und Klondike über Dawson City, den "Top of the world Highway" und den "Bonanza Creek" haben.

Im Bonanza Creek wurde am 17.August 1896 das erste Gold gefunden und löste den Run aus.

Gold im Wert von rund 500 Millionen Dollar wurde im Lauf der Zeit aus der Erde gebuddelt.

Wieder auf dem Campingplatz sehen wir uns in der Nähe die Wracks von drei Raddampfern an, die am Ufer verrotten.

Langsam aber sicher holt die Natur sie sich zurück.

Der Wald wächst durch die Planken und Spanten, die Reste der Eisenteile und Dampfmaschinen.

Den "Top of the World Highway", den wir uns schon vom Dom aus angesehen hatten, fahren wir nun in Richtung Alaska.

Eine wunderschöne Strecke, hoch in den Bergen, mit weiten Ausblicken.

The Last Frontier

An der Grenze zu Alaska (USA / 27.7.) keine Probleme.
Langsam kommen wir wieder aus den Bergen.
Die Strecke wird zu einem Rüttelbrett, festgefahren mit großen Steinen.
Horst hat uns schon lange überholt, aber hinter "Chicken", der ersten Ortschaft in Alaska, haben wir ihn wieder.
Eile mit Weile.
Beginn einer 34 km langen Baustelle.
Seit einer halben Stunde wartet er schon beim "Flagman" auf die Freigabe der Strecke.
Aber dann geht es bald los und wir folgen dem "Führungsfahrzeug" ein Stück durch den Baustellen-Slalom, bis wir wieder alleine dürfen.
Wir fahren aber nicht lange, denn ein nagelneuer Campingplatz lockt mit Holzhäuschen und einem Blick über ein Tal und einen See.
Mit Horst und seinen Frauen haben wir schon ein Abschiedsbier kurz hinter der Grenze getrunken. Ihnen sitz doch die Zeit im Nacken, aber es ist ja auch noch ein langer Weg bis Feuerland.
Die Bar ist dekoriert mit Geldscheinen aus aller Herren Länder, jeder Schein mit Datum und Namen des Spenders versehen.
Wer kein Geld hinterlassen wollte, nagelte Visitenkarten, Buttons oder seine Mütze an die Wand.
Urig.

Noch etwas Gravelroad und Baustelle und dann wird die Straße besser, bis wir wieder den Alaska Highway erreichen.
In Tok erst mal zur Touristeninformation, die wir mit Stapeln an Informationsmaterial über Alaska und einem "Campingsticker" für 50.-$ verlassen.
Er berechtigt uns, auf allen Government-Plätzen zu übernachten.
Übernachtung sonst 5 $ / Nacht.
Sollte sich rechnen.

Der Alaska-Highway wird schmaler, laut "Mile-Post" eine "rough road".
Natürlich haben wir die Mile-Post gekauft, dass "Gebetbuch" der Alaska-Fahrer.
Ein ausgezeichneter Führer.
Angaben fast jeder Meile, Versorgungs- und Übernachtungsmöglichkeiten, Sehenswürdigkeiten; Einfach gut und ausführlich.
In dem Fall allerdings ist die Straße schon asphaltiert, nur etwas wellig.
Ein Elch auf der Straße ignoriert und völlig.
Kurz vor Delta Junktion biegen wir zum ersten Government Campground ab.
Der Weg führt und an einem der wenigen Äcker in dieser Gegend vorbei. Die Wachstumszeit ist zu kurz, bis es wieder kalt wird.

In der Delta-Lodge genehmigen wir uns ein schönes, kaltes und bezahlbares Bier und plaudern mit der Besitzerin über das Leben hier.
Sie ist seit 1972 in der Lodge, war mit 17 Jahren mal in Berlin (Germany), großes Abenteuer.
Ich frage, womit sie sich die Zeit in dem kalten, dunklen Winter vertreibt?
Wir schlafen viel, angeln, der Fluss friert selten zu. Das Restaurant bleibt für die Einheimischen offen.
Aber so ab minus 50 Grad Celsius gehen diese dann auch nicht mehr vor die Tür.

Wir sind am Nordpol.
Genauer gesagt da, wo der Weihnachtsmann wohnt.
Oder noch genauer gesagt in "North Pole", einer kleinen Stadt vor Fairbanks, wohin jährlich unzählige Briefe amerikanischer Kinder geschickt werden, denn für sie wohnt eben Santa Claus am Nordpol.
Logisch ist hier ein großes Haus, riesiger Souvenirshop, aber auch Postadresse und Büro des Weihnachtsmannes.
Familie Miller betreibt das "Geschäft" seit Jahren und alle haben dicke Finger vom Schreiben der Antwortbriefe an die Kinder; oder vom Geldzählen.
Auch für uns ist Weihnachten, Seit Idaho haben wir wieder mal Wein gekauft.
Roter Wein, schmeckt gut.
Hick.
Vorsichtshalber mit Wascher verdünnt, denn wir schind nischt mär gewohnt.
Hick.
Jetseht musch isch erscht Wurscht brahten, denn Babsch macht Schalat.

Nachtrag zu Delta Junktion. Wir besitzen jetzt ein Zertifikat, dass wir und unser Auto den Alaska Highway überlebt haben.
Hier endet er nämlich und heißt jetzt Richardsen-Alaska Hwy.
Außerdem kommen wir an die berühmte Pipeline, die dort über einen Fluss geführt wurde.
Bau 1974-77. 800 Meilen lang, von Prudhoe Bay am North Slope bis Port Valdez am Prince William Sound.
Teilweise wird der Boden unter der Pipeline (Durchmesser 48 Inch) künstlich gefroren, damit sie nicht versinkt, denn das Öl hat eine Temperatur von 130°F.
Täglich werden 2.1 Millionen Barrels von zehn Stationen, oder bei Bedarf mehr Öl, durchgepumpt.
Eine beachtliche technische Leistung auch bei den extremen Temperaturunterschieden in dieser Gegend, die abgefangen werden müssen.
Deshalb sind die Rohre über die Hälfte der Strecke überirdisch verlegt.
Außerdem läuft sie zickzack, denn so kann die Dehnung oder Zusammenziehung der Rohre durch die Temperaturschwankungen longitudinal abgefangen werden.
Auch nötig bei möglichen Erdbeben.

Wir haben einen neuen Mitreisenden: Vincence.
Er war mir schon gestern sympathisch und deshalb durfte er zusteigen.
Vielleicht sollte ich noch sagen, dass Vincence eine Ratte ist.
Eine lustige Stoffratte aus der Kuscheltierecke vom Weihnachtsmann.

Gegen Mittag sind wir bei Niilo und Joan Koponen (Servas)in Fairbanks.
Riesig nett.
Wir reden viel über Politik, denn Niilo ist Abgeordneter.
Beide kamen Anfang 1950 als "Homesteader" hierher.
Lebten anfangs in einer kleinen Hütte und bauten sie dann in den Jahren Stück für Stück aus und an.
Das Haus ist urig, verwinkelt und saugemütlich, vollgestopft mit Bücher und altem Spielzeugeisenbahnen.
Ein riesiges Grundstück mit einem einmaligen Blick über den Fluss.

Homesteading heißt, dass man sich ein Stück Wildnis bis 160 Acres aussucht.
Dann muss eine Hütte mit Tür und Fenstern gebaut werden und drei Jahre lang muss man sieben Monate im Jahr dort wohnen und ein Achtel des Landes urbar machen.
Dann gehört es einem.
1950 war Homesteading in der Nähe Fairbanks noch möglich.
Heute ist ihr Haus am Stadtrand.
Die Anfangszeiten müssen schwer gewesen sein.
Die Regierung Alaskas hat heute Gebiete weiter im Norden zum Homesteading freigegeben.
Joan hat ein Buch, "Building from Within" geschrieben, über Alaskans "who build their Own".
Leute, die ihre Häuser nach eigenen Ideen selbst gebaut haben.
Die Homesteader sehen sich als die Pioniere Alaskas.
Ich mache ein Interview mit Joan:
"You did interviews with twenty people and I do have some questions about this. Where did you get the idea from to write the book?"
"Well, I suppose the idea came originally because we have built our own house up here and gone through all kinds of problems and challenges in the cause of building it over a number of years.
And we got to know other people who were building because they had some of our problems and interests and so one person let to another.
We do have the tradition in having an open house to everybody every Sunday evening and so people would come here and often they talk about building with each other and so I asked them if they know other people and I guess this is pretty much how I found out."
"But I thing, times chanced since you began building your house. How was it like being a homesteader in the fiftieth?"
"It was tough right away.

It was a lot more land that was available but there were very few roads so there
where miles and miles of land and you couldn't get to it.
So we looked for quite a while actually to find a piece to homestead that was at a
southern slope, because you like to have a southern slope if you can, because the
sun and weather does better at the top of the mountains to the south."
"They started the homesteading close to the act the same they used 1800 to settle
the American west."
"But I think, the people that are building their house nowadays are not the same
kind of people you had been."
"Well, I don`t know.
I suppose they were adventurers and I think they are still adventurers in a way.
We began hearing about a lot of places out there and nobody was knowing that
they were there.
I mean people are going out and try to do this thing, which is their way to say I
want to do my own thing in my own way.
And not have a lot of people around.
Which is the case of the most people I interviewed.
I wanted to collect some of these people in a sort of a record maybe or they can
talk to each other through the pages of this book and know that other people are
out there and doing this."
"So it is a mixture of very individual people and drop outs?"
"Well I suppose many of the people come to Alaska may have been dissatisfied
for one reason or another and where they were they may have thought: too many
people in New York or Miami or Michigan, or wherever, or they did not fit
in or don`t want to fit in.
I think many came up to do their own thing their own way.
This is been a great melting pot of individualism here which cause a lot of
problems politically and even socially here because so many people who won't
work for our common good.
But on the other hand it makes a wonderful mixture of interesting people who in
some ways did their live in wanting creating their own making."
"For instance some of the people you were interviewing had a good work here
for example at the Philharmonics, and suddenly they decide to build their own
house.
They wont a dream become true?"
* Right.*
At the end of the book I interviewed a professional psychiatrist and asked him to
look at the scene why people do these strange thing in building their own house
in their own strange way.
And he talks about people having that need too, even if they are living normal,
possibly doing a lot of traditional things, that maybe a part of them, that they
have some dream in expressing themselves in their own way that is a little bit
different."
"The people I interviewed did not build traditional houses and so they were

probably very untraditionally in certain ways even when a lot of them had
traditional jobs."
"The interesting thing for me was the different reasons why they build a house
and the different things that drove them to build.
There where not many common themes actually.
Some of them wanted to go away from the pressures of society and some just like
the act of creating.
There even is mostly a different between a man and a women.
For the man the building of the house is the important thing, for the woman it
may be the kind of the house, how big the kitchen is"

Joan vergleicht das Bauen eines Hauses mit dem Komponieren eines
Musikstückes.
Es ändert nämlich die Menschen, die es machen.
Viele der Befragten hatten das Bedürfnis, etwas zu "schaffen".
Man findet heraus, wer man ist, wenn man etwas "kreiert".
Ein Haus bauen dauert lange, man muss durchhalten.
Sie kennt Leute, die hatten kein Interesse am Haus mehr, als es fertig war. Ihr
Bedürfnis war gestillt.
Ein anderer baute fünf Häuser, nur weil es ihm Spaß machte.

"Selling such a house, is it not something like selling a piece of the soul?"
"I asked the same question to him.
Well the house he is living in now is not really resell able, because it is too
strange.
It is quite unorthodox.
He sits on a chair that is piece of the stairs and so on, but it is a magnificent
piece of craftsmanship.
It is a very personal place to him.
But he cares a lot more of the trees.
And he used the trees for the house without trying to cut them.
He Sayed if the house would burn down, he would feel more concerned about the
trees because they were alive.
If he sell it, it still lives."
".......important in building a house is having no restrictions and being creative."
"For our self, building our house was something like seeing our children grow
up."
"Did you have the feeling with your interviews that this had been the first time
for the people that they think about why they did it?"
"Yes, there was a need for most.
But many even had no time to think about it.
They got into it and just love it."   *"*
Would you do it again, I mean building a house?"
"Well, no.

For us, we had a lot of animals, we have five children we went on building for
years and years, and we build out and up and sideways just for the need of more
space.
It takes an enormous amount of energy.
It is something like homesteading and feeling, it was a marvellous expression
but it was just too big to do it again."
"If your children would ask you, if they should do it, what would you say?"
"Two of our kids did it.
Our daughter left one wall off, because she loved the birds coming in, till winter-
time
I think it is a special experience if you feel the need.
And were can you nowaday do this without restrictions?"

Wenn wir das Buch durchblättern, sind wir doch sehr zwiegespalten.
Es muss schon ein unvergleichbares Gefühl sein, ein Holzhaus, und davon reden
wir, nach eigenem Bedürfnis zu bauen.
Man muss die Werke aber auch gesehen haben.
Unabhängig von der Größe, vom Geld, jedes ist ein Unikat, bewachsenes Dach
oder mit Turm, einstöckig oder halb in der Erde, egal wieviel Räume, recht-
winkelig oder rautenförmig, grob gezimmert oder fein geschnitzt. Immer aber
schwebt der Geist des Erbauers durch es, egal wie weit weg er ist.

Ihr Haus und die große Sauna stehen immer noch jeden Sonntag für jedermann
offen.
Entsprechend voll ist es auch an diesem Sonntag.
Viele Bekannte, ein paar "Neue".
Eine schöne Sitte, die viel Kommunikation bringt, und wir mittendrin.

Wir bekamen den Tipp, uns die Moschusochsen-Farm anzusehen, was wir
machen. Die Moschusochsen sind mit Ziegen näher verwandt als mit Rindern.
Gewaltige, unwirkliche Zotteltiere, die sich dem Leben in der Kälte optimal
angepasst haben.
Ihr Fell ist das wärmste, das man sich vorstellen kann.
Aus der Unterwolle, werden Pullover gestrickt, teuer aber auch traumhaft warm
und ganz weich.
In Jahren mit schlechter Ernährung bekommen die Kühe keine Jungen.
Die Natur regelt dies perfekt.
Angefangen mit der Zucht hatte man in Alaska vor 50 Jahren mit 32 Tieren. Jetzt
leben hier wieder rund 2000 Exemplare.

Als wir abends wieder bei Joan und Niilo sind, treffen wir Ruth und Hanna aus
Israel, die vorbeigeschaut haben.
Sie sind Servas-Reisende, die aber woanders wohnen.
Beide wurden in Deutschland geboren und kamen noch rechtzeitig vor den Nazis

aus dem Land.

Jetzt reisen sie viel mit Servas, ihre Art der Völkerverständigung.

Reizende ältere Damen, mit denen wir in Deutsch lange reden.

Trotz aller Erfahrungen in ihrer Jugend sind sie nicht verbittert und Ruth hat auch einiges aus der Zeit der Kämpfe während der Gründung Israels zu berichten.

Das waren vielleicht Zeiten, sie schliefen mit der MP unter dem Kopfkissen.

Zum Abschied schenkt uns Joan ein paar alte Schneeschuhe.

Ein schöneres Andenken als all der Touristenschnickschnack.

Wir fahren noch bei einem Indianer vorbei, auch ein guter Tipp, und kaufen einen Lachs. 1/2 Meter lang, zwei Dollar!

Ein Festessen bahnt sich an.

Sie sind reif!

Die Blaubeeren.

 Wir machen einen kurzen Stopp an der Straße zum Denali Nationalpark, kurz aber ergiebig.

Im Nu haben wir einen großen Topf voll.

Eigentlich müssen wir uns nur mittenrein setzen und um uns herum pflücken bzw. probieren.

Na ja und dann der Denali NP.

Da kommen wir durch alle Nationalparks bis hierher, und ausgerechnet in Alaska ist er überfüllt.

Alle Campingplätze voll, aber zwei Meilen zurück Richtung Fairbanks ist ein Parkplatz, der uns noch etwas Raum zwischen all den anderen Wohnmobilen lässt.

Unser Campingsticker würde eh nicht gelten.

Babs kocht Blaubeermarmelade, es reicht sogar noch für einen reichlichen Nachtisch mit Sauercreme nach dem gegrillten Lachs auf Rote Beete Blättern, al dente.

Kannten wir bisher nicht, dass man die Blätter der Roten Beete wie Spinat kocht.

Hat uns Joan empfohlen.

In Alaska wird alles genutzt, was die Natur bietet.

Schmeckt herzhafter und besser als Spinat.

Warum nicht auch Idioten beim Namen nennen.

Neben uns hat sich ein Wohnmobil gequetscht, dessen Generator seit Stunden donnert (Alberta 03-2987), rücksichtslose Sau.

Wir haben uns ein Ticket für die kostenlose, 11 stündige Fahrt mit einem Bus durch den Park besorgt.

Mit dem eigenen Wagen ist es nicht erlaubt.

136 km, Aussteigen oder Zusteigen jederzeit möglich.

Um 10.00 Uhr geht es mit einem Schulbus los.
Erst bewaldete Hügel, dann bergiger.
Wir passieren zwei Pässe bis zum Elison Visitor Center, von wo wir einen guten Blick auf Nordamerikas höchsten Berg haben, den 6000 feet hohen Mount McKinley.
Mit 5 Millionen Acres ist der Park größer als Massachusetts.
Am Gebirge, dem Alaska Range entlang, erreichen wir den Wonder Lake. Ende der Stichstraße.
Ein hübscher See, so wie wir uns einen See in Alaska vorgestellt haben.
Von hier aus geht es dann zurück.
Erfolgsliste der gesehenen Tiere: Ein Braunbär, viele Karibus, ein Stachelschwein, Bergschafe und fünf Grizzlybären mit neun Babys.
Die Grizzlys sind für uns überraschend hellbraun, blond.
Entfernung zu ihnen, von 150 Metern bis weit weg.

Gegen 21.00 Uhr stehen wir wieder auf dem Parkplatz.
Gedünsteter Lachs mit Petersilienkartoffeln und grünem Salat.
An Lachs könnten wir uns gewöhnen.
Hoffentlich bekommen wir noch einige, es ist ja immerhin Saison.

Wir sind sauer.
Nenana Campingplatz- kein Statepark, Denali- Sticker gilt nicht, Byer Lake State Park- geschlossen.
Wofür haben wir den Campingsticker für 50 $ gekauft?
Uns trösten Blaubeeren, die wir wieder bunkern.
Montana Creek Campground, der Sticker gilt, aber es ist ein hässlicher Parkplatz, nicht mehr.
Zusätzlich sind auf der Karte mehr State-Campingplätze eingetragen, als es gibt.
Wir haben außerdem erfahren, dass man in Alaska überall auf nicht privatem Gelände campen darf, soundso viel Meter von der Straße entfernt.
Der Big Lake State Park South besteht aus 4 Plätzen die so schief sind, dass wir nicht dort stehen können, der North hat 120 Parkplatzbuchten.
Dafür steht darüber im Führer, den man erst bekommt, wenn man den Sticker bezahlt hat, nur etwas von 6 Plätzen.

Oh, immer diese bösen Bemerkungen:
Aber Anchorage ist ein Nest.
Unsere Servas-Familie ist nicht erreichbar, und als wir sie um 20.00 Uhr erreichen, vom State Park aus, der nicht in Anchorage ist, entgegen der Tourist Info-Auskunft, sondern 18 km nördlich, wo wir gerade herkommen, haben sie erst Dienstag Zeit, zwei Tage Anchorage ist aber zu viel, um zu warten, und die Tochter des Servas- Hosts in Homer hat Hochzeit, also auch nicht dorthin, damit ist der Riesen-Abstecher nach Homer gestorben, laut Reiseführer nicht umwerfend, also nur nach Seward, laut Reiseführer ein Muss, Servas Anchorage

war noch nie bei einem Gletscher, keine Ahnung, also keine Information,- und überhaupt ist der Satz zu lang.
Punkt.

Gemütlich tuckern wir am Hood Lake entlang, mitten in Anchorage in der Nähe des Flughafens.
Ein großer See, rundherum ein Wasserflugzeug am anderen, Starts und Landungen.
Die Fluglotsen haben keinen leichten Job.
Im Hintergrund schneebedeckte Wipfel, die Sonne strahlt.
Wir fahren an einem kleinen See weiter, wo die High Society wohnt.
Große Wassergrundstücke, Villen.
Wir nehmen den Seward Highway.
25 km hinter Anchorage machen wir ein Buttermilch-Blaubeer Picknick auf einem schönen Platz mit Blick über den Turnagain Arm.
Später sehen wir Anglern beim Lachsfang zu.
Es muss wirklich Saison sein, so erfolgreich wie die sind.

Zur Feier des 8.8.88 - warum sollen nur Chinesen abergläubisch sein - gibt es Filetsteaks nach Art Tornedos mit Speck umwickelt, in Butter geschwenkte grüne Bohnen.
Halleluja stöhnend, fallen wir ins Bett.
Später erfahren wir, dass an diesem Tag in Deutschland der Himmel ausgelaufen ist.
Der Keller, wo ein Teil unserer Habe untergestellt ist, war vollgelaufen.
Mal sehen, was noch brauchbar sein wird.
Aufregen nützt aber nichts.
Wunderschön zieht sich die Straße am Meeresarm entlang.
Weit draußen sehen wir einen weißen Walfisch, der immer wieder auftaucht und seinen Buckel sonnt.
Leider weit weg.
Über den Portage Glacier Loop erreichen wir den Portage Gletscher.
Schon auf dem Weg einige Gletscher, blaue Abbruchkanten im strahlenden Sonnenschein.
Das Visitor Center ist teils auf Stelzen in den Gletschersee gebaut, auf dem Eisschollen und kleine Eisberge treiben.
Es ist sehr schön, denn der See liegt in einem Kessel, umgeben von hohen Bergen mit Eismützen.
Die Stichstraße zum Byron Gletscher ist gesperrt.
Also wandern wir sie entlang und an ihrem Ende den Wanderweg zum Gletscher.
Eine ungewöhnliche Pflanzenwelt begleitet uns.
Ein Dschungel aus hüfthohen Farnen und Pflanzen, verfilzten Bäumen, fast undurchdringlich.
Je näher wir dem Gletscher kommen, umso kleiner werden die Pflanzen bis nur

noch Weidenbüsche den Weg säumen.
Die Kätzchen kommen gerade hervor.
Wir klettern über Geröll- und Schneefelder unter denen der brausende Bach hervor schießt.
Im Hintergrund majestätisch die Eismassen und wieder das unwahrscheinliche Blau der Eiskanten.

Den nächsten Tag regnet es wieder, grau in grau.
Vor der Straße nach Seward sehen wir nicht viel.
Seward selbst wirkt winzig, eine kleine Downtown (eine Straße), kleiner Fischereihafen, wo wir keinen Fisch kaufen können, ein Touristenbüro in einem alten Eisenbahnwagen.
Haben die uns im Hafen doch glatt an den Supermarkt verwiesen, als wir nach Fisch ragen.
Dabei ist er dort teuer und kaum vorhanden und das gegenüber vom Fischerei-hafen.
Wohin verkaufen die denn ihren Fisch?
Ein Steinstrand, an dem man für 4.25 $ die Nacht mit dem Wagen stehen darf.
Wir aber fahren lieber zum Exit Glacier in der Nähe.
Vor der Rangen Station dürfen wir auf dem Parkplatz kostenlos bleiben, wir haben gefragt.

Gleich nach dem Frühstück spazieren wir los.
Anfangs ist der Weg asphaltiert, dann wählen wir den schwierigeren Teil an der Seite des Gletschers.
Bis zum Anfassen kommen wir an ihn heran.
Toll.
Schimmernde Spalten, überhängende Eisbrocken, dieses Blau, wir kommen uns klein und unbedeutend vor.
Gut, wenn man sich in Kneipen zuhause fühlt.
Aber von vorne: Wir nehmen zwei Tramper vom Exit nach Steward mit, er Deutscher, sie Japanerin und fahren mit ihnen zu "Millers Landing".
Dort hört die Straße hinter Steward auf.
Später setzen wir sie im Stadtzentrum ab und gehen ein Bier trinken.
Wenn sich der Kneipenwirt nicht auskennt, wer dann?
Also frage ich ihn, wo es frischen Fisch gibt.
"Am Hafen auf Fischer warten und fragen, in den Geschäft sind die Preise unдiskutabel."
Aber er habe auch noch frischen Heilbutt im Tiefkühler!
Na also.
Jetzt sind wir Besitzer eines gewaltigen, herrlichen Filets, ca. 3 Kilo, 4 $.
Außerdem kommen wir mit einem jungen Mann ins Gespräch, der uns erzählt, wo man den besten King-Salmon fangen kann.
Und anschließend einwecken, meint er.

Einwecken??????

Er geht zu seinem Auto und kommt mit einem Glas wieder.

Erst wird der Lachs mit Spezialholz 8 bis 10 Stunden geräuchert, dann mit Gewürzen gekocht und anschließend eingeweckt.

Für 2 $ wechselt das Glas den Besitzer.

Als wir es später essen, heben wir ab.

Das Beste, das wir je an Fisch gegessen haben.

Was wir selbst am Auto gebaut haben, hält jede Straße aus.

Genau.

Aber mit dem Duschwasserkanister, den Bob eingebaut hat, haben wir Probleme.

Er ist undicht.

Sie hatten vergessen, in den Verschluss ein Luftloch zu bohren.

Durch den entstandenen Unterdruck ist eine Naht kaputt gegangen.

Muss man alles selbst machen?

Um sechs klingelt der Wecker.

Blick aus dem Fenster, alles ist bleiern.

Mal rausgehen.

Der Himmel klart auf, nur die Sonne versteckt sich noch hinter den Bergen.

Also zum Hafen.

Wir bekommen die beiden letzten Karten für ein Schiff.

Alle anderen waren vorgebucht.

Aber vorbuchen war nichts für uns, denn wir wollen mit dem Schiff zum "Kenai

Fjords National Park" fahren, aber nur bei schönen Wetter, wie heute.

Um 8.00 Uhr geht es an Bord mit rund 45 weiteren Passagieren.

Wir begeben uns gleich aufs Oberdeck, wo wir fast den ganzen Tag bleiben.

Mit Speed rauschen wir aus der Seward Bucht.

Die ersten Seehunde, ein Adlerpaar.

An Felseninseln vorbei erreichen wir die Seehundsinseln.

Was ein Schauspiel.

Hunderte Weibchen und Babys, einige Bullen.

Ein gewaltiges Gebrüll.

Das Meer ist glatt und der Kapitän bringt uns fast zum Greifen nahe an die Felsen.

Die Tiere krabbeln übereinander und machen sich nie Platz, außer wenn der Bulle seine Massen in Richtung Wasser wälzt.

Na ja, die Hierarchie.

 Die Vogelfelsen sind fast noch lauter.

Tausende und Abertausende Vögel. Witzig die Puffins, tollpatschig rennen sie über das Wasser, bis sie abheben können.

Und dann der Aialik Gletscher, der direkt im Wasser endet.
An der Seite rauscht ein Wasserfall aus dem Eis.
Eisbrocken brechen aus der Wand.
Der Gletscher "kalbt", sagt man, unter Donnern.
Wir mit dem kleinen Boot davor.
Gewaltig.
Dabei ist der Gletscher nur ein winziger Ausläufer des Harding Eisfeldes, das sich über 780 Quadratkilometer erstreckt.
In der Nähe des Gletschers wird ein Pärchen mit zwei Kajaks ausgesetzt. Sie wollen eine viertägige Tour machen.
Gut und schön, aber sie haben einen ca. 6 Wochen alten Säugling bei sich, den Sie sich unter die Schwimmweste quetscht.
Unverantwortlich, sind wir uns einig.
Er kann ja seine Körpertemperatur gar nicht regeln.
Völlig bescheuert die Eltern.
Nach neun Stunden sind wir zufrieden wieder in Seward.

Vor dem Exit Gletscher, der Parkplatz ist wieder völlig leer, quetscht sich doch tatsächlich ein großes Wohnmobil (Alaska CBW 172) neben uns und lässt den Generator donnern.
Kann doch nicht wahr sein.

Heute beginnt das große Seward Silver Salmon Derby.
Wir sind in Seward.
Die Bucht ist voller Boote und auch am Ufer stehen Angler und versuchen, den größten Lachs zu fangen.
Der Rekord letztes Jahr lag bei 19 lbs.
Wo man Lachse fängt, sollte man doch auch Lachs kaufen können?
Denken wir und gehen zur Wiegestation.
Aber denkste.
Wenn der Lachs gewogen und damit in die Wertung gegeben wird, gehört er der Fischfabrik.
Selbst die Angler müssen drei Dollar bezahlen, wenn sie ihren Fisch behalten wollen, und sie dürfen ihn nicht verkaufen.
Was`ne Pleite. Oder?
Wir fragen einige Fischer vor dem Wiegen, ob sie ihren Fisch behalten wollen, aber alle wollen das Gewicht wissen, und der Lachs darf anschließend nicht weiter verkauft werden.
Das begreife einer.
Die Container der Fischfabrik werden voller und voller, ich bin kurz vor einer Krise.
Mir platzt der Kragen.
Wir gehen zu den Booten und quatschen die Angler an, bevor sie in die Nähe der Aufpasser kommen.

Na endlich.
Ein Angler lässt seine Fische wiegen und kauft einen großen zurück.
Hinter einem Schuppen wechselt der Salmon dann für die 3 $ zu uns.
Mein Blutdruck sinkt wieder auf normal.
Ein herrliches Tier, 6 lbs, rotes Fleisch (1 lbs= 450 g).
In dem Supermarkt sehen wir spaßeshalber nach den Preisen: 4 Pound Silver für 30 $.

Wir sind wieder in Anchorage, bei Roger und Denyce.
Er Nervenarzt, sie Schulleiterin, fünf Kinder, alle aus dem Haus.
Sie sind sehr nett und den ersten Abend verquatschen wir bis Mitternacht.
Wir schlafen in unserem Auto vor der Tür, Stromanschluss.
Die Gästebetten sind belegt, Besuch, der aber gerade in Seward ist.

Wir gönnen dem Auto einen Service, der nach den Straßen nötig ist und lassen die Bremsen entlüften.
Außerdem reißen wir die Kacheln im Bad raus, Schimmel, und streichen es in dunkel-blau.
Wir werden fast high vom Geruch.

Wir fahren doch noch zum State Park Büro und beschweren uns.
Wir bekommen das Geld zurück.
Sie sind sehr nett und meinen, die Amis mit ihren ewig langen Wohnmobilen sind froh, wenn sie parkplatzähnliche Campingplätze hätten. Sie bräuchten dann nicht rangieren und verlassen würden sie ihre Wagen sowieso nicht.
Nach drei Tagen geht es weiter in Richtung Glennalen.
In Palmer sind Gemüsefarmen zum Selberpflücken.
Jetzt ist das Auto voll Rhabarber, Zucchini, Salat, Radieschen und Blumenkohl.
Die Strecke ist sehr schön und wir sehen den Matanuska Gletscher auf der anderen Talseite.

Natur pur

Wir hatten uns vor einiger Zeit bei einer Servas-Familie, Post via Glennalen, angemeldet.
Also zur Post, fragen.
Die Frau im Postamt kennt unsere Familie.
Sie wohnen in McCarthy, ganz weit weg über eine Gravelroad.
Also fahren wir den Richardson Hwy in Richtung Valdez und biegen nach Chitina ab.
Im Touristenbüro fragen wir, was wir versäumen, wenn wir nicht nach Valdez fahren: Wasserfälle, einen Gletscher, Valdez ein Dorf mit Schweizer Kulisse.
Wir beschließen die 63 Meilen Stichstraße ins 12-16 Seelen-Dorf McCarthy zu fahren.
Auf gut Glück, denn Kontakt mit der Familie haben wir nicht bekommen. Sie sollten bei Roger anrufen, wenn sie Zeit hätten.
Später erfahren wir, dass sie nur mittwochs Post bekommen, da waren wir aber schon aus Anchorage weg.

Die Gravelroad nach McCarthy ist sehr schön und einigermaßen befahrbar.
Wir picken noch zwei Amerikaner unterwegs auf, die eine Reifenpanne haben.
Die Straße endet vor McCarthy am Fluss, Parkplatz, einige wenige Wohnmobile.
Über den Fluss ist ein Stahlseil gespannt, mit einer kleinen offenen Hängegondel.
Man muss sich selbst am Seil rüber ziehen, fast 200 Meter über das brausende Wasser.
Wir also rüber.
Im Ort machen wir einen kleinen Spaziergang,
Museum mit Hausrat, Minenausrüstungen, Gerümpel.
Zur nächsten Hütte, McCarthy Air Service.
Wir fragen nach Jim und Pat und erfahren, dass wir zu weit gefahren sind. Wir versuchen, sie über CB-Funk zu erreichen, aber keine Antwort.
So malt man uns eine Karte.
Wir gehen noch in die Lodge. Außen verfallen, innen gut zurechtgemacht, gemütlich
Per Muskelkraft ziehen wir uns über den Fluss zurück und plaudern noch mit einem "Verrückten".
Heute endet ein Rennen in diesem Nest: 160 Meilen zu Fuß über Flüsse und Berge, über Stock und Stein.
Der Schnellste schaffte es in 2 1/2 Tagen.
Unser geschaffter Wanderer brauchte 4 Tage und läuft jetzt in Strümpfen mit Pappeinlage, da er in keine Schuhe mehr passt.

Wir folgen der Karte, ab von der Straße, einen Weg entlang.
Dort treffen wir Linda, die mit ihrem Freund bei Jim und Pat in einer Hütte wohnen.

Wir müssen also auf dem richtigen Pfad sein.
Morgen wollen sie sechs Tage in die Pampa wandern.
Wir werden herzlich begrüßt und verstehen uns mit Jim und Pat auf Anhieb.
prächtig.
 Jim ist Pilot und Mechaniker. Seit drei Jahren bauen sie sich selbst ein Flugzeug.
Ein kleiner Zweisitzer, RV4, viel Tüftelei.

Er kam 1954 nach McCarthy, damals wohnten hier sechs Menschen, die Zeit der
Kupferminen war vorbei.
Keine Straßenverbindung, nur eine Flugzeugpiste, die Eisenbahnstrecke war
längst unterbrochen.
Er brauchte von Chitina bis hierher vier Wochen mit einem kleinen Raupen-
schlepper.
Auch wenn die Bewohner von McCarthy an den Touristen etwas verdienen,
betrachten sie die Entwicklung mit Misstrauen.
Sie wollen keine Asphaltstraße oder Brücke über den Fluss: Damit kommt nur
die Regierung und Verwaltung zu ihnen.
Es wurde mal eine Brücke gegen ihren Willen gebaut, aber bei der nächsten
Schneeschmelze ist sie "zufälligerweise" zusammengebrochen und wegge-
schwemmt worden.

Nun hat uns das schlechte Wetter wieder erwischt und wir verklönen den Tag.
Jim und Pat erzählen über ihr Leben in der Wildnis.
Pat zog erst 1984 nach Alaska.
Jim`s erste Frau kam tragisch ums Leben.
Ein Wahnsinniger kam nach McCarthy und ballerte einfach um sich und erschoss
einige Leute.
Darunter Jim`s Frau.
Nicht einmal am Ende der Welt ist man sicher.
 Jim hat sein Haus selbst gebaut, natürlich.
Am kleinen Fluss läuft ein Wasserrad, das im Sommer einen Eisschrank antreibt
und Wasser ins Haus in drei 50 Gallonen Tanks pumpt.
Geheizt und gekocht wird mit einem schönen, alten Ofen.
Gleichzeitig macht er das große Wohn-Eß-Küchenzimmer gemütlich.
Die Sonne kommt vor, wir gehen mit Pat Pilze sammeln.
Es sind Mengen da, aber wir sammeln nur zwei Sorten, die sie als
wohlschmeckend kennt, Birkenröhrlinge und Orange Delicius.
Jetzt trocknen sie über dem Ofen auf einem Gitter.

Aber jetzt hat Jim das Wort:
*Last Wednesday we got the post card from Hartmut and Barbara and they asked
if it is o.k. to come here, and Pat and I said, well, what can we do to let them
know?*
Pat thought maybe we could walk up to the trams and see if anyone is driving out

117

who could call.
But then finally I thought perhaps Rick and Bonnie would not mind helping an overseas visitor, so we asked them to call with the Ham radio.
And they were able to get out Thursday on the 9PM net and an Anchorage Ham operator called to their friends.
But we learned they already left.
Next evening they found us here.
We had just found another problem to solve on our RV4 airplane.
Solving a problem is not new (Haha).
The whole plane is solving new problems but little by little we do it and we hope to fly it very few days.

Wir lernen, dass eilige Nachrichten über den Rundfunk weitergegeben werden.
Zweimal am Tag gibt er Mitteilungen für die Bewohner der abgelegenen Orte durch.
Irgendwer hört sie schon und kann dann über CB-Funk seine Nachbarn darauf hinweisen.
Telefon gibt es hier nicht.

Wir wandern mal wieder.
Morgens also mit dem Schwebesitz über den Fluss nach McCarthy.
Wir wollen zum Gletscher und nach Kennicott, der verlassenen Kupfermine.
Wir sind hier schon mitten im "Wrangel-St.Elias National Park", 13.200.000 Acres groß.
Von McCarthy fährt ein "Taxi" für 15 $ zur Mine.
Wir sparen und laufen.
Erst die Straße entlang, dann einen Weg durch den Wald.
Erschreckend viel Bären Kot auf dem Weg.
Pat erzählt uns später, dass diesen alten Wagon Trail keiner geht, eben wegen der vielen Bären.
Gut dass wir das vorher nicht wussten.
Wir unterhalten uns aber auch so 1 1/2 Stunden laut, empfohlene Vorsichtsmaß-nahme gegen plötzliche Bärenbegegnungen.
Lange nicht mehr so viel gequatscht.

Kennicott ist jetzt eine Geisterstadt und -mine.
800 Menschen lebten und arbeiteten hier, bis 1938 die Mine geschlossen wurde.
Man ließ einfach alles stehen und liegen.
Jim erzählt später, dass sich in den 50iger Jahren die Bewohner von McCarthy bedient haben.
Wagenladungen brauchbarer Dinge, Schränke, Tische, Bücher, Gläser mit gezuckertem Ingwer.

Selbst wir finden noch alte Rechnungen:

Eine von Jack Monis, 12.April 1938:
 3 Eier   -1.65 $
 4 pd Butter   - 1.80 $
 1 pd Coffee   - 35 c
 1 can Peanut Butter - 30 c
 1 can Mixed Pickles – 20 c
 1 can Ivory soap   - 75 c,

oder Bestellungen der Copper Corporation vom 2.August 1929:
10 Hindquarters Beef- Average weight 165-175 (Ship on first Boat)
1 strap 24/Pts Cold pack Strawberries (Note: We suffered loss in last shipment of
C.P.Strawberries owing to top layer of container driving in the covers of the
bottom layer during handling enroute.
A thin strip of wood or pasteboard placed between the two layers might obviate
this)
24 only 8-oz bottles Schilling`s Vanilla Extract
24 only 4-oz cans Black Pepper
12 only 1/2-lb. pkgs Kraft Limburger Cheese
50 lbs.Pure Pork Link Sausage
und so weiter.

Kennicott war eine komplette Minenstadt mit Hospital, Schule, Tennisplatz.
Insgesamt wurden in den fünf Minen 4,6 Millionen Tonnen Erz gefördert,
591.000 Tonnen Kupfer und 900.000 ounces Silber.
Ja und was ist jetzt daraus geworden.
Die Gebäude verfallen, die Maschinen verrosten, einige Häuser sind halb
verschüttet.
Um Mitternacht spukt es.

Wir wandern noch ein großes Stück weiter bis zum Gletscher, bergauf,
bergab.
Eine heiße Schokolade wärmt uns auf dem Heimweg in der Kennicott Lodge.
Nach 24 km sind wir wieder am Auto und fahren zurück zu Jim und Pat.

Jim wohnt inzwischen am längsten von allen hier.
Er hat viel zu erzählen:

 ".....the life I always lived I was not satisfied with it, maybe I was one of the guys
that never could really along with others in groups.
That does not mean I don`t like people, but I am not a gang person a crowd
person.
I don`t do well on work crews.
I can do my work but if you are not "one of the guys" you don`t do well even
when you do your work better than the others.

I want to be independent.
So I learned to fly.
And I had some friends in Cardova, where I lived in 1953, and I started to look for a fun place to fly to.
They said, Kennecott is a good place to stay, why don`t you go to McCarthy.
I remember yet, I came up this valley and flew over it, 100 miles long and 30 miles wide and only a few people lived in it.
I just liked the view.
And something in me told me this is got to be my home..........."
"So I landed and talked to some people and they laughed at me.
This is the same as years later I laughed at others who would come in and I hear them say -Oh, I will live in this valley- and they never do it.
They find out that yes, you do have to carry your water up hill, and cut and carry wood home, and there is very little money to earn; I was one that did."
"In 1963 they started the road, just a sort of road so you could come through with a tractor with the tractor assist.
You could take a truck and you could pull the truck through the bad places with the tractor and get in.
But this was not too bad.
Take Chitina for example.
Years ago it had a small winding road, it was difficult, and it was open all year.
It was a fun place to go.
It was clean.
And then they got a good road into Chitina.
Now it is a dusty hole.
There are thousands of people in the summertime when the fish are running.
They just zoom in and out.
They are crazy. Full of crazy stuff.
I would not like to live there anymore, and I did for a while when I was flying the mail."
"But back to the old times.
I had a great time. I needed it.
I bought a lot of books and was sitting in wintertime at the window, looking out, doing nothing else.
I didn`t have to.
Thinking about who I am.
And it was the most productive time I ever spent thinking, and arranging my feelings. "

Ich frage Jim, ob diese wenigen Menschen, die hier lebten, wie eine große Familie waren.
,, No, there is not very much common threads.
It is a place where the people don't come if they need people.
You have to be independent.

You have to learn to build things instead of buying them."
" Another interesting thing about people here was, if there ever is a prospect of
something for nothing, there is trouble.
Let me tell you a story about a guy.
Onetime I went to Kennecott for some bookshelves because I like books and all
these book were there in the library, I set them aside and took the shaves.
I wanted to take the books the next day.
There was still a library there.
There was even a teapot on the counter after all these years. So I told my
neighbour that I will go back tomorrow.
I don`t know what`s gone under his skin, but he went ahead of me next morning
and took all the books.
And he put them in a box or a bag and threw them behind his house and let them
spoil.
He didn`t like books.
If there is something for nothing he got to grasp it before the other guy does."
"Another time we came back in the middle of the winter after an absence and the
house was cold.
And some of the neighbours had decided that our house had to be little warm and
came in and built a small fire.
But we came later and the chimney was full of soot because of the slow fire.
And my first wife came in, three days ahead of me; I couldn`t be with her
because I was still driving a car on the road.
It was 60°F below zero.
So she came in with the two little babies and first lit the fire and went to the
neighbours for a cup of coffee.
She came back and the floor under the stove was on fire because of the chimney.
The neighbours came down and they could put the fire out.
All they did was broke a hole in the floor for the smoke and they carried the stove
outdoors.
And they said, well, when Jim comes home he can help you light a fire and left
her alone.
No stove *in the house anymore.*
So she holed up in the kitchen and hung a curtain over the wall and lit the
kitchen fire and got up every hour and put more wood in the kitchen fire and put
the babies under ten blankets and waited three days for me to come home.
But not to complain, I mean, other times they were helpful."

Eine Geschichte für sich waren die "Oldtimers", die in den Bergen nach Erzen
schürften.
Jim kannte noch einige dieser fast ausgestorbenen Rasse.

"Some of them were just crazy.
I worked with one of them in 1955, Marten, he was the one I worked with in

Glacier Creek, a place that is difficult to explain, something like being in the bottom of Grand Canyon.
He had a prospect of copper ore around the north side where the sun is not shining much.
The conditions down the headwall were very dangerous because it was a wall of about 85 degrees slope and 4000 to 5000 feet high and he had his tunnel halfway up the wall.
One of his prospect holes was in a snow chute in the middle of the headwall.
He had to climb up the chute several miles up there, and half a mile vertically, and there was the tunnel.
And he was digging in the tunnel, going out there between snow slides that were frequent.
He was digging in hundreds of feet by laying on his knees and digging with a hand-hammer.
He was 75 years old and we were in the late twenties who helped him in spring.
He got up in the morning and made the breakfast for us young fellows and then we hiked up this hill.
It is a magnificent hike on snowshoes.
In two month we did 500 miles on snowshoes up and down that slope.
He worked the whole day, we couldn`t.
He had done this for 35 years and never get rich till the end.
And then he got angry because nobody wanted to develop it and his money didn`t do much good.
Marten died in California about 1972/1973 at the farm of his brother.
He didn`t want to die there.
They had to drag him away to California when he became too old, much later.
He wanted to die at his mine that was his home and his life.
Ten years later, 1965, we came with another company and blow a large hole there and found out that he did dig 16 tunnels at this place. "

Eigentlich wären die Geschichten von Jim ein Buch für sich.
Wir stellen uns vor, einen Winter mit Jim und Pat am Ofen zu sitzen, draußen tobt der Schneesturm, drinnen ist es gemütlich und warm, und wir reden.
Pat muss es ähnlich vor drei Jahren ergangen sein, als sie Jim das erste Mal auf eine Zeitungsanzeige hin in einem Cafe traf.
Er kam rein und sie war der Überzeugung, dass es nur eine Tasse Kaffee dauern würde.
Bis er anfing, von Alaska und seinem Tal zu erzählen.

Pat erzählt:
Originally I came from Florida.
Years ago, when the children were all little and things use to kind close in on me and I could not go away I used to dream of a kind of wilderness with all the books I had never the time to read.

But when Jim told me about this place here I had really no idea that I could do it.
So I came here without making any commitment at all to Jim, just to see. He
brought me out and I had the same feeling like Jim, I am coming home to this
valley.
Well, I had a lot to learn, but I had the willingness to learn.
I don`t say it is easy to use that woodstove all the time, sometimes I get mad and
kick it but I don`t want to go back to another type of stove.
When the kids grew up and left the house I was dreaming of a one room house.
When I entered this house it took my breath away.
It was just like walking into a dream.
And I had the the loneliness you have in big cities.
But to stay here you have to love the way of life here.
I am a very peopleoriented person, I like people around me.
I did not know that I could live that life.
Even when it was a dream, mostly in a house with nine little kids.
But you think even more of going to Germany than going to Alaska.
So why did I manage to fit in so quickly?
It is because I felt it is my home."

Wir sehen uns noch etwas ihr Land an, 80 acres, und besuchen Jim II.
Er sieht nach dem Rechten, wenn unsere Freunde weg sind.
Wir bestaunen Jims ordentliches "Lager".
Säuberlich sortiert liegt hier alles, von altem Eisen und Autoreifen über
Schrauben, Kisten und Kästen.
Man kann alles noch irgendwann mal gebrauchen.
Unser Auto ist jetzt mit frischem Gemüse und getrockneten Pilzen beladen.
Wir müssen halt doch mal weiter.
 In Chitina halten wir bei Art und seiner Freundin, die ein altes Haus restauriert
haben und dort einen Kunstgewerbeladen betreiben.
Er lädt uns noch zum Essen ein.

In der Nähe der alten, halbverfallenen Eisenbahnbrücke nach McCarthy sammeln
wir später Berge von Himbeeren. Die Brücke ist eine gewaltige Holzkonstruk-
tion, wie wir sie aus alten Filmen kennen, inzwischen aber ziemlich verfallen.

In Tok wollen wir nochmal das Wichtigste einkaufen, um durch Kanada zu kom-
men, und fahren daher den Tok-Cut-Off und die Nabesna Road entlang.
An einem kleinen Fluss schlagen wir unser Lager auf und ich versuche einen
Fisch zu angeln.
Wir hatten uns bei einer Garage-Sell eine kleine Angel gekauft.
Was eine dämliche Art, zu Fisch zu kommen.
Also backen wir Muffins.
Ich biege unseren Toastdraht zurecht (Reste vom Kühlerschutzdraht, den wir
zum Toasten benutzen), bis er unter einen großen umgestülpten Topf passt, damit

die Muffin Form -eine Tunfischdose- nicht direkt auf der Flamme des Kochers steht und auch Oberhitze bekommt.

Babs Teig ist gut aufgegangen, der "Backofen" funktioniert, es schmeckt himmlisch.

1 Packchen Hefe,   1/2 cup warmes Wasser ,   1/2 cup warme Milch
2 cup Mehl   ,   2 Eßlöffel Zucker   ,   1 Teelöffel Öl

Einkaufen, Alaska Highway, Yukon/ Kanada.

Unser Campingsticker gilt noch, wir stehen auf einem schönen Platz.

Es ist jetzt Ende August und der Herbst hält langsam seinen Einzug.

Die Blätter werden golden, das Gras färbt sich rotgelb.

Es ist schön.

Am Horizont hohe, schneebedeckte Bergketten, dann Tannenwälder, langsam über-gehend in Flachland, etwas hügelig.

Die Tannen werden spärlicher, typisch für den Norden mit kurzen Ästen, nicht ausladend wie bei uns.

Als wollten die Äste den Stamm wärmen.

Dazwischen Moos, Gras, das in viele Seen übergeht.

Verwischte Konturen zwischen Wasser und Land.

Vermehrt Laubbäume in den Farben des Herbstes, bunte Büsche.

Babs und ich unterhalten uns oft darüber, ob man hier leben könnte.

Nanu, nicht mehr nur ewige Sonne?

Wir sind uns inzwischen einig, dass der Wechsel der Jahreszeiten den Reiz ausmacht.

Alles Andere wird auf Dauer langweilig.

In einem Land wie hier, mit seiner Weite und Schönheit, wenigen Menschen, wenigen Vorschriften, da lässt es sich leben.

Solange es noch so bleibt.

Wie sagte Jim, wenn die Straße kommt, kommt die Regierung und Verwaltung.

Was maßen sich nur manche Leute an, anderen sagen zu wollen, wie sie leben sollen.

Zum Teufel mit den "selbsternannten" Politikern und Parteibuchrittern ohne Qualifikation.

Alaska, auf den Autonummernschildern steht: The last Frontier.

Wie wahr, wie lange noch.

Lachszeit

Der Alaska Hyw wird besser, aber bald biegen wir eine Schotterstraße nach "Silver City" ab.
Ein großer Reisebus kommt uns entgegen. Alaska in sechs Tagen.

In Silver City sind wir aber alleine.
Wieder eine Geisterstadt, verlassene und verfallene Blockhäuser, teils im Schlamm versunken.
Die letzten genutzten Häuser beherbergten eine Fuchsfarm, der Geruch ist noch da.
Alles pittoresk, die grauen Hütten mit den bemoosten oder pilzbewachsenen Stämmen.
Die Sonne scheint durch die geborstenen Dächer.
Durch die leeren Fensterhöhlen sehen wir die Berge, den See und die goldrot "brennenden" Laubbäume.

Von Haines Junktion fahren wir in Richtung Haines.
Ein Schild am Straßenrand, "Steingletscher" veranlasst uns zum Halten.
Wir wandern den Trail bis auf den Gletscher.
Steine, die wellenartig ins Tal wanderten.
Jetzt ruht er.
Eigenartig.
In Haines, übrigens wieder USA, führt uns der Weg zum Hafen, um nach Fisch zu fragen.
Fehlanzeige.
In der Saison kommen die Fischer nicht an Land, sondern die Einkäufer fahren mit ihren Schiffen zu ihnen raus.
Wir tuckern in Richtung Chilkoot Lake.
An einer Brücke stehen sehr viele Angler und holen einen Lachs nach dem anderen heraus.
Ich frage eine Anglerin, ob sie einen verkauft.
Nein.
Möge sie an einer Gräte ersticken.

Wir fahren zurück und parken am Ufer des Meerarmes, wo einige Wohnmobile stehen und sehen den Anglern zu.
Ich komme einem Herzinfarkt nahe.
Einer der Angler wirft fast jeden zweiten Lachs wieder ins Meer.!!!!!
Bevor ich umfalle, steige ich aus und frage warum.
Antwort: Er fängt nur weibliche Lachse, die schmecken geräuchert besser. Mir ist das Geschlecht egal und wir einigen uns, dass ich seine "Männer" bekomme.
Was ein netter Mensch.
Dafür bekommen er, seine Frau und der kleine Sohn von uns heißen Kaffee und

eine Schokolade.
Es nieselt und ist ungemütlich.
Jetzt geht es Schlag auf Schlag. Nach fünf riesigen Pink Salmon haben wir genug.
Die weiteren mögen versuchen, an der Brücke vorbei ihre Laichplätze zu erreichen.
Bei uns geht die Kocherei los.
Wir verarbeiten drei Tiere: mit Gewürzen kochen und heiß mit dem Sud in verschraubbare Gläsern.
Ob sie halten?
(Das letzte Glas essen wir mit Begeisterung Wochen später.)
Die beiden anderen verputzen wir schmatzend, gegrillt und gedünstet während der nächsten Tage.
In unserem Auto sieht es aus wie in einer Großküche.
Gemütlich.
Lachs bis zum Abwinken, was können wir es gut haben.
Die nette Familie filetiert ihre Lachse. Sie sind voll Eier.
Ihr Hund liebt diese
Lachseier = Kaviar
Wir probieren, sie zu kochen.
Nicht schlecht mit Mayonnaise, Zitronensaft,
Tabasco und Petersilie als Brotbelag.
Nur die Haut ist sehr hart.
Wir salzen sie für ein paar Tage ein.
Pfu Teufel.
Wie macht man Kaviar?????? Roh sind sie nicht genießbar.

Haines liegt wunderschön am Ende eines Fjordes. Wie Norwegen.
Altes Fort, Totempfähle, teils restaurierte alte Häuser, Souvenirläden.
Wir buchen für morgen eine Schiffspassage nach Skagway.
Bis dahin nutzen wir die Zeit, um zum Chilkat State Park zu fahren.
Urwald, teilweise so dicht, dass auf dem Boden nichts wächst, Dunkelheit nach wenigen Schritten.
Dann wieder offen, Moos, tief und weich wie ein Schwamm. Flechten an den Bäumen, hüfthohe Farne.
Wenn die Sonne scheint, schwitzt der Boden einen Modergeruch aus.
Pünktlich bringt uns unsere kleine Fähre "La Conte" bei strömendem Regen nach Skagway.
Drei große Kreuzfahrtschiffe liegen schon im Hafen, womit er eigentlich voll ist.
Skagway, wieder liebevoll restaurierte Häuser an der Mainstreet, Cafes und Souvenirläden.
Die Preise sind den Kreuzfahrtschiffen angepasst.
Aber ein niedliches Nest.

Sechs Meilen entfernt Dyea.

Erinnern wir uns an den Goldrausch und Dawson City.

In Dyea lebten damals zwischen 8000 und 10.000 Menschen.

Heute ist es verschwunden, nur noch ein Historikal State Park.

Ein kleiner Friedhof erinnert an die Opfer eines Erdrutsches 1898.

In Dyea begann der Chilkoot Trail zu den Goldfeldern.

In Skagway, der Trail über den White Pass, 600 Meilen bis Dawson.

Der White Pass galt als der "Animal Killer".

Die Pferde und Mulis wurden überladen und geschunden.

Mehr als 3000 Tiere sollen auf der Strecke geblieben sein, viele im "Dead horse gulch".

Wir haben uns das Buch "The streets were paved with gold", gekauft.

Die vielen Fotos aus der Zeit 1896-1899 erst helfen, dass wir uns die Menschenstampede vorstellen können.

Während der ersten Jahre kamen zwischen 20.000 und 30.000 Menschen über Skagway und Dyea, um in drei Monaten ihre vorgeschriebene Ausrüstung, die für ein Jahr reichen musste, über einen der beiden Trails zu bringen.

In Seattle, wo für viele der Ausgangspunkt war, wurden Listen aufgestellt, was man brauche:

400	*pounds flour,*
150	*pds bacon*
100	*pds beans*
25	*pds butter*
90	*pds dried fruit*
100	*pds sugar*
1 ½	*dozend cans condensed milk*
15	*pds coffee*
1/2	*dozen 4-oz beef extract*
1	*tin matches*
1	*gallon vinegar*
25	*pds evaporated potatoes*
25	*pds rice*
1	*wash basin*
1	*pick*
1	*handle*
1	*gold pan*
1	*axe*
1	*hand- and whip saw*
1	*fry pan*
3	*covered pails*
1	*knife and fork*
5	*pds 20d nails*
6	*pds 6d nails*
200	*feet 5/8"rope*

3	pds candlewick
1	compass
1	sheet iron stove
1	tent
1	heavy mackinaw coat
3	suits heavy underwear
1	doz. Heavy wool socks

und so weiter.

Die Ausrüstung von 2000 Pounds kostete damals in Seattle rund 500 Dollar.
Die Kaufleute wurden auf alle Fälle reich, die Straßen haben ausgesehen wie
Warenhäuser.
Mir fällt das Bild aus "Goldrausch" mit Charly Chaplin ein.
Eine unendliche Menschenschlange, die sich durch den Schnee den Chilkoot
Pass hochquält.
Skagway war ein böses Räubernest, keine Mounties.
Berühmt war Jefferson Randolph "Soapy" Smith mit seiner Gang von
Halsabschneidern, bis er dann 1898 erschossen wurde. Auch Calamity Jane, wir
erinnern uns, war hier; Klondike Kate, Diamond Tooth Lil oder Mollie Walsh.
Oder Tex Richard, der später der bekannteste Box Promotor im Madison
Square Garden wurde.
Auch Jack London überquerte den Chilkoot.

Wir verlassen Alaska endgültig über den Klondike Hyw und den White Pass,
jetzt zum Glück mit Asphaltstraße.
Auf dem Pass verwandelt sich der Regen in Schnee.
Wir erreichen Carcross.
Der Name kommt von Carribou Crossing.

Auch hier liegt einer der wenigen übriggebliebenen Raddampfer, die "S.S.
Tutshi".
Er war in erster Linie als Passagierdampfer gebaut und luxuriös eingerichtet.
Geld spielte ja zeitweise keine Rolle.
Was mich fasziniert, sind die langen Schraubenstangen vom Schiffsboden zum
Dach. Die Schiffe waren so flach gebaut, dass der Boden bei großer Ladung
durchhing. Also verkürzte man die Gestänge und zog so den Boden hoch, bzw.
umgekehrt wenn das Schiff leerer war.

In der Nähe ist, laut Guinness Buch der Rekorde, die kleinste Wüste der Welt.
Nanu, in dieser Gegend. Es ist eine Gletscher Endmoräne, 2 Meilen lang, 1/2
Meile breit, unerwachsener Sand.

In Whitehorse liegt hoffentlich wieder Post für uns, denken wir.
Ist aber nicht so.

Da Labour Day am Montag ist, heißt das mindestens vier Tage warten.
Aber ein Sternwheeler, Dampfer mit Heckrad, liegt auch hier zum Besichtigen, die "Le S.S.Klondike". Super restauriert und im Stil der 20iger Jahre eingerichtet, National Historical Side.
Sogar typische Ladung ist an Bord.
Zwischen 1866 und 1936 wurden rund 250 dieser schönen Raddampfer für den Transport auf dem Yukon gebaut.
Dieses Schiff brauchte für die 740 km von Whitehorse nach Dawson City 36 Stunden, incl. zwei Stopps um Holz zu bunkern. 23 Mann Besatzung, 75 Passagiere, rund 1000t Registered Tonnage.

Auf dem Wolf Creek State Campground machen wir es uns ganz am Ende, direkt an einem kleinen Bach, gemütlich und richten ein Lagerfeuer ein, das den ganzen Tag brennt.
Auf der Leine flattert die Wäsche.
Im Fernsehen gibt es Baseball.
Wir kommen nicht hinter dieRegeln, eigentlich stehen meist nur die Spieler rum.
Ein ausgiebiger Spaziergang durch den Wald führt uns an vielen Pilzen vorbei.
Schade, dass wir keine Ahnung haben und so wohl einen Festschmaus für 50 Personen stehen lassen.
Aber Verzicht bei Pilzen soll lebensverlängernd wirken.

Ich schreibe an Coleman und mache Verbesserungsvorschläge:
Auf dem Ausguss unserer 6 Liter Kaffeekanne fehlt ein kleiner Kippdeckel. Über dem Feuer kommt immer Ruß und Dreck rein. Außerdem sollte der Tragegriff in senkrechter Stellung fest zu stellen sein. Wenn er runterhängt, wird er über dem Feuer zu heiß.
Probieren die denn ihre Sachen nicht aus?

Dienstag ist unsere Post immer noch nicht da, Merde. (Was ist französisch eine schöne Sprache, selbst Merde klingt vornehm).
Am nächsten Morgen ist das Wasser auf dem Eimer vor unserem Auto gefroren.
Es wird Zeit, dass wir weiterkommen.
Wir stehen jetzt am Schwatka Lake und sehen über den aufgestauten Yukon.
Es ist näher zur Stadt. Gelegentlich landet ein Wasserflugzeug.
Im Wetterbericht wird Schnee angekündigt.
Die Post ist immer noch nicht da. "Der Zoll", sagt die Postfrau. Die "Post", würde der Zoll sagen.
Wir telefonieren mit meiner Mutter in Deutschland.
Sie wird uns besuchen. Ankunft am 1.Oktober in Seattle. Nach acht Tagen warten erhalten wir endlich die Post.
Es kann weiter gehen.
Der See dampft, das Wasser ist inzwischen noch wärmer als die Luft.

Kurz vor Watson Lake biegen wir auf den Cassiar Hyw ab.
Wunderschön windet er sich durch Täler und über Hügel, Fotoaussichten über Herbstmotive.

Ein Abstecher bringt uns nach Cassiar, einer Minenstadt, die vom Asbest lebt.
Schachbrettstraßen, die Häuser sehen fast alle gleich aus, vielleicht gehören sie der Minengesellschaft, 1000 Einwohner.
Am Stadtrand die riesige, milchig grüne Asbesthalde, wie ein giftiger Berg.
Uns treibt es schnell wieder fort

Die weitere Straße ist schlecht, Schlaglöcher, Matsch.
Unser Auto hat die Farbe der Straße angenommen.
Lange Strecken geht es durch alte Waldbrandgebiete.
Das letzte 1982 durch ein unbeaufsichtigtes Lagerfeuer entstanden.
1958 gab es den größten Brand. 78.000 Acres Wald fackelten ab.
Die Natur hat schon ganz gut wieder aufgeholt, hauptsächlich Laubbäume.
Dazwischen die toten schwarzen Zeigefinger der Tannen.
Teilweise macht es auf mich den Eindruck, als führe ich durch eine riesige aber geschlagene mittelalterliche Armee, deren geborstene und verkohlte Lanzen in der grau verhangenen Himmel ragen und von der Niederlage berichten.

Die Straße bleibt schlecht.
Verbunden mit dem Matsch ist es wieder oft ein Blindflug, keine Scheibenwasch-anlage an unserem Truck.
Regnet es denn in Indiana nie?
Pause an einem Bach, Scheiben reinigen.
Endlich wieder Asphalt.
 Trotzdem verlassen wir die Straße und fahren den alten, schmalen Highway am Kitwanga Lake entlang.
Gelegentlich kleine Stellplätze.
In Kitwanga kommen wir wieder auf den Yellowhead Hyw.
Hazelton, ein kleines Städtchen, alte Maschinen als Dekoration am Straßenrand.
Abstecher nach Kispiox.
Eine Indianersiedlung mit Totempfählen.
Auf einer Wiese stehen 14 dieser Pfähle, zwei schön geschnitzt und gut erhalten.
die anderen wären auch als Telegrafenmasten durchgekommen.
Also passend zum Dorf.
Verkommene Häuser, umgeben von Müll, dazwischen Hunde und Indianerkinder.
In Hazelton sehen wir uns anschließend das "Ksan Indian Village" an, ein Nachbau eines Gitksan Indianer Dorfes..
Sechs große Gemeinschaftshäuser. Drei sind offen, für die anderen drei wird Eintritt verlangt, den wir uns schenken.

Souvenirgeschäft. Die Preise sind unverschämt.
Eine kleine schwarze Holzschachtel, indianische Zeichen auf dem Deckel für 600 $.
Ich schätze, die Zeichen bedeuten: Großer Manitou schicke uns genug bescheuerte Touristen, damit wir sie ausnehmen können.
Hätte aber über dem ganzen "Museumsdorf" stehen können, denn die Häuser waren verkommen, Bretterbuden.
Dafür Eintritt.
Ich sehe gerade die Anzeige in der Milepost: *Home of world famous Ksan, Totem Pole Capital of the world.*
Das dabei nicht die Druckmaschinen auseinandergefallen sind.

Die Zivilisation hat uns wieder.
 Zuerst in Prince George, das sich schon von weitem durch eine Dunstwolke ankündigt.
Wir halten uns nur kurz auf.
Auch die Straßen sind wieder eingezäunt.
Rastplätze: Übernachten verboten.
Wir schrubben Kilometer, um schnell aus Kanada raus zu kommen.
Außer Benzingeld lassen wir keine Dollar hier, wir leben aus den Vorräten.
Aber man muss ja durch - oder: da muss man durch.
Vorschlag für British Columbia:
Die Touristen haben bei Betreten des Landes 2000$ zu entrichten und anschließend BC wieder innerhalb von 24 Stunden zu verlassen.
Käme allen entgegen; BC bekommt das Geld, was als einziges interessiert und der Tourist ist schnell wieder weg und muss sich nicht ärgern.
Steht in unserem Fahrtenbuch.
Ich muss mich wohl ziemlich geärgert haben. Grund sind auch die hohen Übernachtungsgebühren auf den State Parks für
Fazilitäten die man als Durchreisender nicht braucht.
Bleiben die kostenlosen Campingplätze der Forstbehörde, was allerdings heißt, dass man, wenn man viel fährt, jeden Tag erneut zur regionalen Forstbehörde muss, um sich Wegkarten zu ihren Plätzen zu holen.

Vor Cache Creek verlassen wir die <97> und fahren die <12> nach Lillooet, das schön an einem Talhang gelegen ist.
Auf dem letzten Teil des Tales sieht die Landschaft merkwürdig aus, wie eine große offene Bergbaumine, Tagebau.
Grau in grau, kaum Bewuchs.
Schon an der <97> wurden erstaunlich viele Häuser zum Verkauf angeboten.
Alles vertrocknet.

Lillooet dann ein kleines Skitouristenörtchen.
Unser Reiseführer empfiehlt die Weiterfahrt auf der Forststraße am Cayoosh

Creek und Duffey Lake, was wir machen.
Sehr schön an einem Flüsschen entlang. Nichts erinnert mehr an die traurige Landschaft vorher.
Es ist schön.
Auch der Raureif an den Bäumen am nächsten Morgen stört uns nicht.
Die Straße geht meist abwärts.
Wir müssen doch ganz schön hoch gewesen sein.
Dann die Talsohle, ein großer Fluss, wir sehen Lachse springen.
Wir fahren an einem kleinen Flüsschen weiter und glauben bald, unseren Augen nicht zu trauen.
Die Lachs-Laichplätze.
Hunderte Lachse in dem flachen Bach.
Inzwischen sind sie rot geworden und schmecken nicht mehr. Es ist oft so flach, dass sie über die Steine rutschen müssen.
Überall tote Lachse, die ihre "Pflicht" getan haben.
So hatten wir uns das nicht vorgestellt.
Das Wetter wechselt rasend schnell.
Heute ist es wieder regnerisch.
Der <99> bringt uns am Vancouver Wintersportgebiet vorbei, über Squamish zur Küste.
Die Städtchen sind sehr gepflegt und die Häuser der Landschaft angepasst, keine Betonbrocken oder Hochhäuser.
Ab Squamish windet sich die Straße gewagt am Howe Sound entlang bis Horseshoe, dem Fährhafen nach Vancouver Island.
Highway Abzweig, plötzlich vierspurig, Kassenhäuschen, schon sind wir auf dem Schiff.
Perfekt organisiert.
Wenn wir schon mal Schiff fahren: Es regnet.
Anderthalb Stunden später sind wir in Nanaimo.
Entladung der Fähre wieder vierspurig, ruckzuck.
Wir begeben uns gleich weiter nach Parksville.
Nach langer Zeit wieder mal ein CCC-Campingplatz. Zwar Ölsardinenstellplätze, aber heiße Dusche und Stromanschluss.
Ich rasiere mich, erstmals seit 20 Jahren auch den Schnauzbart ab.
Ob mich Babs wiedererkennt?
Es gefällt ihr sogar.

Das Wetter ist wieder schön, wir fahren quer über die Insel auf der <4>.
An den "Little Qualicum River Falls" machen wir Pause.
Ein Flüsschen soll sich über Wasserfälle durch eine Klamm ergießen.
Wegen Wassermangel sind es aber nur glasklare kleine Wasserbecken, die ineinander überlaufen.
Ganz nett auch etwas später der Cathedral Grove im Mc Millan Park.
Ein uralter Wald mit riesigen bemoosten Bäumen, Farne.

Ein Spazierweg mittendurch.

Port Albini am Ende eines Fjords wird auch durch den liebevoll angelegten Touristenhafen nicht schöner.
Holzindustrie, qualmende Schornsteine.

Dann Ucluelet, die "Walbeobachtungshauptstadt der Welt".
Saison ist aber im Frühjahr.
Die vielen Beobachtungsboote dümpeln jetzt verloren im Wasser.
Hinter der Stadt ist der He-Tin-Kis-Park.
2 km Rundweg durch den Regenwald.
Die Pfadfinder haben auf Holzstegen einen Weg gebaut, mit Treppen, für fast jede Altersgruppe zu meistern.
Ein schöner Aussichtspunkt mit Blick über die Küste und das Meer.

Der erste Weg im "Pacific Riem National Park", Long Beach, führt uns wieder zum Informationsbüro, wo wir schnell einen Campingplatz buchen, es sind kaum Plätze frei.
Leider kein Meerblick, aber eigentlich sind alle Stellplätze schön.
Feuerholz am Eingang.
Wir machen noch einen Spaziergang am Stand entlang.
Weite Sicht, einige Felsen mit Robben weit draußen.
Plötzlich wechselt das Wetter.
Vom Meer zieht Nebel auf, der uns bald einhüllt.
Was eine Stimmung, die durch den fast 20 Meter breiten Treibholzgürtel zwischen Meer und Wald, verstärkt wird.

Die Luft ist kälter als das Wasser und die Erde, der Nebel kriecht von unten an uns hoch. - - Poch, Poch, Poch; "The fog" lässt grüßen -.

Am nächsten Tag wird ein Stellplatz mit Meerblick frei, den wir sofort besetzen und buchen.
 In Tofino, Touristen und Fisch, begeben wir uns wiedermal auf Fischsuche.
Im Hafen nichts los.
Aber manchmal kann ich ja gut sehen und entdecke weiter weg einen großen Trawler, der entladen wird.
Durch Fischreste und Salz glitschen wir hin und fragen.
Ein großer Snapper, fast 70 cm, schwer, rot mit Glubschaugen, wird aus einem Container genommen und uns angeboten.
Mir läuft das Wasser im Mund zusammen.
Vorsichtig frage ich nach dem Preis. *"Just take it".*
Wir glauben nicht richtig zu hören, oder besser doch.
Also schnell "Thank you very much" und weg.

Der Aussichtspunkt im Park, der Radar Hill, bietet keine Aussicht, die Bäume sind zu hoch.

In der Schoner Bay führt ein Weg, wieder teils über Holzstege und Treppen, durch einen dichten Regenwald, wie wir ihn schon kennen.

So machen wir noch einen ausgiebigsten Spaziergang am Strand bei unserem Campingplatz.

Überall liegen Algen, die wie 6 Meter lange Peitschen aussehen und auch knallen, wenn man sie wie Peitschen schwingt.

Die Sonne scheint, wir sitzen anschließend auf den weißen Treibholzstämmen und sehen über das Meer.

Das Lagerfeuer prasselt, Babs brät Reis und macht eine scharfe Ananassauce, ich brate den Fisch.

Hinterher wissen wir nicht mehr, ob Lachs oder Snapper besser schmeckt.

Zufrieden sitzen wir am Feuer, die Abfalltüte mit den Fischresten hängt an der Stoßstange.

Polter, polter, ein Waschbär macht sich darüber her.

Also bringe ich die Reste der Tüte doch gleich in den Müllcontainer.

An der Wickaninnish Beach sehen wir uns eine Ausstellung im Exhibition Center an.

Auf einer großen Wand sind in Originalgröße verschiedene Wale und andere Meerestiere gemalt.

Informationen über den Pazifik: 166.000.000 Quadratkilometer, 33 Prozent der Erdoberfläche. Er beinhaltet 710.000.000 Kubikmeter Wasser, die Hälfte des Wassers auf der Erde. Durchschnittliche Tiefe ist 3.940 Meter, die tiefste Stelle ist 11.034 Meter.

Über die <4> verlassen wir den National Park, zurück nach Parksville.

Wir kommen uns fast vor wie in London. Wir sind in Victoria, englisch, europäisch.

Rote Doppeldeckerbusse.

Ein schönes viktorianisches Parlamentsgebäude.

Fertig geworden 1898, gebaut von Francis Mawson Rattenbury, 25 Jahre alt, der die Ausschreibung gewonnen hatte. 1934 wurde er von seinem Chauffeur ermordet, der ein Verhältnis mit seiner zweiten Frau hatte.

Von der ersten ließ er sich scheiden und heiratete Alma Packenham, die von Terry Reksten in dem Buch "More English than the English" folgendermaßen beschrieben wird: *Thirty years his junior, beautiful, giddy, a gifted pianist and twice-married modern woman who smoked cigarettes in public*

Damit begann sein gesellschaftlicher Abstieg.

Das Empress Hotel ebenfalls in dem Stil. Außen bewachsen, innen dunkles geschnitztes Holz.

Viel Betrieb.

Klein Chinatown, der Duft Asiens in den Straßen, viel Hongkong-Schnickschnack.

Sehens- und riechenswert ist "Murchie`s", ein Kaffee- und Gewürzgeschäft.
Sehr nobel, es duftet. Tausend Tee- und Kaffeesorten, gemischt nach Wunsch.
Der Innere Hafen ist eine Bucht, mitten in der Stadt, gleichzeitig Wasser-Flugzeugpiste.
Die Flugzeuge warten auf die großen Schiffe, die kleinen Boote lassen die Flieger vor.
Ein aufregendes Gewimmel.
Wir bummeln fast drei Stunden durch Victoria, es gefällt uns sehr gut, seit New Orleans wieder ein wirklich schönes Stadtzentrum
Wir nehmen die Fähre von Swartz Bay nach Tsawwassen 44 km durch eine schöne Inselwelt zum Festland, Wahnsinnsvillen an den Ufern.
In Vancouver herrscht Stopp and Go zur Innenstadt.
Nanu, am Sonntag.Absperrungen, Menschenmassen.
Wir finden einen Parkplatz und laufen mit unserem üblichen Marschtempo los.
Auch Vancouver gefällt uns, Hochhäuser, modern und alt, viele Parks Gastown, das alte Hafenviertel wurde aufgemotzt, restauriert, Touristen, ganz nett, viel Atmosphäre.
Chinatown, hier tobt der Bär: Mid Autum Festival.
Die bösen Geister werden aus den Straßen und Läden vertrieben.
Das heißt Drachentänzer auf den Straßen, Kracher und Böller. Katzenmusik.
Toll.
Mit qualmenden Socken erreichen wir wieder unser Auto und fahren weiter.
Die Fahrt aus der Stadt zieht sich ewig hin, die Nachbarstädte gehen ineinander über. Vancouver hat eine gewaltige Ausdehnung.

Back in the USA

Die erste Stadt, wieder in den USA, ist Blaine.
Schlangen an den Tankstellen, überfüllte Supermärkte.
Die Kanadier kaufen ein, wir auch.
Bezahlbares Bier, Putenkeulen, die Welt ist wieder in Ordnung.
Wir fahren auf den Campingplatz.
Er erinnert mich stark an Laubenpiper in Deutschland.
Gärtchen vor den Trailern und Wohnmobilen.
70% der Stellplätze gehören Kanadiern, die hier feste Plätze haben.

Vor Seattle sehen wir uns die Snoqualmie Falls an.
Gut touristisch angelegt, aber was ein mickriger Wasserfall.
Erst die Informationstafeln klären uns auf, dass die Fälle höher als die
Niagarafälle sind. Wohl wenig Wasser zur Zeit.
Außerdem wurde hier das erste unterirdische Wasserkraftwerk der Welt gebaut,
1898. Auf 13.000 Kilowatt angelegt, später auf 44.000 KW erweitert.
Unterirdische Anlagen haben den Nachteil, man sieht sie nicht.

Der Duschwassertank habe ich immer noch nicht dicht bekommen.
Ich versuche es nochmal.
Zum Glück haben wir wieder Wodka an Bord, auch wenn der Staat Washington
kommunistisch unterwandert ist und staatliche Schnapsläden mit hohen Preisen
hat.
In Falls City stehen wir auf dem schönsten CCC Platz bis jetzt, riesig, uneinsehbare Stellplätze, Clubhaus, Aktivitycenter.
Babs putzt, Muttern kommt ja.
Ich baue eine Holztreppe für sie, damit sie bequem ins Auto kommt.

Früh starten wir nach Seattle, über die <90> direkt ins Zentrum zum Pionier
Square, dem historischen Stadtteil und parken am Pier 48.
Im Klondike Gold Rush Museum sehen wir einen Film über diese Zeit.
*"At 3 o`clock this morning the steamship Portland, from St Michaels for Seattle,
passed up Puget Sound with more than a ton of solid gold an board and 68
passengers."*
Mit dieser Meldung am 17.Juli 1897 im Seattle Post-Intelligencer begann für
Seattle der Goldrausch und das Geschäft.
Vier Tage später schrieb man in derselben Zeitung:
*"Prosperity is here.
So far as Seattle is concerned the depression is at an end.
A period of prosperity, far greater than anything known in the past, is
immediately at hand."*
Wie wahr.
Eine Kampagne der Chamber of Commerce tat ihr übriges:

"that touted Seattle as the only place that stampeders could adequately outfit themselves for the goldfields"
Und tatsächlich brachen hier soviele Goldsucher auf, wie in keiner anderen Stadt. Bis zum Frühling 1898 wurden Waren im Wert von über 25 Millionen Dollar umgesetzt.

Seattle bietet eine gelungene Mischung aus Wolkenkratzern und historischen Gebäuden.
Über die 2th Avenue gehen wir zum "Pike Place Public Market", ein Markt über vier Stockwerke. Ganz oben Obst und Gemüse, Restaurants und Fisch, die unterem Etagen beherbergen meist asiatische Läden.
Vier Stunden streunen wir durch die Gegend und beenden unseren Rundgang am Pier.
Restaurants, Cafés und Picknick Areas.
Unser Auto am Pier 48 steht unter dem zweistöckigen Alaskian Way Viadukt, des Hyw <99>, der am Hafen entlang führt.
Ziemlich verkommen unter der Hochstraße, Penner schlafen auf Pappen zwischen den Autos.
Auch viele ärmliche Menschen in den Parkanlagen.
Passt nicht ganz zu den Kais mit ihren Restaurants und Imbissbuden, die in den alten Pier Gebäuden sind. Hafenrundfahrten, Aquarium, Austernsaloon.
Auch eine alte Straßenbahn fährt die Piers entlang, die von unserem Platz aus Richtung Innenstadt immer nobler werden.

Margie ist da.
Wir finden sofort am Flughafen einen Parkplatz und sind zu früh.
Der Flugplatz ist erstaunlich leer, gut durchorganisiert, denn Starts und Landungen gibt es genug.

Mutter berichtet:
Kurz vor 3 Uhr europäischer Zeit wurde ich zu Hause wach.
Um 5.20 Uhr sollte der Wecker läuten zu meinem Abflug nach Seattle um 7.00 Uhr.
Es gab aber 1/2 Stunden Verspätung.
In Frankfurt ab 10.00 Uhr. Eine viertel Stunde später schlossen sich die Türen und wir rollten zur Startbahn.
Aber Irrtum, wir flogen nicht ab sondern bekamen erst nach 4 Stunden die Starterlaubnis.
Die Maschine sollte bis Seattle über London fliegen.
Kurz vor der Landung in London hieß es dann, alle Passagiere nach Seattle umsteigen.
Dann hätte ich auch gleich eine Maschine Berlin-London nehmen können.
Zeitunterschied Berlin-Seattle sind 8 Stunden.
Wir kamen pünktlich an, der Flug dauerte 14 Stunden.

Ich war ziemlich bepackt, denn in der Reisetasche hatte ich diverse Sachen mitgebracht und kaufte auch im Flugzeug eine Flasche Cognac Napoleon, 33 $.
Das nennt man dann zollfrei!
Und dann standen plötzlich meine Beiden vor mir.
Ich hatte sie gar nicht gesehen.
Söhrlein sieht blendend ohne Bauch und Bart aus.
Wir kamen zum Campingplatz.
Ja, aber was ist denn das?
Ich kenne Campingplätze, wo man dicht an dicht steht, die Geräusche des Nebenwagens hört.
Aber hier eine Weite, abgegrenzt durch Bäume und Sträucher und dann schimmert mal ein anderer Wagen durch das Grün.
So lasse ich es mir gefallen.
Die erste Nacht im Wagen ist direkt abenteuerlich.
Auf dem kleinsten Raum alles praktisch verstaut.
Übersichtlich und gemütlich.
Sehr gut geschlafen Es ist schön wieder bei meinen Beiden zu sein".

Margie schläft auf dem Tisch, den wir zwischen die Sitzbänke runterlassen können und mit den Rückenlehnen gut polstern.
So hat sie mit ihren 69 Jahren sicher noch nicht geschlafen.
Wir stehen wieder auf dem Superplatz, der richtige Einstieg für Margie.
Sie staunt nur Bauklötze über die gewaltigen Wohnmobile and Fifthweeler, Wohnanhänger wie Sattelauflieger auf Pickups.

Als wir weiterfahren, ist es neblig und diesig, was uns gar nicht gefällt, denn der Mount Rainier steht auf dem Programm.
Aber mittags kommt die Sonne raus.
Ein herrlicher Tag, der Berg steht klar gegen den Himmel.
Abstecher zum Sunrise Point, wir gehen spazieren.
Die Fazilitäten sind alle schon zu, Wiedereröffnung Anfang Juli.
Macht nichts, es ist schön. *Die Fahrt mit meinen Kindern um den Mt.Rainier war voller bunter Bilder.*
Dieses bunte Laub mit den goldenen Tupfern der Sonne hätte man einfangen mögen.
Dieser Urwald mit den kerzengraden Bäumen, die in den Himmel zu wachsen scheinen, und der Kegel des Berges, waren ein schönes Erlebnis.
Und Ruhe, Ruhe, selten begegnen wir Menschen oder einem Auto.
Wie weit ist dieses Land.

So könnte es auch nach einer Atombombenexplosion aussehen, wie am Mount St. Helens, den wie jetzt besuchen.
Am 18.Mai 1980 flog die Nordspitze des Vulkans in die Luft.
Keine Bäume mehr, weiter weg geborsten und tot.

Sie liegen alle in der Richtung vom Berg weg, wie Streichhölzer.

Kein Unterholz, kein Grün.

Ein 204° C heißer Sturm mit Steinen und Asche raste mit 350 mph durch den Wald.

Gerölllawinen gingen in den Spirit Lake, verursachten eine 800 feet hohe Flutwelle.

Das Wasser riss die entwurzelten und geborstenen Bäume mit. Noch heute ist der größte Teil des Sees mit Bäumen bedeckt. 14.000 Acres Wald wurden zerstört.

So etwas haben wir noch nicht gesehen und eine Schlammlawiene rutschte mit 60 mph zu Tal.

Ein Teil ging in den Swift Stausee, dessen Wasserspiegel um 2,5 Meter stieg.

Die Dreckwolke wurde vom Vulkan 15 Meilen hoch geschleudert.

Wir lessen:

Thirteen hundred feet of the summit vanished leaving in its place a crater 1.2 miles wide by 2.4 miles long by 2.000 feet deep.

Chief cause for the loss of the summit and north flank was the avalanche-landslide, not the subsequent blast.

A debris avalanche more than half a cubic mile in volume, one of the largest ever recorded

One-quarter cubic mile of ash, some of which had travelled at least 950 miles eastward.

Two hundred and thirty-five square miles of land north of Mount St. Helens devastated by the blast cloud and covered by hot volcanic debris.

Fiftyseven people dead or missing.

Zum Glück wurden die Menschen durch Vorbeben und Beobachtungen rechtzeitig gewarnt und die Gegend evakuiert.

Wir fahren an einem Auto vorbei, das damals bei dem Ausbruch in der Nähe des Meta Lakes geraten war.

Die Farbe ist weggebrannt von dem Hitzesturm, alles Plastik geschmolzen.

Es ist heute noch zu besichtigen.

Eine graue Ascheschicht liegt über der Landschaft.

Margie schreibt:

" Ich versuche meine Eindrücke zu schildern, ich muss aber sagen, die waren so er-schütternd, dass ich sie gar nicht in Worte fassen kann.

Ich habe in Island erlebt, wie der Hekla wieder ausgebrochen war und bei meiner Besichtigung der Lavastrom gerade stehen geblieben war und nur noch etwas glühte.

In Gedanken daran fuhr ich also mit zum Mount St.Helens, und als ich die ersten Bäume, die wie Streichhölzer nur noch aus Stämmen, ohne Äste und Laub bestanden, sah, war ich einfach entsetzt über diese Tragödie, die in Minuten alles Leben zerstörte.

Man wird ganz klein und still wenn man diese Naturgewalten sieht und ganz bescheiden."

Im Visitor Center sehen wir einen Film über den Ausbruch, die Schäden. Tagelang mussten die Autos auch tagsüber mit Licht fahren, der Himmel war verdunkelt.
Unvorstellbar, Mutter hat Recht.

Auf dem <5> erreichen wir Fort Vancouver.
Es war das Hauptquartier der Hudson`s Bay Company, Columbia Department.
Das Fort ist nachgebaut, Palisaden, Häuser. Auch das Haus von John McLoughlin.
Als die North West und Hudson`s Bay Company sich zusammenschlossen, wurde er der Chef des Columbia Department. Seine Aufgabe war es unter anderem, die Amerikaner aus dem Geschäft zu halten und den Engländern zu sichern. Er aber half den amerikanischen Siedlern bis 1846, als die Grenze am 49 Breitengrad zwischen den USA und England/Kanada festgelegt und Fort Vancouver amerikanisch wurde.

Auf Washingtons Long Beach Peninsula bleiben wir drei Tage.
Margie lässt sich im Clubhaus vom Campingplatz in die Kunst des Needlepunch einführen, eine Sticktechnik, um T-Shirts oder auch Taschen zu verschönern.
Abends, wenn sie schon schläft, sitzen wir in unserem "Wohnzimmer", dem geräumigen LKW-Fahrerhaus, sehen TV, trinken Bier und klönen.
Die Schiebetür ist zu.
Gemütlich.
Sonst machen wir ausgiebige Spaziergänge am Strand.

8.10. es ist Margies 70.Geburtstag.
 Wir fahren zum North Head Lighthouse, von wo wir einen guten Blick auf die Benson Beach und die Felsen haben.
Weiter geht es nach Nahcotta, Austernzucht und Verarbeitung.
Gewaltige Berge von Austernschalen säumen den Weg.
Natürlich wieder eine Welthauptstadt, nämlich die der Austern.
Ein Fischmarkt ist einer Fabrik angeschlossen.
Zu Feier des Tages kaufen wir einen Dungenes Krebs, rund zwei Pfund und Leng Cod-Filets.

Es gibt ein köstliches Geburtstagsessen.
"Was ein schöner Geburtstag.
Ich habe noch nie so gut, abwechslungsreich und gesund gegessen, wie in der Zeit, die ich mit den Beiden unterwegs bin.
Ich wundere mich über den Schnickschnack in den Geschäften und über das gegensätzliche Bild zu unseren Kleinstädten.
Ich muss unbedingt noch den größten Schatz von Hartmut und Babs erwähnen.

Es sind zwei Gläser für ihren Rotwein.
Die einzigen richtigen Gläser. Sie werden nach Gebrauch gut in Papier
gewickelt, als wenn sie verschickt werden sollen, dann in einen Karton und
weggestellt.
Es ist zum Piepen."

Eines Morgens erlebt Margie im Fernsehen einen TV-Betbruder, Dwight
Thompson. Sie ist von dem "Gottesdienst" und anschließender Geldbettelei
erschrocken. Der Typ bietet aber auch eine wilde Schau.
Mutter meint zu dem Geschrei, dass Göbbels oder Hitler ja Waisenknaben gegen
ihn gewesen seien.

Schon mal von Meriwether Lewis und William Clark gehört?
1804 starteten beide mit 45 Mann an der Mündung des Missouri, waren mehr
oder weniger für die Welt verschollen und kamen nach 2 1/2 Jahren zurück,
nachdem sie 8000 Meilen per Boot, Pferd und zu Fuß hinter sich hatten.
Als sie den Pazifik erreichten, bauten sie 1805 als Winterquartier Fort Clatsop.
Das kleine Fort ist rekonstruiert, wir besichtigen es.
Mit dieser Expedition wurde erstmals der amerikanische Nordwesten erforscht
und der Weg für die Besiedlung frei gemacht.
„Its findings contributed vital new knowledge concerning the vast, previously
unknown land, its resources, and its native inhabitants.
The resulting geopolitical impact if the mission had far-reaching effects upon
international boundaries and relations", steht im Informationsmaterial.
Das Buch "Those Tremendous Mountains" beschreibt die Tour und macht uns
klar, welche enormen Strapazen bestanden werden müssten und welcher
Durchhaltewillen nötig war.
Präsident Thomas Jefferson unterstützte die Expedition mit aller Vorsicht, denn
er musste die Interessen der Engländer im Nordwesten berücksichtigen, hatte er
doch 1803 das unerforschte Oregon-Territorium im "Louisiana Purchase" von
Frankreich gekauft.

In Seaside lassen wir bei einer Bank unseren Brief an unsere Bank beglaubigen.
Wir lösen den Sparvertrag auf und wandeln ihn in ein Sparbuch um.
Somit kommen wir jederzeit an unsere Dollar, denn der Dollar ist gestiegen und
wir wollen weniger das Geld aus Deutschland benutzen.

Das Wetter an der Oregon Küste ist neblig und diesig.
Trotzdem ist die Küste schön.
Kleine Städtchen wie z.B. Canon Beach, Häuser mit Holzschindeln verkleidet.
In Tillamook besichtigen wir eine Käsefabrik.
Sehr interessant, wir haben noch nie eine besucht.
Riesige Wannen voll Milch, die gerührt und erhitzt wird. Es entstehen dann
Flocken, die drainiert und geschnitten werden. Längere Zeit bleiben diese Matten
liegen, bis sie per Hand in eine Art Fleisch- eher Käsewolf gesteckt werden.

141

Die herauskommenden fingergroßen Stücke werden gesalzen und weiter verarbeitet.
Angeschlossen an die Fabrik ist ein Laden mit Probierständen.
Es schmeckt prima. Unsere Vorräte werden aufgefüllt.

Wir besuchen die Eltern von Denyce (Anchorage) in Monmouth, Wes und Veronica.
Liebe alte Leute in einem kleinen Häuschen, vollgestopft mit Nippes, Vasen, Schon-deckchen, Bildern der Kinder und Enkel.
Wir plaudern sehr nett und gehen später zusammen mit Wes in ein Restaurant.
Veronica hat was mit dem Magen, sie bleibt zuhause.

Aber lassen wir Margie berichten:
" Es war der erste Restaurantbesuch in Amerika.
Erst einmal muss man warten bis einem ein Platz bzw. ein Tisch zugewiesen wird.
Die Speisekarte ist groß und reichhaltig, jedoch überwiegend Sandwiches, Croissants und Burger in allen Variationen, und Salat.
Nichts für Muttern.
Die Suppe war ausgezeichnet, aber sonst ziehe ich unsere Campingküche vor.
In der Wohnung unserer Gastgeber war Nippes und nochmal Nippes, es war nicht eine einzige Stelle frei.
Wenn Veronica Staub wischt, braucht sie mindestens eine Woche und fängt dann wieder von vorne an. "

Sie haben sich gefreut, dass wir bei ihren Kindern waren, der Abend ist nett.
Wir schlafen vor dem Haus in unserem Auto.
Über die <5> erreichen wir wieder die Küste und fahren die <20> weiter nach Newport, wo wir uns das "University Marine Sience Center and Aquarium" ansehen.
Schon am Eingang ein Becken mit einem großen Kraken.
Für Schulklassen gibt es Fragebogen für ein Suchspiel. Tiere suchen und bestimmen, die ausgestellt sind.
Eine gute Idee, um die Kinder zu interessieren.
Ein Spaziergang am Strand rundet den Tag ab.
Die Brandung ist gewaltig, man hört sie schon von weitem.
Der breite schöne Sandstrand lädt zum Baden ein.
Doch das Wetter ist zu kalt.
Auch Margie hat sich diesmal warm genug angezogen, so dass ich nicht zum Auto zurück muss, um unserem "dicken Kind" einen Schal zu holen.

Die Sonne strahlt und wir genießen auf der Weiterfahrt die schöne Steilküste mit ihren vorgelagerten Inselchen bis zur "Sea Lion Cave". Margie und ich fahren mit einem Fahrstuhl in die Höhlen, die zum Meer hin offen sind und voller

Seelöwen auf den Felsen und im Wasser.
Was ein Lärm und Gestank.

Wir bummeln durch Florence.
Auf einem Steg am Fluss lernen wir, wie man Krebse fängt.
Ein Netz mit Fischköpfen oder Hühnerhälsen wird auf den Flußboden
herabgelassen. Alle 10 Minuten holt man es hoch, manchmal sind Krebse drin.
Nur die Männchen über eine bestimmte Größe werden behalten, alle anderen
müssen zurück ins Nass.

Bei Florence fängt die "Oregon Dunes National Recreation Area" an.
100 km lang und bis zu 3 km breit zieht sich dieser schöne, weite Dünen-
streifen südlich an der Küste entlang.
Große Teile sind für Geländefahrzeuge freigegeben, das heißt nichts für unser
Auto.
Wir machen ausgiebige Spaziergänge.
Es gefällt uns sehr gut.
 In Reedsport sehen wir uns einen Informationsfilm über die Oregon Dunes an.
Sie sind gezeichnet vom Wechsel der Naturkräfte, Wasser und Wind.

*" Heute kauften Babs und Hartmut Schilder: For Sale. Sie wurden gleich ange-
klebt.*
*Ich gerate ja jetzt in Panik, ich sehe mich schon am Straßenrand sitzen und den
Pullover für Babs fertig stricken.*
Meinem erstklassigen Bett würde ich auch nachtrauern.
Wären wir in Germany würde ich ihn kaufen und durch die Gegend kutschieren.
*Der Sitz müsste aber verstellt werden. Ich wollte gestern eine Probefahrt
machen, aber meine Beine sind zu kurz, ich bekomme die Kupplung nicht
durchgetreten."*
Wir wollen mal an testen, ob unser Auto zu verkaufen ist, was wir nehmen
könnten.
Vielleicht bekommen wir ein Traumangebot.
Wir sind uns jedenfalls noch nicht sicher, wann wir zurück wollen.

Der Mount Mazama war ein 3600 m hoher Vulkan im Mittleren
Kaskadengebirge, bis er vor ca. 6000 Jahren nach mehreren Ausbrüchen in sich
zusammenbrach und einen großen Krater, eine Caldera mit einem Durchmesser
von ca. 9 km hinterließ.
Im Laufe der Jahre füllte sich der Krater, der keinen Zu- und Abfluss hat, mit
Regenwasser und bildete den "Crater Lake".
Er ist heute der tiefste See der USA (589 m) und der siebt tiefste See der Welt.
Der Wasserspiegel liegt 1882 m über dem Meer.
Die Uxkani Indianer beschreiben die Entstehung aber so:
"Der Mount Mazama war der Durchgang, durch den der Herr der Unterwelt an

die Oberwelt kam.
Man sah ihn oft als schwarze Wolke.
Als der Herr der Oberwelt mit dem der Unterwelt Streit bekam, schleuderte dieser glühende Steine aus dem Berg.
Zur Besänftigung der erzürnten Gottheit stürzten sich die Stammesältesten der Menschen in die brodelnde Öffnung.
Dies rührte den Herrn der Oberwelt und er verbannte den Gott der Unterwelt in sein Reich, das über ihm zusammenstürzte.
Die Uxkani hatten ihre Ruhe."

Die Fahrt zum Crater Lake ist wunderschön, an einem Fluss entlang, Herbst, Sonnenschein.
Plötzlich öffnet sich der Blick auf den See.
Unglaublich schön und ein unvorstellbares Blau des Wassers, am Rand schimmert es grün.
Wir fahren die Straße um den Berg und sind von dem Anblick immer wieder überwältigt.
Erstmals wurde der See 1853 von Goldgräbern entdeckt, sie berichteten: "*This is the bluest lake that we've ever seen.*"
Allerdings geriet er die nächsten Jahre wieder in Vergessenheit.
1902 wurde er dann Nationalpark.
Am Abend müssen wir den Park verlassen, man rechnet mit Schnee. Schade.
Die Markierungsstangen für den Winter am Straßenrand stehen schon.

Heute habe ich mir beinahe die Finger gebrochen.
Babs und Margie versuchten, mir Stricken beizubringen.
Ich bin sicher, das ist nichts für mich.
Aber Margie hat jetzt den Pullover für Babs fertig - ohne meine Hilfe.
Hartmut hat sich ganz gut angestellt und sofort begriffen, nur das Garn so stark angezogen, als wollte er einen Ochsen anzäumen.

Ashland, eine niedliche Stadt mit jährlichen Shakespeare-Festspielen.
Wir sehen uns das Festspielmuseum an.
Kostüme und Modelle von Bühnenbildern.
In einem Bereich hängen Kostüme, die die Besucher selbst anziehen können, Verkleiden erwünscht.
Mein Gott, was eine unbequeme und umständliche Mode früher.
Wir bekommen uns nicht stlecht hin.
Babs mit Brokatkleid und Flickenhut, bestimmt alle Moderichtungen durcheinander.
Wen störts, wenn es Spaß macht.
Wir bummeln noch durch den Ort, bisschen Shopping, Besuch des Freilufttheaters.

Was ist eine historische Stadt?
In Amerika zum Beispiel Jacksonville, gegründet 1851, als man Gold in Rich Gulch fand.
Aber schon 1860 war es damit vorbei.
Trotzdem wurde es keine Geisterstadt. 1868 raffte eine Pockenepidemie viele Einwohner dahin, 1869 brach eine Schlamm und Gesteinswelle über die Stadt.
Aber so richtige Pioniere stört das nicht.
Jacksonville bestand weiter und die Leute bauten ihre Stadt wieder auf und restaurierten alte Gebäude.
Heute ist die Hauptstraße von "alten" Häusern gesäumt, Villen, Museen.
Nett.
Ein Kindermuseum gefällt uns besonders.
Alles zum Anfassen und "begreifen".
Alte Werkzeuge, Küche, Druckerei.
Dazu kindergerechte Beschreibungen.

Wir landen auch in einer Wein-Probierstube.
Wir sind in Oregons Weinbaugebiet, obwohl wir noch keinen Weinstock gesehen haben.
Zwei Flaschen leckeren Rosè gönnen wir uns.
Der Friedhof auf einem Berg erinnert an die wilden Zeiten, Grabsteine aus der Mitte des letzten Jahrhunderts: Soundso killed by Indians - Pionier of 1849 - Soldier at Indian wars.
Der Friedhof ist etwas verkommen.
Er war unterteilt in Bereiche für Odd Fellows, Masonic, Jewish, Catholic, Protestant, Redman, Pocohontas und City.
Eine Frau hat ihm gerade 81.000 $ zur Instandsetzung vererbt. Die hatte meine Kontonummer nicht.

Eine amerikanische Familie steht wieder mal auf dem Programm, Margie möchte dies auch gerne kennen lernen.
Joseph und Alice mit ihren Kindern Julia, Peter und Mathew in Medford sind unsere "Opfer", wir hatten uns angemeldet.
Wieder werden wir sehr nett empfangen, sitzen im Garten von ihrem Häuschen und klönen.
Joseph ist Förster, Alice unterrichtet als Lehrerin zuhause Schüler aus High-Schools, die wegen Schwangerschaft, Krankheit oder anderen Gründen von der Schule geflogen sind. Bezahlt wird sie von der Schule.
Später gibt es leckere Lammkeule und anschließend betätigt sich Margie als Oma und spielt mit den Kleinen.
Macht sie gut.
Später, Margie ist schon im Gartenhäuschen im Bett, reden wir noch lange.
Es ist wieder gemütlich und herzlich, bis wir in unser Auto vor dem Haus schlafen gehen.

Am nächsten Tag machen wir einen Ausflug zum Lower Table Rock, den Babs und ich erklettern, während Margie vor dem Auto in der Sonne sitzt und strickt, und sich ein bisschen grault so alleine in dieser Weite, wo, so weit das Auge reicht, kein Haus zu sehen ist.

Am späten Nachmittag sind wir wieder bei unserer Familie.

Diesmal legt Margie Wäsche zusammen, während die Kinder um sie herum toben.

Es kommen noch Freunde des Hauses zum Grillen.

Margie ist ganz erstaunt:

" Ich bewundere ja diese Servas-Gastgeber.

Ich lasse wegen der Erfahrungen in meinem Leben, keine fremden Leute in meine Wohnung.

Hier wird man wie ein erwarteter Gast behandelt, alle geben sich so viel Mühe.

Ich weiß nicht, ob der Servas-Ausweis als Sicherheit reicht, wenn die Gastgeber wissen, wie man heißt und wo man her kommt.

Sie schreiben es sich ja nicht ab.

Trotzdem eine gute Idee.

Hartmut erzählte mir, dass ihre Freunde am Ende der Welt in Alaska sagten:

Wenn wir nicht in die Welt reisen, dann kommt so die Welt zu uns. "

Auf der Weiterfahrt kommen wir wieder an einem kleinen Bach vorbei, den die Lachse als Laichplatz nutzen.

Diese Sorte Lachs hier wird auf ihrer Wanderung schwarz, nicht rot, bis sie diese Stellen erreichen und sterben.

Margie hatte zwar schon vom Lachssterben gehört, aber wie auch wir, hatte sie sich nicht solche Massen vorgestellt.

Unter Baumriesen

Die Kalifornische Grenze überqueren wir auf der <199> und erreichen die ersten Redwood- Wälder.

Am Simpson Reed Grove unternehmen wir den ersten Spaziergang und fühlen uns wie Guliver im Reich der Riesen.

Um diese gewaltigen Bäume aus der Nähe zu fotografieren, brauche ich drei Fotos übereinander.

In Crescent City erreichen wir wieder das Meer. Die <101> windet sich an der Küste entlang, bergauf, bergab, oben scheint die Sonne, unten liegt Nebel.

Stopp am Big Tree, 100m hoch, 7m Durchmesser.

Erst 1968 wurde der Redwood Park etabliert, dem gingen mehr als Jahre

Bemühen um den Erhalt Baumbestände voraus.
Es wurde einfach zu viel Geld mit dem Abholzen verdient.
Früher gab es 1 Millionen Acres Redwoodwälder, heute sind es noch 14%.
Um den Nationalpark herum wurde Abholzen fortgesetzt.
Der Effekt waren Erosion, Erdrutsche und Änderungen im Fluss- und Wasser-system.
1978 endlich erweiterte der Kongress die 58.000 Acres des Parkes um 48.000 Acre und erklärte umliegende Gebiete zur Park-Schutz-Zone.

Der Küsten Redwood (Sequoia sempervirens) ist der höchste Baum der Welt, er kann über 100 Meter hoch werden und 2000 Jahre alt, der Riesensequoias (Giant Sequoia) wird nicht so hoch, aber ist dicker und kann doppelt so alt wer-den.
Der General Sherman Baum im Sequoia hat ein Totalvolumen von 50.000 Kubikfuß. Am "Lady Bird Johnson Grove" machen wir einen weiteren Spaziergang durch die Redwood Douglaswälder.
Ein phantastischer Weg, Riesenbäume, teils geborsten oder vom Blitz getroffen.
Interessant auch die "little giants", sehr große Kleeblätter, deren Blätter sich bei intensiver Sonneneinstrahlung wie ein Schirm zusammenfalten und die rote Unterseite nach oben klappen.
Margie berichtet:
" Ein durch einen Blitz getroffenen und innen ausgebrannter Baum hatte unten eine regelrechte Höhle in der nicht nur wir Drei sondern mindestens die doppelte Anzahl Personen stehen konnten.
Wir kamen uns wie Ameisen vor, neben den Bäumen aber auch neben den Farnen.
Eine Froschperspektive.
Ich habe mir solch gewaltige Bäume nicht vorstellen können.
Auch der schmale Weg und diese unendliche Stille verzaubern mich.
Ich glaube, diese Reise ist die Krönung meiner vielen Reisen."

Lesen wir doch in einer Broschüre der Gesellschaft Avenue of the Giants, in der die kommerziellen Unternehmen und Sägewerke zusammengeschlossen sind, dass jährlich mehr Redwood Bäume nachwachsen und gepflanzt, als gefällt werden.
Für wie blöd halten die uns eigentlich, wenn sie vergessen zu erwähnen, wieviel hundert Jahre ein Redwood braucht, um zu wachsen.
Man sollte diese Leute für einige Zeit im Redwood Wald anketten, damit diese einmalige Natur auf sie einwirkt.
Oder bekommen sie dann erst recht das Dollarzeichen in der Pupille?

In Eureka bummeln wir die wunderbar restaurierte Hauptstraße entlang.
Superhäuser, z.B. eine bildschöne alte Holzvilla, heute Privatclub (was immer das heißt) oder ein schwarzes Holzhaus mit schönen Schnitzereien und zwei großen Steinschornsteinen an der Seite.

Man gibt sich Mühe.
Aus Versehen geraten wir in die Nebenstraßen.
Ende der Schönheit. Verkommen.
Trotzdem bleibt ein guter Gesamteindruck.

Wir bieten Margie eine der berühmtesten amerikanischen Erfindungen: Einen
Hamburger bei Burger King.
Schmeckte ihr und uns gut. Warum nicht auch mal zwischendurch.
Heute steht also die schon erwähnte Avenue of the Giants auf dem Programm.
Die 33 Meilen lange Strecke geht zum Teil durch Privatgebiet, an vielen
Souvenirgeschäften vorbei, dann wieder durch National Wald.
Der Kahlschlag ist deutlich sichtbar, dann wieder schöne Wälder.
Am Visitor Center des Humboldt Redwood State Parks liegt eine riesige
Baumscheibe, Durchmesser 3 Meter. Auf ihr sind geschichtliche Ereignisse den
jeweiligen Jahresringen zugeordnet. Ca. 1100 fing der Baum an zu wachsen,
1987 wurde er gefällt.
Die Entdeckung Amerikas durch Columbus 1492 ist ziemlich in der Mitte
angeordnet. Wenn so ein Baum erzählen könnte.-
Das Eternal Tree House. Da wurde ein 20 foot Raum in einen Baum hineinge-
hauen, der immer noch lebt und grünt.-
Der Chimney Tree ist ein lebender Baum, der bis zur Spitze innen hohl ist. Daher
der Name.- Durch einen anderen gewaltigen Redwood kann man hindurchfahren.
Jedenfalls mit einem PKW, wir konnten nicht.-

Der <1> windet sich in Serpentinen zur Küste.
Zwischendurch Stopp an einem Demonstrationsforest mit Informationen über
den Nutzen des Redwoods und die sorgfältige Wiederaufforstung.
Im Hintergrund rattern Rodungsmaschinen.
Uns ist klar, wer den Weg angelegt hat.

An der Küste ist Nebel, der uns bis Fort Bragg nicht verlässt.
In Mendocino fängt es an zu regnen.
Trotzdem laufen wir durch den Ort und sehen uns die vielen schönen Häuser an
und gehen in einige Galerien und Läden, denn Mendocino gibt sich als
Künstlerkolonie.
Immerhin in den Läden wenig Horrorschnickschnack, dafür sehr hübsches
Kunsthand-werk und/oder Kunst (kommt darauf an, ob ein bekannter Name drauf
steht).
Im Touristenbüro sehen wir ein Video über den Ort und seine Künstler. Einen
Videokünstler haben sie aber nicht, denn der Film ist schlecht und teils unscharf,
Null Information.
Kaffeepause oben an der Steilküste mit Blick über die donnernde Brandung und
die Seealgenfelder, die in der Dünung tanzen.
Vor Point Arena biegen wir zum Leuchtturm Point Arena ab.

Der erste Turm wurde 1870 gebaut und 1906 von einem Erdbeben zerstört. 1908 nahm er seine Arbeit wieder auf, war 115 feet hoch.
Die Linse, Durchmesser 6 feet, Gewicht 2 Tonnen, kam aus Frankreich.
Sie drehte sich durch ein Gewicht, das der Leuchtturmwärter alle 4 Stunden hochziehen musste.
Das Licht der Öllampe reichte immerhin 18 Meilen weit. Heute sind elektrische Lichter außen am Turm, die 25 Meilen weit leuchten.
Der Leuchtturm ist jetzt ein Museum und bietet einen guten Blick über die Klippen, die manchem Schiff zum Verhängnis geworden waren.

"Die ganze Nacht regnet es.
Es ist gemütlich, wenn der Regen aufs Dach trommelt und man liegt wohlig im warmen Bett.
Als wir aufstanden, regnet es nicht mehr.
Die Natur hat so auf den Regen gewartet, für uns schlecht, für die Natur ein Segen.
Wir fuhren dann dickem Nebel weiter.
Die Blicke, die wir auf die See werfen konnten, boten das gleiche Bild wie gestern.
Eine feindliche See, zerklüftete Felsen, starke Brandung und Felder mit Peitschenalgen.
Mir macht sie Angst."

Wir haben die Küste verlassen.
Die Sonne strahlt, wir fahren durch das Sanoma Valley, ein großes Weinanbau-gebiet. Bunte Weinstöcke rechts und links.
Natürlich müssen wir auch eine "Winery" besuchen: Sebastiani.
Gegründet 1904. Führung im großen Stil, Menschenpulks, Reisebusse. Gewaltige Weinfässer aus Redwood, 60.000 Gallonen. Wenn man täglich eine Flasche Wein daraus trinkt, reicht der Inhalt für 850 Jahre.
Beruhigend.

Was soll man viel über San Francisco erzählen.
Eine der schönsten Städte, die ich kenne.
Wir beginnen in Sausalino, nördlich der Golden Gate Bridge.
Eine Hausbootsiedlung.
Lange Stege mit Versorgungsleitungen, Blumentöpfe, zu beiden Seiten ein Hausboot am anderen.
Der Phantasie und Baukunst der Bewohner sind keine Grenzen gesetzt, jedenfalls entdecken wir keine sichtbaren Beschränkungen.
Es reicht von einfachen bebauten Pontons über Dschunken oder schwimmende Wohn-wagen bis zu Luxusbauten mit großen Veranden. Meist Holz. Türmchen, Pavillons.
Moderne Kunst als Bauelemente, asymmetrische Fenster, kubisch oder

Jugendstil. Geld und Freelife, Design und Improvisation nebeneinander.
Hier kann man leben.
Auf dem Wasser sogar erdbebensicher? Aber die Flutwellen?
Wir haben das Gefühl, in San Francisco lebt man ganz gemütlich mit der Gefahr.

In Tiburn machen wir Kaffeepause mit Blick auf die Skyline von Frisco.
Einen schönen Blick bietet auch die Fahrt auf dem Paradise Drive, eine Halbinsel entlang.
In der Nähe unseres Campingplatzes besuchen wir noch den "Greenbrae Broadwalk", eine kleine Siedlung, auf Stelzen in der Sumpflandschaft. Baulandmangel?
Wie bei den Hausbooten finden wir eine Mischung aus Geld und Improvisation, teils liebevoll gebaut, teils etwas verkommen, teils mit Innenhof und viel Glas.
Die Abwasser-, Gas- und Wasserleitungen liegen ebenfalls auf Stützen über dem Boden.
Es ist Ebbe, Sumpf.
Am nächsten Tag, wir bummeln noch einmal durch das Pfahldorf, liegen die Häuser schön im Wasser.

Wir müssen noch zu einem Reisebüro, Margie verlässt uns hier wieder.
Vor der Golden Gate Bridge fahren wir noch einen Berg hinauf und haben einen schönen Blick auf die Brücke, die sich heute nicht in Wolken hüllt.
Tja, und dann sind wir da.
49 Miles Scenic Drive: Lincoln Park, Palace of the Legion of Honor.
Direkt am Pacific entlang, ein kleiner See, der Golden Gate Park.
Gepflegte Anlage, mittendrin eine Büffelherde.
Picknick am Stow Lake.
Der Höhepunkt dann der Twin Peak. Ein 360° Blick über die Stadt. Wir haben eine super Weitsicht.
Von dort geht es wie auf einer Achterbahn an der Mission Dolores vorbei zu unserem Campingplatz in der Nähe der Innenstadt (28$).
"Ich konnte mir nicht allzu viel unter San Francisco vorstellen, außer der berühmten Straße mit der Kabelbahn, die man von Postkarten und Filmen kennt. Die Konzentration der Hochhäuser gefiel mir gut und die Vielfalt der hübschen Häuschen an den Hügeln gibt der Stadt großzügigen Eindruck. Es gefällt mir."

Wir fahren den Scenic Drive weiter zum Ferry Building und in die Down town, zum Civic Center.
Zu Fuß erreichen wir die eindrucksvolle City Hall, an der Oper vorbei und am Symphonie Haus.
Wir haben wegen der Parkuhr nicht viel Zeit und fahren bald weiter durch Chinatown.

Eine steile Straße führt zum Nob Hill und zur Fishermans Wharf und Pier 39, wo wir etwas essen.
"So einen miserablen Crab Cocktail habe ich noch nie gegessen.
Ketchupschmiere
Die Straßen von San Francisco kosten mich Nerven.
Meine Zehen taten schon weh, weil ich ständig mit Hartmut mitbremste.
Er meinte nur, daß die Bremsen auf dem Beifahrersitz nicht funktionieren.
Er fährt sehr sicher und trotzdem ist mir bange."

Außer dem Pier 39 ist die Ecke eher eine Touristenfalle, wir finden, dass Mutter ein Päuschen braucht.
Sie setzt sich auf eine dicke Kette zwischen Steinpollern.
Leider ist die Kette locker und sie landet wie im Zeitlupentempo auf dem Rücken, wie ein dicker Käfer, der mit den Beinen strampelt.
Wir erschrecken uns fürchterlich, Margie lacht sich tot.
Nebeneindruck vom feinen Opernviertel.
Drei besoffene Penner streunen die Straße entlang, eine Gestankswolke nach sich ziehend.
Dem einen kommt die Scheiße, breitgelegen, hinten oben aus der Hose ge Quollen. Haben sich wohl in der Gegend geirrt.

Heute erobern wir die Stadt per pedes.
Ein Bus bringt uns vom Campingplatz zur Fisherman Wharf.
Wir nehmen das Schiff nach Alcatraz, der berühmten Gefängnisinsel von 1934 bis 1963, heute National Recreation Area.
Wie sich die Zeiten ändern
Drei Etagen Zellenreihen, nach vorne einsehbar, keine Privatsphäre. Verschärfter Arrest in Dunkelzellen. Knallhart. Keine Erholungsheime wie unser heutiger Strafvollzug.
Eigentlich kaum vorstellbar, wenn man die Zellen sieht, dass dort Gefangene ausbrechen konnten. Und trotzdem, 36 Gefangene versuchten es, nur fünf schafften es (?).
Jedenfalls hörte man nie mehr von ihnen.
Es wird aber angenommen, dass sie im Meer ertrunken sind.

Die Sicherheit wurde folgendermaßen gewährleistet:
- *Cold bay temperatures of 45° to 50°F*
- *Swift currents of 4 to 8 miles per hour*
- *Six guard towers*
- *Tool-resistant bars, barbed-wire fences and metal detectors*
- *A small prison population (average of 260) closely watched by many correctional officers (1 officer for every 3 inmates*
- *Inmate counts taken at frequent intervals every day.*
Auch Al Capone saß hier 4 1/2 Jahre.

Natürlich fahren wir auch mit der Kabelbahn.
Lustig.
Chinatown zu Fuß.
Es ist die größte chinesische Bevölkerungsansiedlung außerhalb des asiatischen Raums. Wir werden an Hong Kong erinnert.
Hochhausschluchten.
Es ist schon eigenartig, wenn die Wolkenkratzer oben verziert sind, wo eigentlich keiner hinsieht.
Aber auch im Erdgeschoß manchmal breathtaking.
Beispiel eine Bank: Marmor, eine Decke wie in Sanssouci, vergoldeter Stuck, Reliefwände, schwarz-goldene Gitter.
Dann das fünf blöckige Embarcadero Center mit dem Hyatt Regency Hotel im fünften Block.
Wir kommen rein, gewaltiger Innenhof, rund 15 Etagen offen zum Hof, gläserne Fahrstühle sausen rauf und runter.
Damit muss man mal fahren.
Wir auch.
So landen wir im Equinox Restaurant ganz oben.
Wir gönnen uns jeder einen leckeren Cocktail und genießen 45 Minuten einen Rundblick, denn das Restaurant dreht sich um seine Achse.
Langsam wird es dunkel, noch hell genug, um etwas erkennen zu können, aber alle Lichter sind schon an.
Einer der Skyscraper hat ganz oben griechische Säulen, die angestrahlt sind und auf dem Dach eine Säulenhalle, ein Atrium, das wohl nie jemand betritt.

Ich kriege Zuviel, wenn ich sehe, was man mir alles in den Koffer packt und was ich mit zurück nehmen soll.
Hoffentlich wird mein Koffer angenommen.
Gestern war ein schöner Abschluss meiner Reise.
Sechs Wochen.
Nun ist mein letzter Tag.
Es fällt mir doch schwer, hier abzureisen.
Ich hatte so viel Spaß und konnte tüchtig lachen und jung sein.
Es muss aber alles mal ein Ende haben und ich fahre heim und werde schmunzelnd an meine Beiden denken, dass sie gut aufeinander aufpassen und glücklich sind."
Am Flughafen finden wir keinen nahen Parkplatz für Fahrzeuge über 6 feet.
So parken wir vor der Schalterhalle und verabschieden uns dort von Margie.
Wir fahren weiter in Richtung Süden.

Wieder zu zweit.

In USA ist Wahl.

Es geht ganz schön hemdsärmelig zu.

Kein Kandidat lässt ein gutes Korn am anderen, teils unter der Gürtellinie.

Wie anders als bei uns.

Bush sei ein alter Hut, Dukakis ein Schwein, das den Hafen von Boston verkommen ließe, Jackson zahle seine Rechnungen nicht.

Trotzdem ist die Wahlberichterstattung dann im TV kaum vorhanden.

Viel mehr interessieren die "Propositions", Volksabstimmungen je nach Bundesstaat, zu Themen wie Abtreibung oder Änderung von Versicherungsprämien.

Betrifft natürlich die Bevölkerung primär auch mehr.

Trotz des mickrigen Informationsmaterials, das wir über Kalifornien bekommen konnten - haben die nicht nötig - wissen wir vom "Winchesterhouse" in San Jose.

Es sieht irre von außen aus und ist ja auch das Ergebnis einer Irren.

Da aber auch die Eintrittspreise irre sind, lassen wir es.

Monterey gefällt uns ganz gut, wer aber die "Straße der Ölsardinen" wie bei Steinbeck sucht, ist hier falsch.

Die <1> wird schmal und kurvenreich.

Sie erinnert uns stark an die Oregon Küste, vielleicht etwas weniger bizarr und abweisend.

Wie anders hatten wir uns die Kalifornische Küste vorgestellt.

Bei den Beach Boys klingt das so anders.

Mal sehen, wie es südlicher wird.

Statepark und selbst Forrest Behörden Stellplätze sind sauteuer.

Sagte ich schon, dass man es hier nicht nötig hat, für Touristen etwas zu tun?

Am "Hearst Castle" kommen wir zu spät an. Heute keine Führungen mehr.

Wir sehen nur einen Film über das Castle.

Es gibt vier Touren a 2 Stunden in verschiedene Bereiche der Anlage.

Uns bleibt die Luft weg, was der alles hat bauen lassen.

Babs und ich sind unterschiedlicher Meinung über diesen Größenwahn. Aber Babs setzt sich dann durch, indem sie sagt, dass der Wahn uns auch die Schlösser, Paläste und schönen Dinge gebracht hat, die Tyrannen haben bauen lassen.

Selbst wenn Blut daran klebt, und das sei wenigstens bei Hearst nicht der Fall.

Strahlender Sonnenschein.

Babs habe ich zum Duschen geschickt.

"Als ich wiederkomme, ist der Tisch gedeckt, mit Gläsern, Kerzen und Vincence (unsere Alaska Ratte) sitzt auf dem Tisch mit zwei Blümchen in den Pfoten.

Es riecht nach Sandelholz.

Ich habe Geburtstag.

32 Stunden lang, wegen der Zeitverschiebung zu Deutschland.
Wie schön."

Uns fällt es schwer, uns die gelben vertrockneten Hügel grün vorzustellen. Aber der Sommer war extrem trocken.
Wie schön muss das alles in Grün aussehen.
Früh kommen wir nach Los Angeles hinein, wo immer die Stadt anfangen mag.
Highways, 6 bis 8 Spuren mitten in der Pampa, Spagettiknoten zwischen den kahlen Hügeln.
Die ersten Vororte, eine Stadt geht in die andere über.
Laut Reiseführer gehört alleine San Fernando Valley zu den zehn größten Städten der USA, den Großraum mitgerechnet.
Wie auch immer, wir kommen in ein Häusermeer, Häuser von einem Horizont zum anderen.
Erster Stopp ist am Forrest Lawn Memorial Park.
Ein riesiger Friedhof, kaum Grabsteine, dafür große Wiesen, Gedenksteine liegend.
Es ist auch ein Gedenkpark.
In der Freiheitshalle bewundern wir an einer Wand ein überdimensionales Mosaik, 10 Millionen Steinchen.
Es zeigt den Freiheitskampf der USA, beginnend mit der First Legislative Assembly 1619, über die Boston Tea Party 1773, Signing of the Declaration of Independence 1776 bis zum First Prayer in Congress 1787.
Ein schön angelegter Park, Denkmäler für Präsident Jefferson, Lincoln und viele andere.
Alles sehr gepflegt.
Sind die Universal Studios nun ein Muß?
Immerhin ist hier Hollywood.
Wir sehen sie uns also an.
Sie wurden 1915 gegründet und 1964 der Öffentlichkeit zugänglich gemacht.
Rund 4 Millionen Besucher sind jedes Jahr dort.
(Viel später werden wir noch die MGM -Studios in Disney Land/Florida sehen, die uns viel besser gefallen sollten)
Fahrt mit offenen Bussen durchs Gelände.
Potemkin'sche Dörfer, Häuserfassaden, Filmkulissen.
Es werden in einem Studio Filmtricks vorgeführt.
Die Fahrt geht weiter durch einen See, Angriff des Weißen Hais, eine Brücke bricht stil-echt unter uns zusammen.
Es lebe die Technik.
Ende der Rundfahrt im Vergnügungspark.
Restaurants, Shops. Mehrmals am Tag Vorführungen von Stuntmen. Allerdings mit so großen Zeitabständen, dass genug Zeit bleibt, Geld auszugeben. Peng, du bist tot.
Wir verlassen diesen "Ort der Illusionen" um eine Illusion und viel Eintrittsgeld

ärmer.

Toll aber ist dann die Fahrt über den Mulholland Drive, der großartige Blicke über LA bietet.

Wir kommen an Beverly Hill mit den Supervillen vorbei.

Als wir abends zu unserem Campingplatz, außerhalb, fahren, herrscht Stop and Go.

Ich lese eine Statistik in der Zeitung, wonach es im Großraum LA 504 Meilen Highway gibt, die täglich von 1.5 Millionen Menschen in 363.000 Fahrzeugen befahren werden und die damit durchschnittlich täglich 485.000 Stunden im Verkehr vergeuden.

Der Sunset Blvd hat die Ehre, von uns befahren zu werden.

Je weiter wir uns Beverly Hill nähern, umso nobler werden die Häuser, umso teurer die Boutiquen.

Am Straßenrand kann man Pläne kaufen, in denen die Wohnhäuser der Stars eingetragen sind.

Wir können auch gut schlafen, wenn wir nicht wissen, wer hinter welcher Mauer oder Doppelhecke wohnt. Uns reichen die Rolls Royce mit Chauffeur, LKW-langen Lincolns oder Rinnstein hohen Sportwagen.

Wir biegen den Santa Monica Blvd ab zur Küste nach Venice.

Für die Jachten im Jachthafen muss eine alte Frau lange stricken.

Man zeigt was man hat.

Durch Manhattan Beach und Redondo Beach fahren wir an der Küste entlang.

Eine hübsche Strecke, kleinere Häuser, schöner Strand. Na also.

Gewaltige Parkplätze, Lifeguard-Stationen, Asphaltwege für Radfahrer Skater, Restaurants.

Am Wochenende muss hier die Hölle los sein.

Wir spazieren auf ein Pier, das ins Meer ragt und sehen uns das Ufer sozusagen vom Meer aus an.

So weit wir sehen können, Stadt.

In San Pedro besuchen wir den Port O`Call, eine alte Hafenanlage, die jetzt in der Art eines alten englischen Hafenstädtchens zurecht gemacht worden ist.

Am Hafen entlang nach Long Beach. Hochhäuser, Spiegelglas, Stahl: Geld.

Die "Queen Mary", den wunderschönen alten Steamer, sehen wir uns aber nur von außen an.

Das also war für uns Los Angeles mit dem Großraum der anderen Städte. Wie ein überdimensionaler Polyp.

Überhaupt alles überdimensioniert.

Wir sind froh, über überfüllte Highways endlich wieder raus zu kommen.

In Lythe Creek erholen wir uns zwei Tage.

Laut Karte kann man die Straße weiterfahren und dann nach 3 Meilen wieder auf den Highway <15> kommen.

Wir biegen ab.

Plötzlich hört die Straße auf.

Wir fragen.

Kurzes Stück zurück, dann links. Gesagt getan.

Es wird eine Gravelroad, die uns abenteuerlich über den Bergkamm führt. Im Lastgang quälen wir uns bergauf, bergab über die Steinbrocken.

Es darf kein Auto entgegen kommen, der Weg hat die Breite unseres Wagens. So war keine Straße in Alaska.

Auf der anderen Seite des Berges sehen wir unseren Highway, sind aber noch durch ein Flussbett und zwei Eisenbahnschienen von ihm getrennt.

Wir steigen aus, und suchen den Weg, denn Wenden wäre nicht drin.

Wir finden einen Pfad, Tunnel unter den Schienen durch, durch einen kleinen Fluss.

Endlich hat uns Mutter Erde wieder, beziehungsweise eine asphaltierte Straße.

Die <395> ist eine schnurgerade Straße durch eine trostlose Steinwüste bis wir auf die <178> in Richtung "Death Valley" abbiegen.

The second year

Ich habe einen Artikel für eine amerikanische Zeitung geschrieben: One Year in the USA.

When you think about the USA at home in Germany, you think about politics.

Beside this you may remember some movies you have seen, about Indians, riding along beautiful landscapes or cars driving on highways or between confusing skyscrapers.

And you may have heard about some National parks.

And even when I read a lot of books about the USA after I knew I would be there for a while as a journalist, nearly every day we had a new surprise, me and my wife who accompanied me.

We bought an old bread truck in Florida after we left our ship and converted it to a motor-home by our self.

We both like to work with our hands from time to time.

And we joined a Motorhome club that made it easy to find good campgrounds.

Since now we did 35.000 miles, along the Golf coast, north via the Parks in Colorado and Utah and the Rocky's to Alaska and now back south along the Pacific coast to spend winter in Mexico.

So, what had been the most impressing thing to us?

I tell you, we had been in Wyoming and loved the place.

And we learned, that this state is the same size like West-Germany, but in Wyoming are living 450.000 people, in Germany 65 Million.

You also may name other places in USA, but most impressive is the size and sometimes emptiness of your country.

You may drive hour`s without meeting another car.
One may camp alone with the nature.
Just try this in Europe.
And we envy you for your National Park System.
Don`t ask me, which park I liked most.
Each park is beautiful, unique and in its own way special.
Talking about the geysers in Yellowstone, the cliff dwellings in Mesa Verde, the glaciers in Kenai, the Buffalo and Grizzly bears, the Whales and Birds, the Joshua Trees and Redwoods and, and, and.....
Sometimes you may find a smile in my face, visiting historic places.
Well, old stone bridges are pretty common in good old Europe.
And historic household equipment what you call it here, my mother threw in the garbage not long ago.
On the other hand, maybe we now have to go to Amerika to see these things.
But USA is also its cities.
Coming to a place, let's say 10.000 people, I still can`t believe it, how much space it needs.
You drive one hour from one end to the other.
In Germany you can walk through it.
And even small streets have the size of German highways.
Take a big american motorhome or a trailer, I can name you a lot of places you could not reach.
And your big cities, I like them too.
Mostly I like the architecture of steel and glass, the reflections of the sky and other buildings in the windows.
And did you ever look upwards and notice the ornaments at the top of these houses, 60 floors above? Do it.
What I also noticed in your cities: something must be wrong with your social system.
I have only seen so many beggars in Africa.
Sorry, but if you love a country, as I do love the USA, you have to be honest.
So let's stay a little longer with criticism: Your people reached the moon, but your Bank-System is, as we say, behind the moon.
Do you know, that I can get money at once with a German cheque everywhere in Europe?
You try this with a cheque from Florida in Georgia.
And your telephone system drives me crazy.
I hate operators, interrupting my calls.
Amerika is also the people.
When you are travelling in a motorhome, you are a bit isolated, just meeting people at the campgrounds.
Therefor we also joined "Servas", an organisation to help people meet people.
And so we could spend many times with Americans, living in their homes, talking.

And I tell you something, these have been some of the best times. We really met friends.
You know, when Germans think of Americans, we sometimes think of funny dressed, naive people, that don`t know much about the world.
Well, you country itself is big enough and many things happens there.
We met people, who did not know where Germany is exactly.
Even when your men did die for us in world war.
But most people we met, were open-minded, friendly and full of hospitality.
We met farmers in Wyoming, homesteaders in Alaska, Physicians in Texas, Railroad-workers in New Mexico, Firemen in Florida, Policemen, Social workers, Teachers, and maybe you.
And we liked you and your country.   .
Be proud of it (but watch the sign, like communistic government Liquor shops)."

Mitten in der Nacht um 5.00 Uhr (in Worten: fünf Uhr) stehen wir auf, machen Kaffee und fahren los.
Wir wollen den Morgen in der Halbwüste erleben, den Sonnenaufgang, wenn langsam die Helligkeit über die Berge kommt.
Wie schön wäre es, wenn diese schönste Tageszeit des langsamen Hellwerdens, nicht so früh am Tage wäre.
Trotzdem ist es wunderschön, wenn die Kuppen der Berge langsam rot werden.
Die Straße quält sich ins Death Valley hinab.
Wir sind in der richtigen Jahreszeit hier, im Sommer kochen sicher einige Motoren der Wagen bei der Bergfahrt. Wasserstellen, um die Kühler aufzufüllen, sind angegeben.
Wir machen einen kleinen Spaziergang in den Dünen und fahren in Richtung "Scottys Castle".
Ein unschönes Geräusch am Auto lässt uns anhalten.
Der rechte innere Hinterreifen löst sich auf.
Wir kehren um, machen aber noch einen Abstecher zum Salt Creek, wo wir aussteigen.
Kaltes salziges Wasser fließt hier, Algen, kleine Seen. Im Sommer sollen sogar Fische vorhanden sein.
Zurück auf der Hauptstraße ein neues Geräusch. Der linke hintere Doppelreifen hat keinen Mantel mehr.
Wir schleichen bis zur Tankstelle in Furnace Creek, wo die Reifen abgenommen werden.
Neue hat man nicht.
Jetzt fahren wir also auf vier Rädern. Der Kerl in der Tankstelle nimmt uns doch tat-sächlich 30$ ab. Er weiß, wie weit es zur nächsten Werkstatt ist. Jetzt liegen zwei leere Felgen im Wagen.
Wir bleiben in Furnace Creek auf dem Campingplatz.
Ein ausgiebiger Gang durch die Hügel tröstet uns. Die Farben des Steins und Gerölls wechseln je nach dem Winkel der Sonneneinstrahlung.

Wir fahren den "Artist drive", eine schmale Einbahnstraße, etwas in die Berge hinein, vorbei an farbigen Gesteinsformationen.

Sehr schön. Ein lohnender Abstecher.

Danach "Devils Golf Course". Kurze Gravelroad, ganz langsam, wir haben keinen Reservereifen mehr.

Wenn der Artist drive schön war, ist des Teufels Golfplatz bizarr.

Ein weites Feld in der Ebene mit Salzkrusten, die scharfkantig, kristallin den Boden dicht, bis kniehoch bedecken.

Es ist schwer zu laufen, wir brauchen gutes Schuhwerk.

Wir sind fasziniert.

Im Sommer herrschen 60° im Schatten, nur das hier keiner ist.

Es sieht wieder aus wie kleine Festungen mit Zugbrücken, Türmen, Palästen.

Witzig, wenn wir die Größe von Ameisen hätten, könnten wir teils wieder im Bryce Canyon sein. Alles erscheint so zerbrechlich, gläsern, und es ist doch scharfkantiges, hartes Salz.

Badwater ist ein Salzsee, 85 Meter unter dem Meeresspiegel.

Wir blicken über die riesigen Salzfelder.

Nach dem Laufen sind unsere Schuhe von einer Salzschicht bedeckt

Eine wirklich menschenfeindliche Natur.

Durchschnitts Temperatur im Juli ist 116,2° F, höchste Regenmenge 0.33 Inches im Februar.

Trotzdem wurde Borax abgebaut.

Berühmt waren die Transportwagen mit 20 Maultieren vorgespannt, die das Borax zur nächsten Eisenbahnstation brachten.

Was für eine Strapaze muß das gewesen sein.

Und was eine Erholung für uns nach LA - hart, abweisend, einsam, schön, Natur pur.

301.50 $ hat uns diese Stadt zusätzlich gekostet, Las Vegas.

Der Campingplatz ist am Beginn des "Strips".

Schon beim Einchecken bekommen wir zwei Heftchen mit Gutscheinen.

Die Freidrinks lösen wie gleich im „Hacienda" ein.

Prozente bei Frühstücksbuffets oder beim Kauf von Spielcupons.

Wir sind wieder fit für eine Stadt.

Und Las Vegas hat es, alles.

"Cäsars Palace", wenn Cäsar so gelebt hat, hat er nicht schlecht gelebt (vielleicht hätte Caligulas Palace besser gepasst).

Auffahrt mit Wasserspielen und Statuen, römische Tempel, Triumphallee.

Ein Laufband direkt vom Tempel zum Allerheiligsten, dem Casino.

Was wir aus dem Fernsehen bisher kannten, verblasst als wir die Endlosreihen der Spiel-automaten sehen, die Roulette-, Black Jack-, Würfel- und Red Dog Tische.

Menschen über Menschen, die spielen und dem Glück hinter herrennen.

Wir fahren zur Innenstadt.

Gegen den Strip wirkt sie blass.
Einen Coupon verwandeln wir in einem leckeren Shrimp Cocktail und bummeln etwas, bevor uns wieder der Strip hat.
"Circus Circus", über den Spieltischen Trapezakrobatik und andere Zirkusattraktionen. Auf der Galerie ein Jahrmarkt mit Glücks- und Geschicklichkeitsspielen.
Das Kinderparadies, es gibt Plüschtiere zu gewinnen.
Jetzt wird uns aber doch merkwürdig bei diesem "Spieltrainingsplatz", Videospiele in Massen, Indiana Jones, Rambo, Autorennen oder Weltraumkrieg. Kill oder tilt.
Nach einigen anderen Casinos, weniger Atmosphäre, landen wir im "Tropicana". Hut ab, nobel, nobel.
Im Innenhof Wasserfälle und Palmen, Südseestimmung, Flamingos und Schwäne.
Über den Spieltischen eine wunderschöne gläserne Tonnendecke mit Jugendstilornamenten.
Eine Bar in gedämpftem Licht.
Der richtige Ort, um bei einem Cocktail Las Vegas nachwirken zu lassen.
Als wir wieder auf die Straße kommen, ist es dunkel.
Den Strip bei Nacht im Lichterglanz muss man gesehen haben.
Gewinnt ein Spieler an einem Automaten, rattert und klingelt es, Lämpchen rotieren, viel Lärm, damit jeder das Glück mitbekommt.
Keiner weiß, wie lange, wie viele Dollar oder Cents bereits verspielt wurden.
Trotzdem staunen wir über die Spieler, die mit vollen großen Plastikbechern herumlaufen.
Die Becher für das Kleingeld gehören zum Service.
Was wir noch nie gesehen haben, ist "Sports and Book".
Der Saal eine Mischung aus Houston Weltraumkontrollcenter und Börse.
An den Wänden Bildschirme und Fernseher mit verschiedenen Sportarten, Football, Hockey, Baseball. - Jetzt kann man auf die verschiedensten Dinge wetten.
Eine andere Wand zeigt auf gewaltigen Anzeigetafeln die Quoten und Ergebnisse. Unwirklich.
Wir genehmigen uns ein Frühstücks Büfett für 1.99 $.
Die Schlange der Hungrigen ist um 7.00 Uhr noch nicht so lang, sie zieht sich erst an einer Reihe Spielautomaten vorbei.
Das Büfett ist ausgezeichnet.
Anschließend widerstehen wir der Versuchung, uns noch einmal auf die Schnelle zu verheiraten. Wäre kein Problem in einer der Wedding Capels gewesen.
Wie man auch immer zum Spielen stehen mag, die Atmosphäre von Las Vegas ist einmalig.
Reflektionen in den Glasscheiben, Lichtreflexe, Fotomotive.
Allerdings halte ich mich zurück, die Spieler zu fotografieren, selbst wenn sie sich wohl auch durch ein Erdbeben nicht stören lassen würden.

Übrigens soll die Stadt eine der niedrigsten Verbrechensraten in den USA haben? Das Syndikat sorgt für Ruhe, sonst schadet es dem Geschäft, sagt man uns.
Bei uns ist der Reiz der Spielhallen aber schnell vorbei
Die Menschenmassen und der Ernst beim "Spiel" fangen an zu nerven.
Was bleibt, ist das Gefühl für eine einmalige Straße, Gebäude und Atmosphäre.
Leider sind Sigfried und Roy in Japan. Diese "Zauberschau" hätten wir uns gerne angesehen. Für eine der anderen Shows haben wir keinen Nerv (?).
Ach übrigens, verspielt haben wir 1.50 $, der Rest ging für zwei neue Reifen drauf.
Wir haben schon wieder einige Grenzen überquert, ohne es zu merken, wie schön.
In Lake Havasu City "bewundern" wir die original Londoner Brücke, die von dort 1971 hierher gebracht und Stein für Stein wieder aufgebaut wurde. Dazu gehört natürlich ein kleines englisches Dorf.
Die Stadt wurde erst 1963 am Ufer des Lake Havasu gegründet und hat heute schon rund 0.000 Einwohner.
Ihre Hauptanziehungspunkte für Ansiedler sind die sehr guten Freizeit Facilities am See und das gute Wetter.
Die Werbung verspricht:
350 Days a year sunshine, no worker lives more than 15 minutes away from his job, a city where the living is relaxed and carefree, labour regulations and regulatory attitudes, among the best in the nation for business.

Weihnachten droht, an unseren Fenstern hängt eine Lichterkette kleiner bunter Lämpchen. Wenn wir wollen, blinken sie.

Stachelige Angelegenheiten

Über den <62> erreichen wir Twentynine Palm.
Der Highway führt durch eine trostlose Wüstenlandschaft, einige Kakteen.
Manchmal kleine Siedlungen, wir fragen uns, wovon die Menschen leben.

Im Visitor Center des "Joshua Tree National Monument" machen wir uns sachkundig und anschließend auf, den Park zu erkunden.
Der Joshua Tree ist eine Baumagave, sieht auch so aus, Agavenblätter oben am Stamm und an den Ästen.
Der Tree bildet ganze Wälder, jedenfalls für Wüstenmaßstäbe.
Die Felsen sind rund abgeschliffen, riesige Maulwurfshügel in die Wüste

geworfen.

Am Ryan Mountain wandern wir 2,5 km, haben einen guten Blick über die Landschaft, aber dauernd keine Puste mehr.

Dabei ist es gar nicht so heiß.

Etwas Geschichte aus dem Infomaterial.

"In 1867 the Chemehuevi were driven from their Colorado River homeland by the Mohaves.

Many sought refuge at Twentynine Palms.

They began the cultivation of gardens and farming.

The Serrano accepted the new arrivals peacefully- their cultures were similar in many ways, and each group found it advantageous to adopt some of the ways of the other in their new situation."

Weiter in Richtung Süden werden die Joshua Trees weniger und machen einer weiten Ebene mit dichten Wüstenbüschen Platz.

Der Cholla Cactus Garden liegt dort.

Eine große Konzentration der verschiedensten Kaktusarten.

Ein kleiner Weg führt durch die teils mannhohen ungewöhnlichen Pflanzen.

Vor weitem sehen sie alle fast gleich aus, erst in der Nähe erkennen wir die Unterschiede, weiße, haarige, lange oder kurze Dornen.

Die Sonne spiegelt sich in den hellen Dolchen.

Hier mit einem Fallschirm landen, nein danke.

Besonders wird vor dem Cholla Kaktus gewarnt.

Bei der geringsten Berührung wird man die feinen Dornen nicht mehr los. Es ist schon beeindruckend, was sich die Pflanzen haben einfallen lassen, um in dieser feindlichen Natur zu überleben.

Szenenwechsel, der Ocotillo Patch.

Ein langastiger Strauch, hoch, dichte dolchartige Dornen an den Stämmen und Ästen.

Wenn er Feuchtigkeit bekommt, erscheinen kleine rote Blätter an den Ästen. Als wenn der Strauch brennt, sieht es aus, wenn die Sonne darauf scheint.

Wir erreichen die Cotonwood Spring Oasis. Die Quelle kommt direkt aus dem Felsen.

Früher waren es 120.000 Liter/Tag, heute nur noch 2.400.

Der Schatten unter den Mesquite Palmen lädt zur Pause.

Wir aber haben erst vor, uns die 6,4 km entfernte Lost Palms Oasis anzusehen.

Also marschieren wir los.

Vorbei an Wüstenpflanzen, durch ausgewaschene, trockene Flussbetten, Canyons.

Markiert ist der Weg wieder durch Steinhäufchen, die wir manchmal suchen müssen.

Dann endlich erreichen wir die Oase, die auf dem Grund eines tiefen, steilen

Canyons liegt.
Der Abstieg ist abenteuerlich, lohnt sich aber.
Fast 100 Bäume stehen hier an einem kleinen Tümpel.
Gewaltige Palmen, deren Stämme dick, vielschichtig umhüllt von ihren abgestorbenen Blättern sind. Es ist schon toll.

Wir rufen Dewayne in Tampa/Florida an, er möge uns eine neue Steuermarke für 1989 für unser Florida-Nummernschild besorgen.
Durch eine öde Landschaft <111> touren wir in Richtung Yuma.
Erst später auf dem <8> wird es besser.
Der Highway ist schnurgerade, Wüste, Sanddünen, gelegentlich ein blau-grüner Wasserkanal.

Arizona.
Eine Lebensmittelkontrolle:
Ob wir Obst an Bord haben?
Natürlich nicht.
 Oder?
Was sollen heutzutage noch solche Kontrollen?
Campground. Unsere Reservierung gilt erst ab morgen.
Die Frau im Büro, verbissenes, altes Gesicht - wann hat die wohl das letzte Mal gelacht – macht ein Problem daraus.
Endlich schluckt sie es aber.

Eine Wohnwagen-Messe.
Wir wollen uns diese rollenden Häuser von Innen ansehen und gehen hin.
Riesige Fahrzeuge, trotzdem wenig Stauraum, oft nur von außen zu erreichen.
Platzverschwendung, Plüschsessel, Couchen.
Kleine Badezimmer.

In einem "Ofen" fassen wir uns an den Kopf.
Schlafzimmer, dahinter rechts das Waschbecken, links die Dusche, dass Klo frei davor, dazwischen der Durchgang nach vorne.
Kleine Tische, oft extra aufzubauen.
Alles nicht durchdacht, aber preiswert (?), besser billig.
Große Wohnmobile ab 50.000 $, Wohnanhänger ab 10.000 $.
Selbst die Sattelaufleger ab 30.000 $.
Super sind nur die großen Busse, Beispiel Wanderlodge.
Erstklassig verarbeitet, kein Sperrholz. Raumnutzend trotz der Größe.
Kontrolltafeln wie im Flugzeug.
Aber, na klar, ab 300.000 $.
Zurück in unserem Auto klopfen wir uns gegenseitig auf die Schultern für unser platznutzendes "Luxusauto".

Erneutes Telefonat mit Dewayne. Die Verlängerung unserer Versicherung fehlt noch, vorher bekommt er keine Steuermarke.
Dabei haben wir in Indio bei einem Versicherungsbüro von Allstate bezahlt. Hat man es noch nicht weitergeleitet?

An einem Wohnmobil weht eine deutsche Fahne.
Wir sprechen die Besitzer an, die in der Sonne vor ihrem Wagen sitzen.
Anita und Willi aus Deutschland und seit den 50iger Jahren in den USA.
Das Wohnmobil, etwas größer als unseres, gefällt uns gut.
Auch sinnvoll eingerichtet.
Wir schwätzen, bis Anita und Babs zum Bingo ins Clubhaus gehen.
Rund 30 Camper, 3 Bingo Blätter für 2.50 $.
Anita gewann gleich zweimal, mir fehlten immer zwei Zahlen.
Acht Runden machten wir mit.
Es machte Spaß, jetzt muss ich nur Hartmut beibringen, wieviel ich verloren habe.
War aber nicht schwierig, denn die beiden Männer hatten sich in der Zwischenzeit mit Zwetschgenwasser und Bier amüsiert.
Zur Feier des Tages bekommen wir "Deutsches Schwarzbrot" und "Deutschen Käse", den die beiden dabei haben. Lecker, lecker.
Willi erzählt, dass er auch schon mal 100 Meilen fährt, um zu einem deutschen Bäcker zu kommen.
Sie wohnen in Albuquerque, New Mexico.
Sie laden uns ein.
Mal sehen, ob wir nochmal in die Richtung kommen.
Falls uns nicht ihr Foxterrier vorher zerrissen hat, klein aber frech.

Schnurgerade zieht sich der <8> und später auch der <85> durch die trockene Landschaft.
Die ersten hohen Kakteen am Straßenrand.
In Ajo sehen wir am Touristenbüro ein Schild: "Frei campen, Copper Crown Realty".
Und so stehen wir mit einigen wenigen großen RV`s an der offenen Kupfermine auf dem Gelände einer Siedlung, die abgetragen worden war. Blick in das riesige Loch der Tagebau-Mine.
Der Klowagen ist sauber, heiße Dusche, alles kostenlos.
Die Mine hatte ihre Blütezeit um 1931 und wurde 1984 geschlossen.
Damit wanderten viel Bewohner weg.
Jetzt versucht Ajo das Glück als Touristen- oder Überwinterungsstadt für Rentner.
Das Wetter zumindest würde mitspielen.

Wir wälzen Beschreibungen und Routenbeschreibungen über Mexico und planen nun neu.

Wir werden erst weiter im Osten die Grenze überqueren und sparen damit Mexico-Autosteuer und Kilometer durch den nicht sehr interessanten Norden.

Das "Organ Pipe Cactus National Monument" liegt in der Sonora Wüste an der Grenze zu Mexico und wurde 1976 als "International Biosphäre Reserve" eingestuft.

Seinen Namen hat der Park von den Organ Pipe Kakteen, die bis 7 Meter hoch werden können.

Wie Orgelpfeifen sehen sie wirklich aus.

Heute ist der 4.Advent, die Sonne strahlt.

Wir fahren den 34 km langen Ajo Mountain Drive durch die Semiwüste.

Vorbei an den bis 15 Meter hohen und mehreren Tonnen schweren Saguaro Kakteen, die mit ausladenden Armen am Straßenrand stehen "und den Verkehr regeln".

Die Löcher in den Kakteen werden von Vögeln ausgehöhlt, die sie als Nisthöhlen nutzen.

Gelegentlich sehen wir einen toten oder umgestürzten dieser Riesen.

Wenn das Kakteenfleisch weg ist, bleibt ein filigranes hölzernes Stützgerüst übrig.

So haben wir es noch nie gesehen oder uns vorgestellt.

Wer macht sich schon Gedanken darüber, woher ein so großer Kaktus seine Stabilität hat.

Dazwischen Chain Fruit Chollas, Prickly Pear Cactus, Ocotollos und natürlich die "Orgeln". Die Straße windet sich über Berge, von denen wir schöne Aussichten durch die Wüste haben.

Im Sommer erreicht die Bodentemperatur bis 175°F.

Wüste heißt aber nicht Sanddünen.

Der Park ist vulkanischen Ursprungs und steinig.

Er wirkt durch die vielen Wüstenpflanzen grün.

Im Besucherzentrum sehen wir einen Film über die Blütezeit im Park.

Es muss dann noch schöner sein. Wir erinnern uns an den Crater of the moon.

Es ist schon eigenartig, welchen Reiz und welchen Zauber eine Wüste oder Semiwüste auf den ausüben kann, der sich ein Gefühl für die Ruhe und Einsamkeit sowie die Kargheit erhalten hat.

Aber auch Hochachtung für die Natur, die in diesem Klima Leben geschaffen hat.

Rechts und links der <86> begleiten uns Kakteenwälder.

Indianerreservat.

Wovon leben bloß diese Menschen in ihren Schrotthäusern?

Dann Tucson, Prima Air Museum.

Beeindruckend, aber heruntergekommen.

Muss aber auch viel Geld kosten, die Flugzeuge in Schuss zu halten.

B 52, Fliegende Festung. Mein Gott, was ein Job, in den Geschützkanzeln zu kauern.

Oder die B 520 Stratosfortress, die neuen riesengroßen Bomber mit gewaltigen Spannweiten.

Düsenjäger, 2 Weltkriegs -Jäger, Radarflugzeuge, Transporter, die aussehen wie schwangere Flusspferde.

Was alles so fliegt.

In der Halle ein Nachbau der ersten Flugmaschine der Gebrüder Wright.

Man muss sich einfach mal klar machen, dass zwischen diesem Fluggerät und dem ersten Schritt auf den Mond nur 66 Jahre liegen!

Außerdem sehen wir uns das Präsidentenflugzeug von Johnson und Kennedy an, Douglas VC-118 A, Liftmaster.

Nicht sonderlich komfortabel. Platz für zwei Crews, einige Sicherheitsbeamte, wenig Presse. Im hinteren Teil zwei Couchen für den Präsidenten und Anhang, Arbeitstisch und Telefonanlage.

Eng ist es, würde heute kein Präsident mehr mit fliegen, heute setzt sich da kein Präsident mehr rein.

Wir fahren an Flugzeugschrottplätzen vorbei.

Irre. Braucht jemand einen Propeller?

Ein ausgeschlachteter Bomber wirkt immer noch beeindruckender als ein Autowrack.

Seitlich der Straßen hunderte oder tausende eingemotteter Flugzeuge.

Es wirkt unwirklich.

Wie lange bräuchte man wohl, um die alle in die Luft zu bekommen, wie sähe das dann von unten aus?

Der Kreis hat sich geschlossen, wir sind wieder in Vado/ New Mexico auf dem CCC-Platz.

Der Platz ist zwar eine Zumutung, aber der einzige in der Nähe.

Im Büro ein Schwarzer. Er weist uns einen belegten Platz zu.

Als wir zurückkommen, wird er unverschämt. Sollte lieber die Klos scheuern als den Platz zu "repräsentieren".

Dann ist plötzlich der Platz ausgebucht.

Wir hätten dankbar zu sein, überhaupt in einer Ecke stehen zu dürfen.

Inzwischen ist es 21.00 Uhr und der Platz immer noch fast leer.

Der Typ sollte nicht die Klos sauber machen, sondern man sollte mit ihm die Klos sauber machen. (Er hätte auch weiß oder grün sein können! Solche Leute findet man überall.)

Am nächsten Morgen müssen wir wieder nach El Paso, der Stiefel wegen, logisch.

Wir decken uns ein.

Babs meint, unabhängig von den Stiefeln, dass heute für mich ja wohl schon Weihnachten sein müsse: Ich fand vor einem Supermarkt einen Stand mit frischen, knusprigen Rostbratwürsten, serviert mit deutscher Weihnachtsmusik.

Hinter El Paso, man staune, eine Kontrolle der Grenzpolizei.
Die erste in den USA.
Wir sind nahe der mexikanischen Grenze.
Die Grenzer sind sehr freundlich. Beim Auto hinter uns sogar mit Rauschgift-
Schnüffelhunden.
Gut so.

Durch die schönen Guadalupe Mountains erreichen wir gerade noch bis 3.30 Uhr
den "Carlsbad Cavern Nat.Park".
Es ist die letzte Möglichkeit, mit dem Fahrstuhl in die 250 Meter tief gelegenen
Höhlen zu fahren.
Sie gefallen uns gut.
Wir hatten ja schon bunte Neonbeleuchtung befürchtet, aber nur weiße, dezente
Beleuchtung erwartet uns.
Später erfahren wir, dass früher tatsächlich alles bunt angestrahlt war.
Die Lampen waren aber zu warm.
Wie schön.
 Die Carlsbad Höhle ist die größte von 66 Höhlen in dem 18.916 Hektar großen
Areal.
Sie hat eine Grundfläche, die 14 Fußballplätzen entspricht, Das US Capitol
würde höhenmäßig hineinpassen.
Der größte Raum, klar" The Big Room", ist 550 Meter lang, durchschnittlich 110
m breit und maximal 80 m hoch.
Die höchste Tropfsteinsäule misst 30 Meter.
Eine 3 und eine 1 1/4 Meilen lange Tour führt auf befestigten Wegen durch das
Labyrinth, an Tropfsteinformationen, Stalagmiten und Stalagtiten, Columns,
Draperies und Flowstone Formationen vorbei.
Ein Underground Lunchroom lädt zu einer Pause, Toiletten und
Sandwichverkauf vorhanden.
In den Höhlen nahe des natürlichen Eingangs leben schätzungsweise 300.000
Fledermäuse. Laut Infomaterial verlassen bei Sonnenuntergang bis 5000 Tiere
pro Minute die Höhlenöffnung. Wie ein fliegender Teppich, lesen wir. Im
18.Jahrhundert wurde der Kot der hunderttausend Fledermäuse abgebaut und als
Dünger verkauft. In den 20 Jahren des Abbaus 100.000 Tonnen Guano.

Heute haben wir einiges an Meilen vor uns und brechen früh auf, Kilometer
fressen.
Da der Campingplatz in Rocksprings im Dezember und Januar geschlossen ist,
werden es dann doch 440 Meilen bis Bandera zu unserem alten Jogibären Park.
Happy Christmas, die Sonne scheint, unsere Post ist da, incl. zwei Päckchen mit
Christ-stollen, Weihnachtstraum-Tee und Peanut-Kugeln. Dazu gibt es zum
Abendessen süße Jam-Kartoffeln, Wildente mit Äpfeln gefüllt, für jeden eine,
Rotkohl, panischer Sekt.

Zum Nachtisch Mus von süßen Kartoffeln mit Peacuns, Äpfeln und Sauercreme. Puh.

Dann noch mal Sekt und im TV Gruselfilme.

Wie passend.

Am nächsten Tag findet im Clubhaus ein Weihnachtsbufett unser Interesse und später eine polnische Versteigerung.

Wer mitmacht, legt ein verpacktes Geschenk für 5 $ unter den Weihnachtsbaum, das eine Nummer bekommt.

Anschließend werden Nummern gezogen. Der Reihe nach holt sich der Besitzer der entsprechenden Nummer sein Geschenk unter dem Baum hervor und öffnet es.

Er kann aber auch auf seine Nummer verzichten und eines der schon geöffneten Geschenke dem Besitzer wegnehmen.

Der so "Beraubte" darf dafür eine neue Nummer ziehen und das neue Geschenk holen.

Oder auch er "raubt" ein anderes Geschenk. Einige wechseln ziemlich oft und es ist sehr lustig.

Wir haben einen Schatten.

Peter, einen Amerikaner, der gerade deutsch lernt.

Oft stellt er Fragen zur deutschen Sprache, Bedeutung oder Grammatik. Wir merken, dass man wirklich nicht darüber nachdenkt, warum man wie spricht. Es erklären, wird oft schwer, besonders bei gleichen Wörtern mit verschiedener Bedeutung.

So ein Schwachsinn, die lernen Deutsch mit Schiller oder Goethe, Prosa.

Wir bekommen das Grausen, kein Mensch redet mehr so, außer eben Peter.

Das muss man erlebt haben. Wir sehen wieder einen der Bettelprediger im Fernsehen, Robert Tilton.

In Deutschland säße der im Gefängnis oder der Irrenanstalt.

Mit Recht.

Unbegreiflich, er verkündet, wenn man 10$, 50$, 500$ oder mehr Dollar an ihn zahlt, dass man dann von Gott alles mit Zins und Zinseszins zurückbekommt, man ein neues Auto bekommt, einen neuen Job oder was man sich auch immer wünscht.

Wer nicht zahlt, bleibt in der Hand des Teufels, der ihm alles vorenthält, was ihm eigentlich an Erfolg oder Gütern zusteht.

Gott ist käuflich und Tilton sein Buchhalter.

Perfekt gemachte Show, gemietete Sendezeit, eine Stunde lang.

Der Scharlatan tobt auf der Bühne rum, jammert, jubiliert, fleht, bettelt.

Ein gutes Dutzend Helfer sitzt an den Telefonen und nimmt die Spenden, besser Bestechungsgelder an Gott, entgegen.

Gestern sahen wir eine andere Sendung, in der vom St.Jude Children Research Hospital auch um Geld gebeten wurde.

Mit 16 $ monatlich kann man krebskranken Kindern helfen. -
Was für Welten liegen zwischen beiden Sendungen und in was für einer Welt
leben wir, wenn "Fernsehprediger" Millionen scheffeln und für kranke Kinder
kein Geld da ist.
Wir erfahren, dass Tilton eine klimatisierte Hütte für seinen Hund hat.
Er machte in seiner Sendung deutlich, dass es nicht reicht, wenn nur einmal Geld
überwiesen wird.
Die Saat müsse weiterwachsen und dafür muss natürlich weiterhin gezahlt
werden, um die Zukunft zu sichern.
Wessen Zukunft?

Wir jedenfalls fahren nach Mexiko, Guatemala und Belize.

Vorher machen wir etwas Statistik über unsere Ausgaben (in$) für 1988:

Haushalt/Lebensunterhalt	*2838.-*
Benzin	*2546.-*
Camping/CCC	*1235.-*
Post	*202.-*
Restaurants	*179.-*
Foto	*499.-*
Wäsche	*31.-*
Telefon	*162.-*
Eintritt	*274.-*
Autoservice, Teile, Reperatur	*893.-*
Einrichtung, Haushaltswaren	*781.-*
Steuer, Versicherung	*743.-*
Kleidung, Schuhe	*390.-*
Bob + Oskar	*3421.-*
Motel, Automiete	*153.-*
Fähre	*95.-*
Sonstiges	*354.-*

Spanisch müßte man können.
(Mexiko, Belize, Guatemala)

In Laredo schließen wir eine Autoversicherung für Mexico ab. Wir entscheiden uns für Sunborn, Vollkasko.
Wie sagt der Versicherungsagent, in Mexico fahren viele Wagen ohne Versicherung, und deshalb hat man besser einen Vollkaskoschutz.
Für einige Dollar können wir gleich hinter dem Versicherungsgebäude für die Nacht stehen bleiben, sogar mit Strom- und Wasseranschluß.
Wir studieren das erstklassige Informationsmaterial über Mexico, das wir von Sunborn dazu bekommen haben, das Mexico Travelog.

Über die Grenze, eine andere Welt.
Verkommene Gebäude, viele Grenzer, von denen vielleicht ein Viertel arbeitet.
Zerlumpte Kinder, die einzelne Kaugummi verkaufen.
Der Zöllner, der uns irgendwann abfertigt, erklärt unser Auto bei einem Blick in die Papiere zu einem LKW.
Auch als er und ein weiterer in den Wagen sehen, bleibt es ein LKW.
Ziemlich deutliche Fragen nach einem Zeichen unserer Freundschaft in Form von harten Dollars, verstehe ich nicht.
Nicht mit mir.
Wir bekommen nur eine Aufenthaltsgenehmigung von 30 Tagen.
Wir werden sehen, ob wir dann verlängern wollen und uns in den mexikanischen Bürokratie und Formulardschungel begeben.

Direkt hinter der Grenze eine Wechselstube.
Babs sieht sie nicht, sondern nur den Mexikaner, der uns hinlotsen will.
Da sie mich für bescheuert hält und glaubt, daß ich bei ihm auf der Straße tauschen will, möchte sie weiterfahren. Na von mir aus.
Die Bank in nächsten größeren Ort hat geschlossen.
Logisch, wir haben heute Sylvester.
Wir werden übergangsweise mit Dollar zahlen.
Sollte wohl kein Problem sein.
Der Feldacker, den wir befahren, nennt sich Highway <85>.
Wer klaut hier den Straßenbelag?
Dazu verkommene Häuser, oft auf dem breiten Mittel-streifen - „Villen mit direktem Autobahnanschluß in beiden Richtungen".
Viel Industrie, Smog.
Gelegentlich ein Joshua Tree.

Monterrey, 2 Mill.Einwohner, schenken wir uns und fahren bis Saltillo zu einem Trailerpark + Motel durch.
Die Steckdosen sind offen in die unverputzen Wände eingelassen, wir können uns immerhin ankoppeln.

Im Motelzimmer Nr.24 kann man auf,s Klo gehen und die Dusche benutzen.
Das Zimmer ist leer, aber dafür dreckig.
Wir sind das einzige Auto auf dem Platz.
Zur Feier des Tages genehmigen wir uns jetzt Egg Nog, ein Getränk aus Eigelb,
daß es in den USA in Tüten zu kaufen gibt. Etwas Whisky dazu und die Welt ist
wieder in Ordnung.
Gleich ist 17.00 Uhr, also 24.00 Uhr in Deutschland -
Happy New Year. Der Sekt steht schon kalt.
Es kommt doch noch ein anderes Fahrzeug auf den Platz.
Ein großes Wohnmobil mit Anhänger, auf dem ein Nobelschlitten steht.
Schon beim ersten Tanken wurden ihm die Spannketten gestohlen, mit denen der
PKW festgezurrt war. Dabei habe er so aufgepaßt.
Wenn er an eine Tankstelle komme, rieben sich die Mex schon die Hände.
Das wäre wohl bei unserem Auto nicht der Fall, fügt er mit einem Blick auf
unser Heim hinzu.
Wie meint er das?
Die erste Flasche Sekt ist leer und nun ist es auch in Mexiko Zeit, die zweite
aufzu-machen: 24.00 Uhr.
Nochmal Happy New Year.
Es wird um uns herum gewaltig geknallt und mit Gewehren in die Luft geschossen.

Die Landschaft ist dröge. Kakteenwälder, Pampa, armselige Blech- oder
Bretterbudendörfer, ein paar Esel, Ziegen. Dreck.
Die Straße ist schlecht.
Wir brummen bis San Luis Potosi durch.
Der Campingplatz ist o.k. Wir sind und bleiben die einzigen Gäste.
Am nächsten Morgen fahren wir etwas durch die Stadt, was für Straßen,
weiterhin Dreck.
Wir testen einen Supermarkt. Wenig los. Schnaps billig, Cola, das Flaschenpfand
teurer als der Inhalt. Gemüse günstig, Käse sauteuer.

Wir nähern uns Mexico City, teils Highways mit Gebühren, aber dafür sind sie
überwiegend gut.
Wir biegen ab und hoppeln über Straßen, die noch aus der Inka-Zeit sein müssen,
zu einem Campingplatz.
Super. Gepflastert, gute Toiletten, sauber. Zwei Rotel-Busse stehen auch hier.
Einige Aquadente beruhigen Babs Nerven nach der Fahrerei wieder, bevor wir
mit den Busreisenden ins Klönen kommen.
Einer der Passagiere ist auf seiner 9. Reise. Für uns aber wären diese rollenden
Schlafsärge nichts.
Vom Reiseleiter hören wir noch Gruselgeschichten über den Verkehr in Mexico.
Auch Sunborn warnt z.B. vor Nachtfahrten:

It isn,t safe to drive at night in Mexico!...It,s downright dangerous! Foolhardy!
Three priests from Colorado were driving north of Los Mochis on Hwy 15 at
night. They topped a little knoll- and crashed into the rear of a Mexican truck
without lights parked on the highway.
A Houston man driving at night on the „Roma Road" topped a knoll and hit a
cow, und so weiter.
You`re courting disaster when you drive in Mexico at night.
Many Mexican highways don,t have white divider lines painted down the middle.
And Mexican horses, cows, and burros don,t wear taillights.
Besonders schlimm sei der Verkehr aber in Mexico City, dieser 18 Millionen-
Menschen-Stadt.
Wir sind nicht der Meinung. Wir kommen voran.
Babs ist wieder ein erstklassiger Straßenkartenleser und mich stört der Verkehr
nicht. Lagos, Teheran oder Delhi waren schlimmer. Man muß nur deutlich
fahren. In Italien wird mehr gehupt.

Unser erstes Ziel, das Anthropologische Museum, erreichen wir problemlos.
Ein wirklich tolles Gebäude, eingeweiht 1964.
Gerade zu Beginn einer Reise geben die Ausstellungsstücke einen erstklassigen
Überblick über die Geschichte der Inkas, Mayas, Tolteken oder z.B. Olmeken
und das, was einen im Land an Kulturdenkmälern erwartet.
Viele Tempelanlagen sind als Modelle nachgebaut und zwar im Originalzustand,
also bunt bemalt.
Es ist doch sehr hilfreich zu wissen, wie sie mal aussahen, als wir uns die Ruinen
später ansehen- oder am Ende einer Mexiko-Reise, das Museum sollte ein Muß
im Programm sein. -
Es sei denn, man liegt nur am Strand rum.
Anschließend der „Reforma Boulevard", Banken, Hochhäuser, Plazas mit
Heldenden-mälern.
Wo haben die nur die vielen Helden her?
Wir parken in einer Nebenstraße und wechseln Geld.
Was ein Gefühl, über 1 Million in der Tasche zu haben (Pesos).

Auf dem Rückweg aus der Stadt sehen wir in der Nordsatellitenstadt einen Markt
neben dem Highway.
Also runter, etwas gewagt über eine Brücke, mexikanischer Fahrstil.
Es gibt leckere Gurken, Tomaten und Orangen.
Von den Erdbebenschäden vor drei Jahren haben wir nicht mehr viel gesehen, ist
wohl die falsche Stadtgegend.
Dafür sehen wir vom Highway aus üble Slumgebiete. Aber das Problem ist ja
bekannt.

Es geht los mit den Ruinen.
Erster Punkt, die Teotihuacan Pyramiden rund 30 km nördlich von Mexico City.

Es ist die größte Anlage ihrer Art in Mexiko.
Die Hinfahrt ist von den Straßen her abenteuerlich.
Gullideckel fehlten mitten auf der Fahrspur.
Natürlich ungesichert. Achsbruch oder gleich ab in die Kanalisation.
Wir haben Glück und erreichen die Ruinen.
Sie sind wirklich beeindruckend von der Größe her.
Die „Straße des Todes" entlang, der Namen zeigt wohl, daß es früher ein
Highway war, und auf die „Mondpyramide.
Die Stufen sind sehr schmal und steil.
Abwärts kletterten viele Besucher rückwärts.
Von oben haben wir einen tollen Blick über die Anlagen und die Schnickschnack
verkau-fenden und Flöte blasenden Mexikaner.
Der Bau der über kleinen primitiven Zerimonialzentren errichteten Sonnen- und
Mond-pyramiden wurde 150 Jahre vor Christus begonnen.
Gut, daß wir vorher im Museum waren, denn nun können wir uns vorstellen,
wie es mal ausgesehen hatte.
Besonders von den Außen- und Innendekorationen in ihrer Farbenpracht ist nicht
mehr viel zu sehen.
Ihre Blüte hatte die Stadt ab 350 nach Christi über fast vier Jahrhunderte hinweg.
Nur ein kleiner Teil des Stadtgebietes von fast 22 qkm ist bisher archeologisch
durchforscht. Rund 100.000 Menschen sollen hier gewohnt haben.

Die alte <190> führt uns über Acatepec, dort sehen wir eine überreich verzierte
Kirche, Ornamente, Kacheln, fast wie in Portugal, nach Cholula.
Hier suchen wir den Campingplatz.
Gefragt, Bahnhof verstanden, geraten und hingefunden.
 Mexiko fängt an, uns zu gefallen.
Die Dörfer ersticken nicht mehr im Dreck. Wir lassen uns mehr Zeit, was wir uns
auch ab Mexico City vorgenommen hatten.
Cholula ist eine richtig hübsche, saubere, kleine Stadt mit vielen Kirchen.
Die Geschichte erzählt, daß nachdem Cortez 1519 Chollollan dem Erdboden
gleich gemacht hatte, 360 Kirchen, für jeden Tag des Jahres eine, gebaut wurden.
Leider finden wir die Auffahrt und auch keinen Fußweg zur ehemaligen, weit
sichtbaren Pyramide von Tepanapa.
Eigentlich jetzt nur noch ein „Berg", auf dem eine barocke Kirche steht.
Mit Seitenlängen von 400 Metern und einer Höhe von 60 Meter war diese
Pyramide damals fast so groß wie die Cheopspyramide in Ägypten.
Stattdessen landen wir am Ende eines Weges vor einer Nervenheilanstalt. (Jetzt
schon?). Wir geben auf und fahren weiter.

Bei wenig Verkehr klettern wir in Serpentinen weiter auf der <190> über einen
Paß.
Auf der anderen Seite dann fruchtbare Täler.

In der Dämmerung erreichen wir Oaxaca.

Gleich am nächsten Morgen besuchen wir das Hotel Paris.

Unser Freund Jürgen aus Hamburg, er organisiert u.a. Mexikoreisen mit seiner Agertur „Take off", müßte diese Tage laut Programm hier mit einer Gruppe absteigen.

Mit viel Radebrechen erfahren wir, daß er am Nachmittag ankommen soll.

So fahren wir zum „Monte Alban", in der Nähe der Stadt.

Schon Wahnsinn, wenn man sich überlegt, daß um 300 vor Christus eine ganze Berg-spitze abgetragen wurde, um eine Ebene für diese Tempelanlagen zu schaffen.

Was eine große Anlage, was für Arbeit, alles per Muskelkraft, Erdarbeiten, Steine schleppen.

Später erweitert, überbaut, verlassen und vergessen.

Erst 1931 entdeckte man die Anlagen wieder und begann sie auszugraben.

Wir sind gerade dabei, etwas im Auto zu trinken, da kommt ein kleiner Reisebus auf den Parkplatz, es ist Jürgens Bus.

Er ist leider selbst nicht dabei.

Wir schließen uns aber der Gruppe an und erhalten so von Kurt, dem Reiseleiter und Fahrer, eine erstklassige Führung durch Monte Alban.

Das ist schon etwas anderes, sich mit guten Erklärungen die Ruinen anzusehen.

Das Grab Nr.7 gilt als der reichste Fund in Mesoamerika mit über 500 Beigaben, die zum Teil im Museum in Oaxaca hinter Panzerglas ausgestellt sind.

Wir verabreden uns anschließend für den Abend.

Kurt empfiehlt uns für die Nacht, den Hotelparkplatz vom Senorial in den Nähe des Zocola (Zentralmarktplatz), wo er statt im Hotel Paris, mit seiner Gruppe abgestiegen ist.

Also fahren wir die Einbahnstraße zum Marktplatz entlang.

Sie ist wenig breiter als unser Auto.

Aber dann ist die Einfahrt zum Hotelparkplatz zu eng für uns.

Ich glaube es kaum.

Wir müssen weiter und landen mitten auf dem Wochenmarkt.

Hinter uns eine Autoschlange, vor uns Marktstände, enge Wege und heruntergezogene Markisen, Segeltücher, ein Gewirr von Schnüren.

Wir stecken fest und erwarten den großen Aufstand.

Ein Polizist kommt auch gleich dazu, im Geist rechnen wir unseren Pesobestand durch.

Aber wir sollen nur rückwärts fahren, er würde die Straße frei machen.

Nach einiger Zeit sehen wir ihn rund 400 m hinter uns auf der nächsten Kreuzung die ersten Autos zurückwinken.

Die anderen stoßen auch zurück, am Ende wir.

Schön langsam und nicht mitten durch die Garküchen.

Unsere Servolenkung könnte ich küssen. Zentimerterweise schummeln wir uns rückwärts durch das Gewirr.

Alles geht erstaunlich ruhig zu.

Nanu.

Auch der Polizist winkt uns nur noch freundlich zu.

Nanu, nanu.

Ich wische mir den Schweiß ab.

Wieder frei, fahren wir zum Hotel Paris zurück.

Nachdem wir etwas auf den Besitzer warten, erlaubt er uns, im Innenhof über Nacht zu bleiben. Kostenlos.

Es ist schön zentral und nicht weit vom Zocala, wohin wir jetzt bummeln und uns noch einmal die Falle ansehen, in der wir mit unserem Auto steckten.

Wir genießen den Bummel über den Markt und durch den überdachten festen Markt.

Alles was das Herz begehrt.

Siesta im Auto.

Am Abend ist auf dem Zocola noch mehr los als am Tag.

Viele Essensstände mit Lämpchen, Andenkenverkäufer.

Die Häuser beleuchtet, unter den Arkaden Restaurants.

Über den Straßen und an den Kirchen „Lampenbilder", teils blinkend: 1989 - der Weihnachtsmann - die Krippe.

Wir bummeln die M.Alcala vom Platz weg, palastähnliche Häuser, Nobelläden, Innenhöfe, Museen, bis zur Kirche Santo Domingo, 16.Jahrhundert.

Von Außen nichts besonderes, aber Innen bleibt uns die Luft weg.

Eine Pracht, die dem Vatikan ebenbürtig ist.

Die gesamte Frontseite bis zur Decke ein goldener Altar. Vergoldete, bemalte Decken, Halbreliefbilder.

Eine Seitenkapelle, ebenfalls bis zur Decke ein Marienaltar.

Gold natürlich.

Da fällt uns wirklich nichts mehr ein.

Und ich will mich jetzt auch nicht über den Reichtum der katolischen Kirche und die Armut der Gläubigen auslassen.

Zurück auf dem Hauptplatz begegnen wir den „Heiligen Drei Königen" in aufwendigen Gewändern, die über den Platz wandern.

Kurz darauf hören wir Musik.

Ein kleiner Umzug, ein Wagen mit Maria und als Engel verkleideten Kindern.

Den Tag beenden wir mit Jürgens Gruppe in einem schönen Restaurant, erste Etage über den Arkaden, mit Blick über den belebten Platz.

Am nächsten Tag laufen wir nochmal zur Kirche Santo Domingo und ich mühe mich ab, Fotos von der Pracht zu machen.

Es ist relativ dunkel und ein Weitwinkel nötig.

Auch das Hotel Präsidente bewundern wir.

Es ist toll in einem alten Palast mit Innenhöfen untergebracht, ohne die Atmosphäre zu zerstören.

Bevor wir weiterfahren, müssen wir aber natürlich nochmal auf den Markt und kaufen gut Gemüse und Obst ein.

Außerdem einen köstlichen Käse, der aussieht wie ein Hefeteigkloß und in Fäden abgezogen wird.

Wir feilschen um die Preise. Wie es sich gehört, hinterher sind beide Seiten zufrieden: Wir zahlen einen Bruchteil des anfänglichen Touristenpreises und der Verkäufer verdient immer noch gut.

Der Brotmarkt im überdachten, festen Marktgebäude ist auch super, viele kleine Essenstände, gemütlich.

Oaxaca ist eine schöne und lebendige Stadt.

Die Ruinen von Mitla wirken von außen klein und unscheinbar.

Trotzdem gehen wir rein, nachdem wir zuvor Postkarten studiert haben, die das Innere zeigen.

Mitla war eine Anlage der Zapoteken und Mixteken.

Interessant hier wie auch in Monte Alban, daß nirgends Hinweise auf Kriege existieren.

Die Gebäude sind teilweise gut restauriert.

Schöne Mauern mit geometrischen Formen, Säulen aus einem Stein gehauen, zwei Grabkammern.

Der Besuch hat sich gelohnt.

Wir fahren weiter in Richtung Tehuantepec, bergauf, bergab, eine Kurve nach der anderen.

Kakteen wechseln mit Algavenfeldern, Gestrüpp und kleinen Wäldern.

Im Dämmern erreichen wir Tehuantepec und fahren zum Hotel mit RV-Platz aus dem Reiseführer.

Die Gauner verlangen aber einen Preis, bei dem wir nicht mitspielen.

Im Travelog ist noch ein Platz hinter Santa Theresa erwähnt.

Mit Fragen, inzwischen ist es dunkel, finden wir außerhalb der Stadt den Platz.

Es scheint ihn aber nicht mehr zu geben, jedenfalls sehen wir im Dunkeln nichts. Alleine unter ein paar Bäumen zu stehen, behagt uns aber auch nicht.

Wir hoppeln über den Feldweg zurück zum nächsten Dorf und fragen an einer Hütte nochmal.

Gespräch mit Händen und Füßen, radebrechend.

Den Campingplatz gibt es also tatsächlich nicht mehr.

Aber wir können vor der Hütte stehen bleiben und bekommen sogar ein Stromkabel zum Wagen gelegt und dürfen uns aus der „Küche" Wasser zum Waschen holen.

Unser gutes Trinkwasser in den Tanks aus USA, wollen wir nicht verschwenden.

Die Hütte ist sehr primitiv, aber es steht ein gutes Auto vor der Türe.

Es ist brütend heiß, wir ändern das geplante warme Abendessen um in Käse und Tomatensalat.

Über ein Polaroidfoto unserer „Gastgeberfamilie" zum Abschied und als Dankeschön am nächsten Morgen, freuen sich diese sehr.

Die Farben des Regenbogens

Weiter geht es die <190> durch die Berge.
Dann eine Baustelle, 20 km lang.
Fast keine Kurve, in der die Straße nicht weggerutscht ist.
Umleitungen über provisorisch aufgeschüttete Wege, holperdipolter.
Danach sorgfältig asphaltiertes Wellblech.
Hilfe.

In Tuxtla ein Touristenbüro. Die Mädchen geben sich viel Mühe, haben aber so gut wie kein Informationsmaterial zur Verfügung.
Richtung San Christobal de las Casas überqueren wir einen Paß von 2400 Metern. Je höher wir kommen, um so erträglicher wird die Hitze.
Vereinzelt ziehen Nebelschwaden vor uns her.
 Die Frauen und Kinder in den Orten sind in farbenprächtige Trachten gekleidet.
Jeder Stamm hat andere Musterkombinationen.

San Christobal soll die älteste Stadt im Staat Chiapas und von Cortez Truppen gegründet worden sein.
Sie ist fast schachbrettartig angelegt.
Die Straßen und hohen Gehwege sind gepflastert.
Die Häuser meist einetagig, die Fassaden ohne Unterbrechung, mehrere Blöcke lang ohne Fenster.
Das Leben spielt in den Innenhöfen.
Es wirkt eigenartig.
Babs übertrifft sich wieder mal selbst und findet den kleinen Campingplatz etwas außerhalb der Stadt nach einigem Fragen.
„Ich bin immer wieder überrascht, wieviel ich zu verstehen scheine, wenn ich frage."
Ich denke, Babs hat einfach eine gute Phantasie.
Jedenfalls ist der kleine Campingplatz gemütlich, Wiese, ruhig, wir sind wieder mal die einzigen Gäste.
Es weht ein angenehmer Wind.
Der Indianermarkt bietet ein buntes Gewimmel, etwas dreckig.
Ich habe den Fotoapparat um den Hals hängen und fotografiere „blind" aus Bauchhöhe.

Warum soll ich die Leute verärgern.
Ausschnittsvergrößerungen kann man immer noch machen.
Später sehen wir, daß es super geklappt hat.
Wir sind uns einig, daß man keinen Ärger provozieren muß, indem man offen herumknipst.
Die Versuchung ist allerdings bei den Farben und Motiven groß, Indianerinnen, die Stoffe verkaufen, buntgekleidete, niedlich Kinder.
Wir erstehen einen Gürtel in allen Farben des Regenbogens.

Grenze. Mexiko Seite kein Problem.
Guatemala:
Wie war das doch: Je rückständiger ein Land um so mehr Bürokratie und Papierkram.
Also zuerst Immigration.
Kein Problem, 2000 Pesos. -
Dann Zoll.
Die ersten seitenlangen Papierchen für`s Auto müssen ausgefüllt werden,
Aufkleber an die Windschutzscheibe.
Noch ein Stempel in den Paß, 10.000 Pesos. -
Nächste Station die Entseuchung.
Das Auto wird von unten besprüht.
Jedenfalls eine Seite, dann geht ihnen die Chemie aus. 8900 Pesos. -
Dann die Militärkontrolle.
Die Zollpapiere werden abgeschrieben.-
 Gesundheitskontrolle.
Die Zollpapiere werden abgeschrieben, 2000 Pesos.
Polizeikontrolle.
Man schreibt die Zollpapiere ab.
Sie wollen meinen Führerschein sehen.
Ich gebe ihnen meine deutsche Pappe, die sie abschreiben.
Wahrscheinlich hätte ich ihnen auch den Impfpaß geben können.
Aber jetzt können wir endlich weiter.

Beeindruckende Dschungellandschaft, Bananenstauden, Maisfelder.
Die Straße klebt am Bergrand, eine Schlucht, eine schmale Hängebrücke.
Bewaldete Berge, Wolken hängen in den Spitzen.
Die nächste Kontrolle.
Militär.
Papiere.
Diesmal krabbelt sogar einer in unser Auto und sucht etwas.
Was?
Aber bald können wir weiter.
Immerhin sind alle Offiziellen äußerst freundlich.

Schließlich erreichen wir Huehuetenango, quälen uns durch die engen Gassen und kommen zu den Zaculeu Pyramiden. Maya.
Sie sehen tatsächlich anders aus als die Ruinen bisher.
Es sind Stufenpyramiden, die einzelnen Stufen rund 1 m hoch, obenauf ein Haus.
Um nach oben zu gelangen, sind in die großen Absätze kleinere Stufen einge-hauen.
Wir übernachten auf dem Parkplatz vor der Anlage.

Weiter durch Hügel, dann aufwärts, in die Wolken, Regen. Licht an, Sicht 20 Meter.
Eigentlich fehlt nur noch der Schnee, den wir aber zum Glück hier nicht erwarten müssen, selbst in 2900 Meter Höhe nicht.
Endlich wieder abwärts, die Sonne kommt hervor.
Wir sind in einem Getreidegebiet.
Jeder Hügel wird genutzt. Wo unserer Meinung nach nur noch Bergziegen als Zugtiere genutzt werden können, Felder, Terrassen.
Am Straßenrand Sammelstellen.
Die Indios warten mit ihrem Getreide, bis ein Dreschwagen kommt.
Wir nehmen an, daß sie an den Sammelstellen auch gleich ihr Getreide verkaufen. Abzweigung nach Soloa. Hoppelstraße.
Der Blick öffnet sich zum Atitlan-See. Super.
Extrem steil windet sich die Straße bergab nach Panajachel am See.
Lastgang, 3 km/h. Wunderschön für uns.
Fürs Auto?

Panajachel ist dann voll touristisch erschlossen.
Es wird gerade ein Hochhaushotel gebaut. Sollte man in die Luft jagen, bevor es fertig ist.
Viele Indios, die ihre Webereien und Stickereien verkaufen.
Eine Farborgie.

Der RV-Platz existiert nicht mehr.
Wir finden am Ende der Straße am See einen Platz, an dem schon mehrere Wohnmobile stehen.
Wir stellen uns dazu.
Am Abend sitzen wir alle zusammen und klönen.
Es ist schön, mal wieder mit anderen Reisenden zu sprechen. Diesmal sind wir das komfortabelste Auto. Ein Schulbus, zwei VW-Busse, ein GM.
Wir bummeln durch den Ort und trinken ein paar kalte Bier.
Zurück am Wagen kaufen wir ein paar herrlich bunt bestickte Taschen.
Kinder kommen dauernd zu unseren Autos und bieten ihre Waren an. Außerdem bringen sie Früchte.
Wir kaufen zwei Avokados und eine Anone. Diese Frucht ist uns unbekannt, sie schmeckt.....wonach? Eben ein eigener Geschmack.

Am Abend ziehen wir mit Dii und Rev. los. Amerikaner, er ist 57, sie 27 Jahre alt. Wie erzählte Rev: Als er das erstemal ihrem Vater begegnete, wollte ihn dieser erschießen. Inzwischen sind sie gute Freunde. Sind ja auch gleich alt.
Wir suchen ein „einheimisches" Restaurant, was sich als schwierig entpuppt.
Aber für Pizza oder Spaghetti sind wir nicht hier.
Nach einer langen Wanderung durch den Ort finden wir endlich, was wir suchen.
Plastikdecken auf den Tischen, frischer Fisch aus dem See, mit viel Knoblauch.
Wir klönen super mit den beiden.
Auf dem Heimweg genehmigen wir uns an einem Straßenstand noch kleine knackige Tortillas.
Zurück an den Wagen gibt es Cola-Rum.
Hartmut hat die Mischung gemacht, und das war dann auch mein Untergang.
In der frischen Luft hatte ich noch nichts gemerkt, aber im Auto wurde ich dann ganz krank.
Nachdem alles wieder draußen war, schlief ich wie ein Baby.
Hartmut war ganz lieb und versorgte mich vorher mit Tee und Salzkräckern.
Warum steht er noch gerade?

Ein fauler Tag am See.
Wir packen den Generator aus und laden die Batterien. Immerhin stehen wir schon etwas.
Versorgt werden wir wieder mit Früchten und Souvenirs. Inzwischen tauschen wir dann Mardi- Gras- Ketten gegen Kleinigkeiten. Handeln wie im Türkenbasar, herrlich.
Der Preis einer Sache ist das, was es dem anderen wert ist.
Nur bei einem Tausch kommt ein Junge nach einiger Zeit zurück, Plastikketten gegen ein Hemd. Seine Mutter ist ausgeflippt. Bevor er verhauen wird, machen wir den Tausch rückgängig.
Handeln ist gut, um Spanisch zu lernen, merken wir.
Später kommt ein VW-Bus aus Mühlheim/Deutschland, fährt aber an unserem Lager vorbei, ignoriert alle Wagen und stellt sich alleine weit weg hin.
Als sie zur Stadt an uns vorbeilaufen, grüßen sie noch nicht einmal.
Dabei steht Allemania an unserem Haus.
Wir sind alle irritiert und beschließen, heute Abend zu duschen.
Na ja, die Touristen.
Panajachel ist das Feriengebiet von Guatemala.
Wir werden sauer, wenn wir blonde Mädchen nur mit einem Minimalfummel bekleidet, mehr unbekleidet, rumlaufen sehen, kaum der Arsch ist bedeckt.
Nicht besser die Freaks, dreckiger als die Straßenhunde.
Machen einen auf billig reisen.
Meist aber heißt das, sich auf Kosten der Einheimischen durchzuschmarotzen.
Werde ich alt? Oder konservativ?
Jedenfalls sind mir die meisten Indios lieber.

Die Leute in unserem Autolager gehören jedoch nicht zu dieser Kategorie.

Ein Höhepunkt in dieser Gegend ist der Indianermarkt in Chichicastenango, zweimal die Woche.
Wir kriechen mit unserem Truck wieder die steile Straße hinan und dann über schlechte Aspaltstraßen, nochmal wild in ein Tal und an der anderen Seite wieder hoch und wir sind da.
Der Markt liegt auf dem Stadtplatz, je eine Kirche an den Stirnseiten.
In einer der Kirchen ist gerade ein Gottesdienst zu Ende.
Eine abenteuerliche Mischung aus katholischer Messe und Götzendienst.
Marienbilder und Götteropfer.
Die Priester mit silbergeschmückten Stangen kommen aus der Kirche, dem Maisgott werden kleine Brandopfer dargebracht.
Auf der Kirchentreppe Blumenverkäuferinnen.
Was ein Bild, diese vielen bunt gekleideten Frauen und Kinder inmitten der bunten Blumen.
Viele Stände mit Folkloreartikeln, viele Touristen. Masken, Webstoffe, Blumen, Taschen, Farben über Farben.
Daneben Essensstände und alles, was ein Indio für seinen Haushalt braucht. Menschenmassen.
Babs kauft sich in einem Laden eine wunderschöne, bestickte Jacke.
Wir treffen im Gewimmel vier aus unserem Autolager und gehen zusammen ein paar Bier trinken. Das Lokal ist in einem sehr schönen Innenhof mit vielen Blumen gelegen. Anschließend bummeln wir noch einmal über den Markt und sehen den Indiofrauen zu, die ihre Lasten in bunten Tüchern auf dem Kopf tragen, gelegentlich auch noch mit einem Baby auf dem Rücken.
Für uns ist der Markt nicht nur ein Höhepunkt Guatemalas, sondern ein Glanzpunkt der Reise.
Angenehm ist auch, daß die Indios wegen der Touristen ans Fotografieren gewöhnt sind, sofern man es nicht aufdringlich macht.

Voll farbiger Eindrücke vom Markt nehmen wir wieder die Straße unter die Reifen.
Am Nachmittag erreichen wir Antigua, die frühere Hauptstadt Guatemalas, 1773 von einem Erdbeben zerstört.
Einige der kaputten Gebäude wurden nicht wieder aufgebaut, sondern als Sehenswürdigkeit erhalten.
1965 wurde Antigua zum „Denkmal Amerikas" erklärt und unter Schutz gestellt.
Also sehen auch wir uns einige der brüchigen Reste der Kirchen und Häuser an.
Halt kaputt, erinnert mich an den ehemaligen Ostteil Berlins.
Allerdings sind die Straßen noch schlechter, das Kopfsteinpflaster muß auch schon das Erdbeben erlebt haben.

Wir fahren auf einen Hügel am Stadtrand, von wo wir einen schönen Überblick haben.
Außerdem soll es ein inoffizieller Standplatz für Wohnmobile sein.
Später erscheinen auch Dii und seine Süße dort. Sie wollen in Antigua für fünf Tage einen spanischen Sprachkurs mitmachen.
Wir essen unser Abendbrot zusammen, in der Stadt gehen langsam die Lichter an.
Die beiden fahren dann wieder in die Stadt, sie sind von der Schule privat einquartiert worden.
Alleine auf dem Berg ist es uns aber zu unsicher und so parken wir am Straßenrand in Zentrumsnähe.
Bei der Suche nach einem Gutenachtbier treffen wir beide schon wieder.
Sie haben immer noch den Israeli am Hals, der am Attilan See in unserer Nähe zeltete.
Er ließ sein Zelt alleine und wunderte sich, daß es anschließend leer war.
Seitdem klebt er an den beiden und sie sind froh, daß er jetzt wohl alleine weiter muß.

Als das Leben am Morgen um unser Auto herum beginnt, frühstücken wir gemütlich mit Bananenkuchen und laufen zur Kirche San Francisco, die teilrestauriert ist.
Interessant in der Kirche ist eine Dankeswand für Hermano Petro, einen Heiligen, der Kranke heilte. Am Schrein knien viele Leute und beten um Wunder.
Die Wand ist übersät mit Danksagungen, Bildern, gestickt oder gemalt, überflüssig gewordenen Krücken.
Der Glaube versetzt Berge.
Eigentlich wollen wir Guatemala City umfahren, aber die Ausschilderung ist so miserabel, daß wir doch durch die Stadt kommen.
Immerhin finden wir relativ schnell wieder heraus und fahren auf der <CA9> weiter in Richtung Westen.
Busch- und Steppenlandschaft, die ersten 100 km gute Asphaltstraße, die dann immer schlechter wird.
Auch die Landschaft ändert sich, Bananenstauden, Kokospalmen, Urwald.
Die Wolken hängen tief in den Bergen und bald fängt es an zu regnen.
Wir sehen, daß es schon lange geregnet haben muß, die Wiesen und Gräben sind überflutet.
Mit 20 km/h tuckern wir über die holprige Straße, durch Schlammstrecken.

Bisher ist der Kelch an uns vorbei gegangen, nämlich die Desinfektionsstellen der Gesundheitsbehörde.
Aber wieder einmal werden wir jetzt an einer Straßensperre angehalten.
Ein „Beamter" steht schon mit der motorgetriebenen Gasmaschine bereit.

Wir haben schon öfter gesehen, wie die Fahrzeuge, auch Personenbusse, mit dem stinkenden, giftigen Gas ausgenebelt wurden.

Wir haben kein Bedürfnis danach.

Obwohl wir wissen, worum es geht, verstehen wir nur noch Bahnhof und lassen keinen in unser Auto.

Unsere Freunde wurden früher auch schon ausgegast. Ihre Spanischkenntnisse halfen nichts.

Aber wenn man es mit zwei bekloppten Allemanes zu tun hat, die weder Englisch noch Spanisch sprechen und die Tür nur einen Handbreit offen haben, und keinen reinlassen wollen, geschweige die Gasmaschine; was macht ein pflichtbewußter, verzweifelter Guatemalese?

Er wird böse und droht mit Fahrzeugbeschlagnahme.

Wir verstehen immer noch kein Wort.

Aber als nette Leute laden wir ihn, natürlich ohne Gasmaschine, zu einer Autobesichtigung ein.

Er wahrt sein Gesicht, denn er hat eine Inspektion vorgenommen und festgestellt, daß eine Vergasung nicht nötig ist, und wir dürfen so weiterfahren.

Puh, das war knapp.

Wir biegen ab und suchen einen angekündigten Nachtplatz.

Die Straße wird besser.

Kurz vor der Brücke über den Lago de Izabel ist das Centro Tourismo Marinmonte. Hübsche Anlage, bewaffnete Bewachung. Wir bleiben.

Es ist feucht-heiß und wir dampfen.

Wir sind jetzt auf dem Weg nach Tikal.

Ein weiter Weg über eine Piste, die dem Alaskahighway alle Ehre gemacht hätte.

Höchstgeschwindigkeit oft nur 10 km/h. Schlamm, Schotter, Felsen.

Trotzdem herrscht relativ viel Verkehr für solch einen Acker, aber es ist ja die einzige Verbindung.

Super Gegend. Dschungel, Hütten, davor an einer Leine ein Schwein oder ein Pferd, viele Kinder (nicht an der Leine).

Es gefällt uns sehr gut und aufgrund unserer Geschwindigkeit sehen wir auch viel und genießen die Landschaft.

Die Kinder und auch die Erwachsenen sind sehr zurückhaltend und sehen uns nur an.

Erst wenn wir winken, winken sie zurück.

LKW,s knüppeln an uns vorbei, voll ins Schlagloch, der Aufbau verzieht sich und schwankt wie bei Windstärke 12+.

Kleine Pickups, ich denke ohne Radaufhängung oder Federung, alle Räder zeigen in eine andere Richtung, ziehen ohne Rücksicht auf Verluste an uns vorbei.

Wahrscheinlich sieht jeder Neuwagen nach einer zweimaligen Fahrt auf dieser Strecke so aus.

Inzwischen kaum noch Schlamm, bergig, die Steinflächen auf der Straße glänzen noch vor Feuchtigkeit.

Steigungen: An einer hängen wir fest.
Unsere Räder drehen auf den Felstreppen durch.
Wir rutschen rückwärts.
Der Wagen ist nicht zu lenken, hinter uns ein Abgrund.
Ich lege den Rückwärtsgang Richtung Abgrund ein, um unser Auto wieder unter Kontrolle zu bekommen. Es klappt.
Babs ist totenblaß und ihr zittern die Knie.
Ich habe keine Zeit dazu.
Wir erreichen wieder den Fuß der Steigung und überlegen unser weiteres Vorgehen.
Von oben kommt uns ein Tankzug entgegen und hält hinter uns, ob wir Hilfe bräuchten.
Inzwischen orgelt ein großer LKW heran.
Er kennt den Berg, denn er knüppelt mit kreischendem Motor, 1.Gang?, hinauf, schlittert, mehr Gas und rüber.
Der Tankerfahrer erklärt uns dann, daß dies der einzige Weg sei, um die Steigung bei Nässe zu schaffen.
Immer schön recht am Hang bleiben, sonst landet man im Abgrund.
Ach ne.
Na dann mal los.
Ich leide mit unserer Maschine, als ich sie den Berg hochjage.
Wir haben zuviel Schwung, als daß die Räder durchdrehen, sofern alle vier auf dem Boden sind.
Aber wir schaffen es.
Auch unsere Inneneinrichtung überlebt.
Oben machen wir Pause.
Was passiert eigentlich, wenn von oben ein Laster über die Kuppe kommt und ihm von unten ein anderer entgegenrast?
Danach beäugen wir jede Steigung mißtrauisch, aber wir kommen ohne weitere Probleme durch.

Kurz vor Poptum finden wir „Finca Ixobel".
Laut Reiseführer eine Hühnerfarm, die einem Amerikaner gehört, mit Camping-platz.
Etwas feucht alles - was zur Zeit nicht - aber hübsch gemacht.
Hütten für Tramper, Eimerduschen. Es stehen noch fünf andere kleinere Wagen hier aber einiges an Trampern in Zelten oder den Hütten.
Da die Sonne nur sporadisch vorschaut, bleiben wir länger.
Im Haupthaus kann man fast alles kaufen und essen. Man trägt alles selbst in ein großes Buch ein, und bezahlt wird, wenn man weiterreist.
Wir müssen 10 Eier und einige Bier eintragen.
Am Abend ist gemeinsames Essen.
Da sich aber schon 30 Personen angemeldet haben, kochen wir lieber selbst im Auto.

Wir plaudern mit ein paar der Gäste.

Einige sind nach Nicaragua unterwegs, wo sie in einer Brigade arbeiten wollen, ohne Bezahlung, für Tortillas und Bohnen. Solidarität nennen sie es, wir nennen es dumm.

Jedem seine Meinung.

Diejenigen, die auch hier sind und auf dem Weg aus Nicaragua zurück, tendieren inzwischen mehr zu unserer Meinung. Warum wohl?

Die Idealisten wollen aber nichts Genaues wissen, es sei halt nur das Versagen der Rückkehrer.

Jeder soll auf seine eigene Schnauze fallen.

Uns imponiert viel mehr das Vertrauen und das „offene" Haus des Farmers.

Auch wenn er schon schlechte Erfahrungen gemacht hat mit Leuten, die ohne Bezahlen ver-schwanden, so läßt er sich seinen Optimismus und seinen Glauben an die Menschen nicht kaputt machen.

Außerdem ist es auch für ihn eine Möglichkeit, hier am Ende der Welt, „Besuch" zu bekommen und Kontakt zum Rest der Welt zu halten.

Und er verdient etwas dazu.

Noch 95 km bis Flores. Zwei Tage?

Die Strecke ist anfangs wieder wunderschön, dann wird der Dschungel lichter, gerodet, Viehwirtschaft.

Die Landschaft wird flacher, die Straße breiter.

Vorher klebte sie oft gerade autobreit am Hang.

Teils ist die Steinstraße sogar „ausgebaut".

Wir bleiben langsam, die Busse und LKW`s fahren Rennen.

Trotzdem erreichen wir schon am Nachmittag den Gringo Perdido Campplatz, sehr schön, direkt am See.

Was uns auffällt, daß viele der Kinder blond mit Sommersprossen sind, europäisch.

Keine Indios, keine bunten Trachten.

Man ist sich nicht ganz einig, wann Tikal wiederentdeckt wurde.

Oberst Mendez erreichte es 1849, aber man vermutet aus Aufzeichnungen auch, daß ein Pater bereits 1695 dort war. Danach wurde es wieder vergessen.

Erst 1950 begann nach jahrelangen Vorbereitungen die Freilegung durch amerikanische Archäologen mit Unterstützung durch die Regierung von Guatemala.

Die ausgegrabenen Ruinen erstrecken sich über eine Fläche von rund 16 qkm, auf der 3000 Gebäude sind, vermutet wird eine 65 qkm große Gesamtfläche.

Damit ist es die größte wiederentdeckte Maya-Stadt.

Laut Reiseführer eine der großartigsten archäologischen Stätten in Amerika, der Meinung können wir uns nur anschließen.

Die ersten Bauten sind aus der Zeit um 600 bis 200 vor Christi, was wir aber heute sehen, stammt aus der klassischen Periode um 250 bis 900 n.Ch.

Die Stadt wurde, wie man vermutet, um die Jahrtausendwende
aufgegeben, aber immer lebten Menschen in der Nähe und zwischen den Ruinen.
Doch der Urwald überwucherte diese, ehemalige
Pyramiden wurden zu zugewachsenen Hügeln, mitten im Dschungel.
Die freigelegten Pyramiden wirken jetzt wie Hochhäuser, deren Spitzen über die
Baum-riesenwipfel hervor-schauen, immerhin bis zu 70 Meter hoch.
Es sieht unwirklich aus, als wir sie von einer der Pyramiden aus im ewig weiten
grünen Meer des Dschungels rausragen sehen - steile Treppen hinauf, ein Blick
über ein grünes Meer.
Eine Herde kleiner Tiere, affenartig, langer Schwanz, lange spitze Schnauze,
dunkel-brauner Pelz.
In der Ferne röhrt ein Brüllaffe, es klingt wie ein Jaguar. Vogelgeschrei, die
Stimmen des Dschungels.
Wir klettern über Leitern und rutschige Wege auf die Pyramide Nr.IV und
genießen die Aussicht, als uns ein Regenschauer erwischt und wir uns unter-
stellen müssen.
Anschließend zu den anderen Tempeln und dem Grand Plaza. Toll, toll.
Viele Wege sind für die Besucher freigemacht, wir können bequem durch diese
Anlage bummeln.
Aber wir nutzen auch die kleineren Pfade und sehen die noch nicht freigelegten
Tempel, Lianen und Pflanzen wuchern durch die Steine.
Wir können uns gut die Sisyphusarbeit vorstellen, die noch zu tun ist.
Und es ist eine wichtige Erfahrung für uns zu sehen, wie die Natur wieder über
von Menschen Geschaffenes gewinnt, sich ihr Terrain zurückerobert, über „ewig-
bestehendes", wie die Mayas auch mal dachten.

Schon mal von „Belize" gehört?

Wir fahren die „Hauptstraße der Touristen nach Tikal" weiter, nämlich in
Richtung Belize.
Aber auch die Straße ist zur Zeit eine Schlammpiste, wenigstens keine
Steigungen.
Grenze Belize, endlich spricht man wieder Englisch.
Entgegen aller Unkenrufe kein Problem, Visa sieben Tage incl. Autover-
sicherung.

Gleich hinter der Grenze ändert sich der Baustil der Häuser, sie stehen auf
Stelzen, keine Strohhütten mehr. Viele schwarzhäutige Menschen. Die Häuser
sind oft bunt bemalt, unter den Häusern flattert die Wäsche.

Wir sehen eine Lodge am Straßenrand, bei der einige Wohnmobile stehen.
Hüttenanlage am Fluß.
Wir parken ein.
Der Besitzer, Tom, ein Amerikaner, war Architekt in New York.
Er hat seine Familie, Frau und Kinder, dort gelassen und lebt seit 10 Jahren hier.
Vor sieben Jahren begann er, das „Tropical Dschungle Paradies" aufzubauen.
Er lebt jetzt hier, primitiv in einer Hütte mit Blick auf den Fluß und den
Dschungel, und ist glücklich, liegt in der Hängematte, raucht, trinkt und hat
seinen Spaß mit den schwarzen Mädchen.
Ich erinnere mich an Afrika, wo ich an den unmöglichsten und abgelegensten
Orten Weiße traf, die die Nase von unserer „Kultur" voll hatten und jetzt einfach,
aber glücklicher leben.

Ein Bilderbuchtag.
Die Sonne scheint, wir klönen mit den anderen Campern, waschen Wäsche.
Abends kommen andere Ausländer auf ein oder mehrere Bier und Drinks, liegen
in den Hängematten an der Bar oder essen, was die Küche heute bietet.
Wir lernen Jonny kennen, einen Mechaniker.
Gut so, denn unser Auto macht unschöne Geräusche beim Fahren.
Antriebswelle?
Wir verabreden uns für morgen, er will uns abholen und zu seiner Werkstatt
bringen, heute ist Besaufen angesagt und - sie sieht ganz nett aus.

Am nächsten Morgen folgen wir seinem Wagen die acht Kilometer nach
„Spanish Lookout".
Wir erreichen eine andere Welt.
1400 Einwohner leben auf diesem Gebiet von 7 x 3 Meilen, das im Besitz der
Gemeinschaft ist. Das Land darf nur an Angehörige ihrer Gruppe weiterverkauft
werden.
Wir erreichen durch landwirtschaftlich genutztes Gebiet sein Haus und seine
Werkstatt.
Seine Frau ist 36 Jahre alt, sieht aber viel älter aus. Na ja, 7 Kinder, davon zwei
Mädchen.
Als wir die Kinder auf den Straßen und bei Jonny sehen, kommen wir uns wie in
Holland vor, blond, Sommersprossen, Zöpfe, Häubchen und helle Kleider.
Die älteste Tochter mit 13 Jahren wirkt voll erwachsen, hat die Schule
abgeschlossen und wartet auf einen Mann zum Heiraten.
Eine Ausbildung hält sie für unnötig.
Sie will im Dorf bleiben und Kinder bekommen.
Die Lebensumstände sind einfach.
Das Haus ist spärlich möbliert, ein Herd, Eisschrank, ein großer Eßtisch.
Fensterscheiben gibt es nicht, Fliegengitter, innen dicke Plastikfolie.
Man spricht eine Art Plattdeutsch, wir verstehen nicht viel. Aber man kann ja
auch Englisch.

Jonny‚s Frau erzählt uns, daß ihre Urgroßeltern aus Rußland kamen.
Sie selbst ist in Mexiko geboren und dann nach Belize gekommen.
Wir frühstücken mit ihr und einigen Kindern zusammen.
Anschließend sehen Jonny und ich uns unser Auto an.
Der Vorplatz am Haus, gleichzeitig die Werkstatt, ist matschig, aber Jonny legt
Pappe unter und rutscht unter den Wagen.
Als wir das Problem sehen, fahren wir erstmal Rum kaufen.
Nicht ganz einfach, denn der Laden hier führt aus religiösen Gründen keinen
Alkohol, keine Zigaretten.
Aber Jonny kennt eine kleine Wellblechhütte auf einer Farm, sie gehört einem
Schwarzen, wo wir fündig werden.
Zurück zum Auto.
Jonny verschwindet im Matsch und nimmt die Antriebswelle heraus.
An einem Kreuzgelenk existiert kein Kugellager mehr. Außerdem sind die
Bremsen fällig.
Aber wir bekommen die Steckachse links erst mit Gewalt heraus. Sie ist rundge-
schliffen.
Also stimmt was am Differenzial nicht.
Als wir es rausnehmen, fallen uns die Teile entgegen.
Das hätte mir in der Pampa, weit weg von jeder Ortschaft gerade gefehlt.
Die Bremsbeläge sind pergamentdünn.
Woher bekommt man aber hier Ersatzteile? Chevy, eine Tonne.
Keine Chance?
Wir klappern ganz Spanish Lookout mit seinem Wagen ab, alle Werkstätten, die
alle ziemlich chaotisch aussehen.
Ein deutscher Mechaniker würde tot umfallen.
Immerhin erfahren wir, daß bei Barton Creek ein Chevy-Wrack liegen solle,
eventuell unsere Größe.
Auf der anderen Seite der Hauptstraße, Amish People Gebiet.
Die Anwohner wollen die Achse für einen Pferdewagen nutzen. Dann brauchen
sie ja kein Differenzial. Moderne Dinge sind sowieso vom Teufel.
Man kennt sich, aber hält von beiden Seiten her freundlichen Abstand.
Was sie verbindet, ist die Tatsache, daß beide Gruppen sozusagen im „fremden
Territorium" nur geduldet werden.
Wir also hin.
Über einen Matschweg, fünf Meilen, erreichen wir den Schrottwagen.
Bei den Wegen ist mir klar, warum die lieber Pferdewagen haben.
Auch wir lassen Jonny‚s Auto stehen und laufen zur nächsten Farm.
Wir dürfen das Teil ausbauen, wenn es passen sollte, werden wir über den Preis
reden.
Jonny gräbt sich unter den in der Mitte durchgebrochenen Chevy und baut die
Teile aus.
Hurra, Hurra, sie müßten passen.

Wenn das kein Glück ist, tausende von Meilen von jedem Chevy-Ersatzteillager entfernt finden wir die Teile.

Sonst hätten wir sie wohl einfliegen lassen müssen.

Beim anschließenden Feilschen ist der Amish-Bauer hart wie Kruppstahl.

Er hat die besseren Karten, ich akzeptiere zu einem Preis, der für hiesige Verhältnisse hoch ist, aber für uns immer noch billig.

Die Bremsbeläge, die wir in einer Spanish Lookout- Werkstatt gelassen haben, zum Belegen, sollen morgen auch fertig sein.

Dabei werden aber keine passenden Belege aufgenietet, sondern sie werden zurecht-geschnitten.

Sagte ich schon, daß jeder deutsche Mechaniker tot umfallen würde?

Kurz vor dem Dunkelwerden sind wir wieder bei Jonny zuhause.

Wir wohnen in unserem Wohnmobil, sind aber für alle Mahlzeiten eingeladen.

Wir fühlen uns recht wohl und es macht Spaß, an einer Großfamilie teilzunehmen.

Babs war den Tag mit Susanne, Jonny,s Frau, unterwegs, einkaufen.

Wir kommen in den Laden, ziehen eine Nummer und werden dann aufgerufen.

Es gibt fast alles, von Lebensmitteln über Waschpulver bis zu Kleidung und Stoffen.

Ich bekomme als Andenken eine kleine Dose mit Muscheln auf dem Deckel geschenkt.

Wie nett.

Später fahre ich mit der großen Tochter nochmal durch die Gegend.

Sie fährt seit ihrem 9.Lebensjahr, und es ist ein komisches Gefühl von einem „Kind" gefahren zu werden.

Am nächsten Tag, während Hartmut und Jonny im Dreck unter dem Auto liegen, und hoffen, heute alles zusammenzubauen, werde ich mit weiteren Mitgliedern der Familie bekannt gemacht.

Es ist eigenartig durch Orte zu fahren, und dann heißt es: hier wohnt eine Schwester, dort ein Onkel, da ein Vetter.

Wir unterhalten uns mit den Leuten teils in Hochdeutsch, das etwas mühsam gesprochen wird, teils in Englisch.

Am Nachmittag besuchen wir die Schwester von Susanne, 39 Jahre alt, 10 Kinder. Sie wünscht sich noch männliche Zwillinge.

Wir unterhalten uns in der gemütlichen Küche und fahren anschließend alle zum Adrian Lake.

Einem sogenannten Erholungsgebiet mit mehreren kleinen Seen.

Zum Abendessen bei Jonny zuhause gibt es Maultaschen mit Cottage Cheese gefüllt:

Füllung aus Cottage Cheese, Eigelb und Pfeffer.

Teig aus drei doppelten Handvoll Mehl, 7 Eiweiß, einer Tasse Milch.

Teig dünn ausrollen und füllen und zusammenfalten.

 In schwach kochenden Wasser 7 bis 9 Minuten kochen.

Anschließend kann man sie noch braten.
Dazu eine weiße Soße aus Schmalz oder Margarine, Mehl, Milch und Gemüse.
Es schmeckt uns allen sehr gut.

Wir erledigen also die Schlammschlacht und bauen alles zusammen und machen eine Probefahrt.
Soweit wir es auf der schlechten Straße feststellen können, scheint alles o.k. zu sein. Sowohl Bremsen als auch die Antriebswellen und das Differenzial. (?).
Auf der Probefahrt kommt uns ein Haus entgegen.
Auf Rädern, von einem Traktor gezogen.
Jonny erzählt, daß die Besitzer am Sonntag heiraten und nun das Haus auf ein eigenes Stück Land gebracht wird.

Nochmal zu dem Völkchen von Spanish Lookout.
Vor 31 Jahren kam das ganze Dorf aus Mexiko, Nähe El Paso, nach Belize, nachdem sie zuvor, vor rund 60 Jahren, in Mexiko aus Kanada eingewandert waren.
Die Regierung hatte die Privatschulen geschlossen.
Da es eine religiöse Gruppe ist, die ihre Kinder nur auf eigenen Schulen unter-richten läßt, zogen sie alle weiter.
Das gleiche passierte ihnen in Mexiko.
Also zogen sie weiter.
Als Belize auch die Schulen schließen wollte, drohten sie, wieder weiter zu ziehen.
Aber Belize ist auf sie angewiesen, denn sie sind fleißig und die überwiegende Produk-tion des Landes an Geflügel liegt bei ihnen.
Es gibt in Spanish Lookout 13 kleine Schulen, 6 bis 12 Jahre in einem Raum.
Es sind Babtisten, die verheirateten Frauen tragen kleine schwarze Tücher hinten auf dem Kopf über den hochgesteckten Haaren.
In Kanada existiert noch eine Gruppe von ihnen und sie haben engen Kontakt.
Auch Jonny,s Tochter hat einen Brieffreund dort, den sie bald heiraten will.
Unterhaltung gibt es außer einer Volleyballgruppe keine.
Wofür, es bleibt neben der Arbeit eh nicht viel Zeit.
Wir mögen dieses Völkchen, denn sie sind nicht fanatisch wie die Amish, die Barton Creek Leute genannt werden.
Wir fühlen uns wohl.
Als sie hier ankamen, war alles nur Dschungel und sie haben fruchtbares Farmland daraus gemacht, mißtrauisch und neidisch von den Schwarzen beäugt.
Spaßig sind unsere Unterhaltungen in „Deutsch".
Dabei schreiben sie Hochdeutsch, sprechen es aber völlig anders aus.
Deshalb schreiben wir einfach Worte auf, die wir nicht verstehen.
Schon geht es.
In der Schule lernen sie „Deutsch" und Englisch.

Die Regierung macht es ihnen aber immer schwerer, Deutsch zu unterrichten.

Wir wollen am Morgen weiter, aber Jonny ist nicht da und Susanne mit zwei der Jungs beim Arzt.
Also fahren wir erstmal wieder zu Tom,s Place, wo wir auch Jonny treffen, der wie Tom in einer Hängematte liegend, die Sonnenwanderung verfolgt.
Später leihen wir uns seinen Wagen und fahren nochmal zu Jonny,s Haus und verabschieden uns noch vom Rest der Familie, die sich alle sehr freuen.

Wieder bei Tom, treffen wir einen Deutschen, er kommt mir irgendwie bekannt vor (?), und wir plaudern.
Er organisiert Belize-Reisen.
Nach einiger Zeit, wir haben uns beide herangetastet, wird klar, woher wir uns kennen. Er war bei der Hamburg Messe Veranstaltungskoordinator, ich Pressereferent.
Wir hecheln die Exkollegen durch und trinken einige Bier auf diejenigen, die zwar nicht unbedingt qualifiziert sind, die aber immer die richtigen Füße küssen und noch da sind.
Er schimpft über die EG-Berater, die in Belize den dicken Larry mimen und viel blockieren aber nicht das Rückgrat haben, sich gegen die Regierungsvertreter durchzu-setzen, die wie üblich die Hand aufhalten wollen.

Wir mußten übrigens in einem Buch nachsehen: Belize ist das ehemalige Britisch Honduras. Das einzige englisch sprechende Land in Mittel- und Südamerika.
1964 erhielt es die innere Selbstverwaltung, 1973 nahm es den Namen Belize an.
Wir erreichen Belize City, unser Wagen läuft gut und bremst sauber.
Die Stadt ist kein Vergnügen, dreckig, stinkend.
Ein Juwel der Karibik ist sie jedenfalls nicht.
Was ein Drama, wenn ich mir überlege, was touristisch gemacht werden könnte, als einziges englisch sprechendes Land.
Die Landschaft ist interessant, Tor nach Tikal, Riffs, Strände. Wir besuchen den Markt.
Pfui Teufel.
Große lebende Schildkröten liegen auf dem Rücken und warten auf den Suppentopf.

Unser Ziel ist die mexikanische Vertretung, Visa besorgen. Kein Problem.
Wir haben gehört, daß es an der Grenze gefordert wird, obwohl eigentlich für Deutsche kein Visum nötig wäre (?).
Zum Abendessen gibt es leider keinen der berühmten Belize-Hummer.
Dafür Steinbrassen mit einer Soße aus gerösteten Peacans, Ananas, Honig und Pfeffer und Curry.

Promille - Pflicht

Die Grenze nach Mexiko passieren wir schnell, freundliche Abfertigung auf beiden Seiten.
Diesmal desinfizieren die Mexikaner das Auto von unten.
Wovor haben die eigentlich Angst, daß man es einschleppen könnte?

Dann Chetumal.
Es ist Freihandelszone, entsprechend viele Läden sind dort.
Wir suchen nach einem kleinen Canon Fotoapparat, wasserdicht.
Dii hatte einen und er gefiel uns gut. Fotoapparate gab es aber nicht.
Dafür finden wir den Supermarkt „Blanco". Mal wieder groß einkaufen.
Es waren gerade Werbetage, alles 30-40% billiger.
Wir schieben mit einem vollen Einkaufswagen ab.
Auch wieder Kaßler, das sehr lecker ist, eine Ente, Bier, Rum, Cocoscreme und so weiter.
Endstation für heute ist der Sunrise of the Caribbian RV-Park.
Blick aufs blaue Meer, Palmen.
Und was schaukelt dort? Unsere neue Hängematte.
Und was trinken wir? Rum mit Cocoscreme und frischem Orangensaft.
Eine frische Brise weht.
Karibik.
Beim Blick auf den Kassenzettel bemerken wir, daß auch auf den Alkohol 40 Prozent Rabatt gegeben wurden.
Wir fahren gleich nochmal los und bunkern.
Wir bleiben einen Tag länger auf diesem schönen Platz.
Zum Abendessen Ente mit einer Soße aus Mangos, Chilischoten und Sahne.

Entlang der Lagune Bacalar, an schönen Häusern vorbei, fahren wir die <307> nach Tulum.
Unterwegs helfe ich einem amerikanischen älteren Ehepaar, einen Reifen an ihrem Wohnwagen zu wechseln. Ihr Wagenheber paßte nicht dazu.
Nach getaner Arbeit will man mich bezahlen.
Ich lehne ab, alles gleicht sich auch so irgendwann aus.
Trotzdem steckt man mir Taler in die Hemdtasche. Ich lasse ihnen dann halt die Freude.
15 $, gleich 10 Flaschen Rum?!
In Tulum suchen wir einen Campingplatz bei den Maya-Ruinen.
Das Hüttenhotel nimmt keine Wohnmobile, ein anderes gefällt uns nicht.
Aber etwas weiter in Richtung Ruinen soll noch ein anderes sein.
Wir fahren weiter und sehen in einer Bucht, eine Hütte, ein paar Zelte.
Wir halten an, um zu fragen.
Wo sind wir gelandet?
In Bill,s Königreich.

Am Feuer sitzt Bill der King, aus Kanada, seit sechs Jahren jeden Winter hier.
Seine Queen Sue, John der Admiral, eine Asiatin aus Oregon.
Alle sturzbetrunken.
Wir bekommen eine Audienz und plaudern etwas und erhalten Asyl.
Das heißt, wir dürfen mit unserem Wagen hier stehen bleiben.
Wunderschön hier, Blick auf,s Meer.
Leider sind die meisten Palmen kaputt, nur noch der Stamm steht. Ein Käfer hat
sie zerstört. Den Rest besorgte dann ein Sturm.
Auch Bill,s Holzhütte ist windschief und nicht mehr ganz serienmäßig.
Wir setzen uns mit an,s Feuer.
Gegen 17.00 Uhr gehen Bill, Sue und John zur Happy Hour in die Cabana-
Anlage, ein paar Buchten weiter.
Sie kommen im Dunkeln noch betrunkener zurück.

Den Morgenkaffee trinken wir gemeinsam, John ist schon bei Stärkerem.
Wir fahren mit Bill und Rocky, der Asiatin, in den Ort zum Einkaufen. Bills
Chevy- Straßenkreuzer ist Schrott, passend zum Königreich, das er für ein paar
Dollar gemietet hat.
Bill zeigt uns den Ort.
In fünf Minuten sind wir rum.
Wir füllen Kanister und Flaschen mit Wasser auf und begeben uns zum
Schnapsladen, der aber noch geschlossen hat. Bill ist verzweifelt.

Seit gestern Abend heiße ich jetzt „Ben".
Der King hat es abgesegnet, damit ist es offiziell.
Hartmut ging uns schon lange auf den Wecker, denn den Namen kann kein
Nicht-deutscher aussprechen.

Wir bummeln am Strand entlang zu den Ruinen, die direkt am Meer erbaut sind.
Die meisten Forscher glauben, daß Tulum im 13.Jahrhundert entstand.
Es ist die einzige Anlage an der Küste.
Es gefällt uns sehr gut.
In einem der vielen Souvenirläden vor den Ruinen erstehen wir noch eine große
Hänge-matte. Der Händler fängt mit 18.000 Pesos an. Aber Handeln hat mir
schon immer Spaß gemacht. Wir erwerben sie für 5000 Pesos.
Bill will telefonieren und wir erleben den „Telefonladen".
Muß man gesehen haben.
Also ein kleiner Laden, - Long distance call, larga distance, - drinnen ein
Wandtelefon für die Kunden, ein Schreibtisch mit Apparat für den Operator.
An der Wand vorsintflutliche Schaltkästen und ca. zehn gekoppelte Batterien.
Abenteuerlich.
Dann heißt es warten, bis der Operator nach Mexico City durchkommt, von wo
aus weiter vermittelt wird.

Wir sind immer noch im Kingdom.
Es ist einfach schön hier, friedlich und etwas verkommen.
Rocky fährt heute ganz früh in den Ort, ein Hühnchen kaufen. Morgens sind sie noch frisch.
Anschließend kochen wir es gemeinsam.
Jeder redet mit, aber es schmeckt hinterher trotzdem.
Das Feuer brennt übrigens rund um die Uhr, Nachts glimmt es.
Wir machen einen Spaziergang die Küste entlang.
Turnschuhe wegen des scharfen, kantigen Lavagesteins.
Ein Stück Sandstrand, eine verfallene Hütte, kein Mensch.
Wir baden nackt und lassen uns von der Sonne braten, sammeln Muscheln und Korallen-reste.
Der Stand heißt „Lost Beach". Wir haben sie wiederentdeckt.
Zurück im Kingdom schläft Bill gerade seinen soundso-vielten Rausch aus, die anderen sind weg.
Wir lassen den Generator laufen, um den Eisschrank kalt zu bekommen und duschen das Salzwasser ab.

Heute satteln wir die Hühner und fahren mit Bill, John und Cliff, auch der ist hier gestrandet und vermietet gelegentlich seinen Katamaran, zu einer Cenoda, einem Süßwasserteich am Meer.
Die Cenoten haben oft eine unterirdische Verbindung mit der See.
Das Wasser ist glasklar, viele Fische.
Wir sind ganz alleine und stürzen uns hinein. Herrlich.
Da Cliff eine Tauchermaske mit Schnorchel dabei hat, wechseln wir uns damit ab.
Wir bleiben einige Stunden.
Auch Bill,s Hund, ein Schäferhundmischling, genießt das Wasser.
Zurück, füllen wir wieder alle Wasserbehältnisse, kaufen Alkohol, Obst und Gemüse und sitzen anschließend ums Feuer und trinken und klönen.
Rocky und ihr Freund Ed haben uns verlassen, so übernehme ich das Kochen im Wog, dem Topf für Alles, incl. Kaffeekochen.
Nur John konnte vor Saufen nicht essen.
Am Abend verschwinden alle wieder zu Happy Hour, wir halten die Stellung, liegen in der Hängematte unter einem sternklaren Himmel.

Die Sonne brennt, desgleichen wie üblich das Lagerfeuer.
Unseren Brand löschen wir mit Rum.
Am Nachmittag strandet Cliff mit seinem Katamaran, Sue und noch einem Freund in unserer Bucht. Der Mast ist runtergekommen, Vorstag gebrochen.
Eine Stunde schwammen sie und schoben das Schiff vor sich her, immer in Gefahr, an den Felsen zu zerschellen.

Wir haben beschlossen, uns die berühmte Yukaton-Küste anzusehen, also weiter in Richtung Cancum.
Erster Punkt Xel-Ha.
Schon an der Abzweigung ein Kassenhäuschen.
Also weiter.
Dann Xcacel. Wir können fast bis zum Strand fahren.
Aber Hilfe. Ein Wohnmobil neben dem anderen. Voll, voll, voll.
Weiter. Playa de Chemuyil, Kassenhäuschen.
Es reicht uns.
Fotos von Cancun haben wir schon gesehen. Eine Touristen-Retortenstadt.
Geplant am Computer.
Müssen wir nicht haben.
Na also zurück.
An der bekannten Cenota baden wir ausgiebig und waschen den Schweiß ab.

Jetzt würdigen wir Bill‚s Kingdom noch mehr.
Die Suppe auf dem Feuer ist allerdings eine Katastrophe.
Aus dehydriertem Stew.
Just horrible.
Zur Happy Hour bei Don Armando fahren wir mit.
Es ist ein Hüttenhotel mit Restaurant und Bar.
Langsam füllt sich unsere Runde in der offenen Bar.
Zwei Schweizer, zwei Finnen, Sue und noch einige Kanadier.
Später, wir sind gut breit, erzählt John, daß Philipp Mengen von Fisch gefangen hat.
Wir laufen 300 Meter weiter, an einigen Hütten vorbei und sitzen wieder am Lagerfeuer, wo der Fisch in Alufolie backt.
Fast zwanzig Leute sind da.
Der Fisch ist köstlich.
Wir treffen Barbara aus Berlin, mit der wir plaudern, und die nicht glücklich hier ist. Alleine, Pech (?) ich bin mit Babs hier.
Spät sind wir wieder im Kingdom.
Wir kochen Gurken-Stew.
Mißtrauisch beäugt, denn keiner kennt gekochte Gurken.
Es schmeckt aber allen ausgezeichnet.
 Der Tag plätschert dahin.
Bill kommt früh von der Happy Hour zurück und ist erstmalig aggressiv, unsere Colemanlampe stört ihn.
Dafür ist er volltrunken.
Wir wissen es schon von weitem, denn er fährt Schrittempo.
Oder fährt das Auto alleine und kennt den kurzen Weg?
Am nächsten Morgen entschuldigt er sich. O.k.

Ich fahre mit Cliff und John auf dem reparierten Katamaran.
Aber nicht viel später reißt der Traveller aus und ich muß das Tau halten.
Es ist aber super auf dem Schiff.
Direkt über dem warmen Wasser, daß uns bespritzt.
John versucht zu angeln, aber erfolglos.
Glücklich landen wir am Strand bei Don Armando.
Wir schwimmen und warten, daß Hartmut mit Cliff,s Auto nachkommt.

Was ich auch mache.
Später kommen die Fischer an.
Wir kaufen einen großen Barakuda.
Zurück im Kingdom bereite ich ihn zu.
Als dann noch Sue und vier der Kanadier auftauchen, ist er schnell aufgegessen.
Dazu Stoff mit Mix.
(Übersetzung: Alkohol mit Cola oder Orangensaft).
Ein richtiges kanadisches Besäufnis.
Sue und die Kanadier kennen sich alle, sie kommen aus Dawson City und machen Urlaub von der Kälte.
Der Barakudakopf nageln wir an eine Palme.

Von Karneval merken wir hier nichts, aber eigentlich haben wir ja seit einiger Zeit Dauerfasching.
Wir starten unser Auto mit dem Generator und fahren nochmal nach Xel-Ha, einem Unterwasser-Nationalpark, der uns doch empfohlen wird.
Eine sehr schöne Anlage, zwei Lagunen, Palmen.
Man kann Tauchmasken und Tauchflossen ausleihen und in der großen Lagune schnorcheln.
Was ein buntes Bild, die schillernden Fische zu beobachten.
Wir sind ganz früh da, ab 11.00 Uhr wird es voll, dann kommen die Touristenbusse an.
Es lohnt sich tatsächlich.

Heute Nacht regnete es etwas. War auch nötig.
Sonst ein Streßtag wie gehabt: Hängematte, Lagerfeuer, Sonne und Wind.
Aber Babs muß John einen Zehnagel abnehmen, den er sich an einem Stein angestoßen hat. Er zuckt kaum mit der Wimper.
Zwei Tage später rennt er schon wieder ohne Verband barfuß rum.
John, Engländer, ist überhaupt ein Urvieh.
Er hat eine große Narbe übers Gesicht und durch ein Auge. Er war mal besoffen mit dem Motorrad verunglückt. Da es eine einsame Gegend war, lief er halt zum nächsten Ort weiter. Das Auge war allerdings hin.
Zur Zeit hat er sich mal wieder eine Trockenzeit verordnet.
Dafür säuft Bill um so mehr.

Heute Nachmittag sieht er doppelt und ist etwas irritiert und desorientiert.
Zur Happy Hour, alle zu Don Amando.
Er hat Geburtstag und es hebt ein fürchterliches Gelage an.
Mit dabei die Dawson Clique.
Später fahren wir noch mit Don und Dona, einem kanadischen Pärchen auf dreiwöchigem Urlaub und einem anderen John, zu der Cabana bei Alfonso, wo sie wohnen, rund 4 km entfernt.
Sie haben einen offenen Jeep gemietet.
Beim Aussteigen verstauche ich mir den Fuß.
Der Boden schwankte. Nanu!
Babs quatscht mit Don, ich mit einer witzigen alten mexikanischen Mami.
Zwischendurch brauche ich eine Hängematte.
Außerdem muß ich mir bei John in seiner Hütte ein paar Spiegeleier in die Pfanne hauen.
Erst gegen 3.00 Uhr morgens sind wir wieder „zu Hause".

Am Nachmittag fahren Bill und unser John zu Don Armando, Rufus, Bill‚s Hund, suchen.
Er war seit zwei Tagen nicht mehr hier.
Er besteigt zur Zeit alle Hündinnen in seiner Nähe.
Wir beschließen, unser Kabinett umzubilden. Rufus wird vom Verteidigungs-minister zum Familienminister degradiert.
Darauf müssen wir einen trinken.
Zur Happy Hour erscheinen Bill, John und wir pünktlich.
Die Dawson Clique ist volltrunken.
Wir holen sie nicht mehr ein.
Gelegentlich fällt einer um und ..... oder läßt die Hosen runter und will Rufus helfen.
Auch der Alfonso-Haufen, Don, Dona, John und Bruce, erscheinen.
Die „normalen" Touristen im Restaurant trauen sich nicht mehr in die Bar und denken sich ihren Teil, den ich lieber nicht wissen möchte.

Mal ein Abend in einem anderen Restaurant in der Nähe von Cabana Tulum mit Don und noch zweien.
Gegen 2.00 Uhr wird einfach das Licht ausgeschaltet. Wir sind die letzten Gäste.
Nicht einmal eine Kerze bekommen wir noch auf den Tisch.
Dafür wächst das Herzklopfen zwischen Don und Babs. Strömungen.
Ich merke es schon selber, aber da Babs mich auf dem Laufenden hält und ihre Grenzen kennt, rege ich mich nicht auf.
Den nächsten Tag fahren wir mit John und James zu einer anderen Cenote, schräg gegenüber vom Cabana Tulum.
Der Weg ist aber matschig, ich bleibe beim Auto, der Verband an meinem Fuß stört.
Als die Drei ewig nicht zurückkommen, trampe ich ins Kingdom zurück.

Als es aber immer noch dauert, sattle ich unseren Truck und fahre wieder dorthin.

Sie sitzen bei einem Bier und hatten mich schon vermißt.

Happy Hour.

Viele blasse Gesichter, der mit dem langen Schwanz, traute sich überhaupt nicht in die Öffentlichkeit.

Er wußte zwar von nichts mehr, aber man hat ihm alles ausführlich beschrieben.

Es weht ein kräftiger Wind. Gegen Mittag kommen Hans und Michaela, zwei Österreicher, die bei Don Armando eine Hütte haben, vorbei und wollen unser Auto besichtigen.

Eine halbe Flasche Osborne geht dabei drauf.

Später fahren wir zusammen ins Dorf in ein kleines einheimisches Restaurant und essen sehr gut.

Die Happy Hour ist uns diesmal zu besoffen und wir begeben uns mit Don und Dona zu deren neuen Bungalow, sie sind nach St Joan umgezogen.

Wirklich hübsch, sogar mit eigener Dusche.

Draußen tobt inzwischen ein Sturm, und Regen und Sand peitschen ans Fenster.

Dona zerschmeißt aus Versehen eine Flasche Whisky. Zwar ein Drama, aber für meine Begriffe übertreibt Don mit seiner Schimpferei.

Immerhin wollen die beiden heiraten.

Die Strömungen zwischen Don und Babs scheinen sie zu irritieren.

Als wir mit unserem Truck spät wieder ins Kingdom kommen: Da stehen doch tatsächlich zwei VW-Busse auf unserem Platz!

Und Bill schnarcht.

Ich kremple die Ärmel hoch und bummere an den ersten Wagen.

Eine Invasion, Eindringlinge.

Die Tür öffnet sich und ein verschlafener Typ schaut heraus.

Den kennen wir doch!!!!

Horst, Claudia und Töchterchen Lena, mit denen wir in Kanada eine Weile zusammen waren.

Die Welt ist ein Dorf.

Es wird wieder eine kurze Nacht, denn wir landen natürlich zum Quatschen in unserem Hausauto.

Am nächsten Morgen wird dann ausgiebig zusammen mit ihnen und ihren Freunden aus der Schweiz im anderen VW-Bus, gefrühstückt.

Sie wollen aber weiter auf einen „richtigen" Campingplatz.

Können wir garnicht verstehen, aber des Menschen Wille ist sein Himmelreich.

Wir nehmen wieder einmal Abschied von ihnen.

Nicht lange bleibt es ruhig, die kanadische Meute fällt zur Vorhappy Hour im Kingdom ein. Sie haben sogar Eis für die Drinks dabei.

Wellcome.

Eigentlich wollen wir weiterfahren, aber ich erfahre, daß die Straße, die wir ausgeguckt haben, beim letzten Unwetter weggespült sein soll und erst in ein paar Tagen wieder befahrbar ist.

Babs ist das ganz recht. Wir bleiben.
Im Kingdom sind vier neue Leute eingezogen. Jan, einer der Dawson Clique, Richard, ein etwas sonderbarer Texaner und zwei Deutsche, die seit fünf Jahren mit dem Zelt unter-wegs sind.
Da diese Deutschen meistens fasten, nur Wasser trinken oder Rohkost essen, kann ihre Reise nicht viel kosten.
Ihr Futter gibt es an jedem Straßenrand.
Sie setzen sich auch bald wieder von uns ab und wir sitzen mit Richard am Lagerfeuer, bis Bill und John kommen.
John allerdings müssen wir bald zu dritt in sein Zelt tragen, er ist völlig bekifft und abgetreten.

Man soll weiterfahren, wenn es am schönsten ist, sagt ein dummes Sprichwort.
Wir nehmen Abschied.
Die Straße zur Ruine Coba ist gut.
Keine Unwetterschäden.
Ich glaube, die Clique wollte uns nur dabehalten.
Aber es kommt noch schlimmer.
Es war geradezu eine Verschwörung, daß wir dableiben, in deren Mittelpunkt nicht nur Bill und John standen, nein, meine eigene Frau war beteiligt.
Sie hat gestanden.
Und ich bin drauf reingefallen.
Süß! Können diese Augen lügen?
Aber es ist gut, meine gelegentliche Unruhe zu bremsen.
Was hätten sie eigentlich gemacht, wenn ich einen Polizisten nach dem Straßenzustand gefragt hätte?

Coba liegt an einer Lagune, der Eintritt ist heute frei.
Wir wandern schöne Wege an den kleinen Ruinen vorbei. Es sind wenig Touristen da, es ist ruhig und friedlich.

Wir beschließen weiter bis Chicken Pizza (Chichen Itza) zu fahren.
Auf dem Campingplatz im Ort handeln wir den Übernachtungspreis von 25.000 auf 15.000 Pesos herunter.
Wir sind die einzigen Gäste.
Als später noch ein anderes Auto auftaucht, müssen wir dem Patron schwören, denen nichts von unserem Handel zu erzählen.
Sie zahlen den vollen Preis. Warum sollen wir ihnen den Abend verderben.
Chicken Pizza ist eine schöne Anlage, viel wurde restauriert.
Etwa im 4.Jahrhundert wurde sie gegründet, als z.B. Tikal noch nicht seine Blüte erreicht hatte. Um die Jahrtausendwende kamen dann die Tolteken, deren Architektur heute bestimmend ist.
Man streitet sich, wegen der Maya-Einflüsse, ob sie zusammen mit den Maya hierher kamen.

Der Name jedenfalls kommt von dem Stamm der Maya, den Itza und Chichen steht für Brunnen.

In die Castillo Pyramide können wir ab 11.00 Uhr hinein.

Eine steile Treppe führt ins alte Heiligtum. Die Luft ist wie in einer Sauna.

Immerhin ist Licht gelegt.

Schon toll, so im Inneren einer Pyramide zu klettern.

Die Stufen außen an der Pyramide sind wieder schmal und steil. Eine Kette ist gespannt, damit die dicken Touristen nach oben kommen.

Diesen Anblick muß man sowieso gesehen haben.

Nicht nur hier.

Interessant auch der Tempel der Krieger mit seinen vielen Säulen.

Über die heilige Cenote, hatte ich schon in „Götter, Gräber und Gelehrte" gelesen.

Super, wenn man dann diese Orte selbst besucht.

Die Cenote ist ein kleiner „See" mit hohen, steilen Felswänden umgeben.

Es gibt kein hinaus.

Früher wurden Opfer in sie gestoßen, die dann ertranken.

Als man die Cenote mit Tauchern erforschte, wurden beachtliche Wertgegenstände gefunden, mit denen die Opfer behängt waren.

Ich kann verstehen, daß diese Cenote heilig war, sie hat eine eigenartige Ausstrahlung.

Gegen Abend erreichen wir Merida.

Was eine lebendige Stadt. Markt.

Auf dem Campingplatz überlegen wir uns, daß eigentlich Jürgen mit einer Take-off-Gruppe, laut seinen Prospekten, in der Gegend sein müßte.

Wo ihn abfangen?

Palenque. Hetzerei.

Wir studieren seine Reiseroute.

Am besten Tulum.

Den Namen muß ich schon mal gehört haben.

Wir bleiben aber noch einen Tag in Merida.

Außerdem müssen wir zum Büro der Autoversicherung.

Auf dem Parkplatz vor den Tulum-Ruinen hatte uns jemand, der natürlich abgehauen ist, eine große Beule seitlich ins Auto gefahren. Wir melden den Schaden an und bekommen eine Meldung für Sunborn in USA mit.

Ansonsten genießen wir trotz der Hitze noch die Stadt.

Die nächsten Ruinen auf unserem Weg sind in Uxmal.

Schon wieder Ruinen und kaputte Steine?

Ja schön, es ist die einzige bekannte Pyramide mit einem ovalen Grundriß.

Und es gefällt uns.

Es gibt genug Schatten und es gibt viel zu sehen.

Über die <184> fahren wir weiter.
Eine schöne Straße, auf die sich Touristen selten verirren.
Kleine Städtchen, Straßendörfer mit den typischen ovalen Hütten.
Senkrechte Stangen nebeneinander, Stroh- oder Wellblechdach. Fertig.
Wohnzimmer mit Hängematte, Küche, Ställe.
Das Leben spielt sich draußen ab.
Typisch auch die Kleidung der Maya-Frauen.
Keine Indio-tracht, sondern weite kurzärmlige Kleider. Ausschnitt und Arm- und
Kleidersaum bunt bestickt. Das Kleid reicht bis zum Knie, darunter schauen noch
fast 20cm Spitzenunterrock hervor.

Gegen Nachmittag sind wir in Tulum.
Ich wußte doch, daß ich den Namen schon mal gehört hatte.
Zuerst fahren wir die Cabanas ab, ob Jürgen irgendwo eine Reservierung hat.
Nichts, anyway.
Als wir ins Kingdom einfahren, glauben Bill und John, sie hätten eine Halluzi-
nation.
Zum Glück beschließen sie nicht, mit dem Saufen aufzuhören.
Sie freuen sich riesig.
Für heute abend wird wieder eine Party angesetzt.
Bill hat zwei Fische besorgt. Ich bereite sie zu und wir essen schon etwas, bevor
nach der Happy hour die Gäste eintorkeln.
Was ein Jubel. Jan und Phil spielen Gitarre.
Der Punsch, den Bill gezaubert hat, ist super. Ausgehöhlte Ananas mit Rum
gefüllt.
Ich werde gefragt, wie wir die weggespülte Straße geschafft haben.
Diesmal erzähle ich ihnen eine Story von entwurzelten Bäumen und
Schlammpisten.
Sie sind irritiert, aber dann lachen wir alle herzlich und trinken darauf noch einen
oder zwei oder......................
Am Morgen erinnert sich Bill, daß er den Take-off-Bus doch kennt. Er mußte ihn
mal anschleppen, im Cabana Tulum.
Wir also hin.
Diesmal erfahren wir mit Richards Hilfe, daß tatsächlich eine Reservierung
vorliegt.
Später Abschiedsfete für Sue und die Kanada-Chaoten.
Sie wollen nach Chicken Pizza. Kultur.
Ob das ihnen bekommt?
Am Abend fahren wir mit Don und Donna zu deren Cabana.
Don hat Geburtstag und wir feiern gemeinsam.
Das Essen ist aber für meine Begriffe sehr lasch. Kaum gewürzt. Den Zungen der
Touristen angepaßt.

Diesmal schlafen wir richtig lange. Bill und John dachten schon, wir wären gekidnapt worden.
Wir krauchen erst gegen 10.00 Uhr aus dem Auto.

Gegen Nachmittag lasse ich Ben (Hartmut) mal für eine Stunde alleine mit John und bewache unseren Generator.
Nach dieser kurzen Zeit hat Ben sich völlig angepaßt und denselben Alkohol-spiegel wie John und Bill, die ja immerhin seit Sonnenaufgang saufen.
Ich wäre tot.
Trotzdem beschließen wir und John, in einer nahen Cenote, angeln zu gehen.
Mitten im Dschungel, einige kleine Wasserlöcher zwischen den Felsen.
John kannte die Stelle.
Er hat hier schon mal alleine zurückgezogen gelebt als er Kummer hatte. Tarzan mit 4 Promille?
Wir befestigen Brotkrumen an einem kleinen Haken an einer Schnur und hängen sie ins Wasser.
Ich glaube es kaum, aber nach kurzer Zeit haben wir fünf kleine Welse gefangen.
John meint, die Wasserpfützen wären alle unterirdisch miteinander verbunden.
Mir graute nur, als Ben und John, schwankend auf den Felsen über dem Wasserloch, ihr Brot wässerten.

Zumindest zaubere ich später wieder am Feuer ein leckeres Essen aus den Fischen für uns alle.
Allerdings erinnere ich mich nicht genau.
Später müssen wir alle unsere Bucht gegen Touristen verteidigen.
Ich benutze den Gitarrenkasten von Jan als Maschinengewehr, Bill schnitzt sich schnell eine Styroporpistole.
Wir gewinnen, die Leute fahren weiter.
Ich möchte wissen, was die gedacht haben.
Als Bill später im Dorf mit der Pistole den Gemüseladen überfallen will, bricht ihm der Lauf ab.
Wir müssen bezahlen.
Ich glaube, die nehmen uns nicht ernst.
Wir haben inzwischen den Verkauf unseres Generators angeleiert.
Mal sehen, ob wir einen guten Preis bekommen. Er steht jetzt bei einem Mexikaner im Laden.
Allerdings brauchten wir ihn heute wieder zum Starten.
Vielleicht sollten wir ihn noch behalten?

Großartiges bahnt sich an: Dave‚s Geburtstag.
Die Rest-Clique hat ein ganzes ausgenommenes Schwein gekauft.
Am Strand bei Don Armando wird ein riesiges Loch gebuddelt und ein gewaltiges Feuer darin entfacht, um den Sand aufzuheizen.

Gestern abend kam dann das Schwein, gefüllt mit Äpfeln, Zwiebeln, Brot, Reis und Gewürzen, eingewickelt in Bananenblätter und Alufolie, hinein, und das Loch wurde zugeschüttet.

Ein Stab markiert die Stelle.

Vorsichtshalber.

Heute gegen Mittag soll es ausgegraben werden.

Wir sind natürlich schon vorher da, die Party läuft schon.

Wir fangen dann an, unser Mahl freizulegen und plötzlich tauchen die üblichen Rucksack-Bazillen auf - wo gibt es was umsonst?

Wir verscheuchen sie.

Die meisten Gäste der Cabanas bleiben aber auch so in guter Entfernung.

Die merkwürdige Gruppe, ich meine uns alle, ist bekannt und wird respektiert.

Das große Fressen hebt an.

Es schmeckt ja so gut, ich glaube, daß beste Schweinefleisch meines Lebens.

Das bißchen Sand im Essen wird sowieso weggespült, mit Mengen Alkohol.

Wir schenken Dave eine Bootsmannspfeife, die wir noch im Auto hatten, das Richtige für einen alten Soldaten wie ihn.

Er gibt auch gleich Kommandos: Lets go on with drinking.

Es ist eine Superparty, alle sind gut drauf, solange sie es noch mitbekommen.

Ein Pärchen aus Ontario taucht auch wieder auf. Sie wollten schon im Kingdom mit ihrem VW-Bus campen.

Nachdem wir mit ihnen dort am Feuer saßen und sie deutlich machten, daß Ontario französisch und selbständig sein müsse, flogen sie raus.

Auch heute abend werden sie ignoriert.

Was für Idioten, militante und untolerante Nationalisten brauchen wir alle nicht.

Niemand, wo auch immer.

Das sind genau die Leute, die Kriege anzetteln.

Surprise, surprise, Karibik pur.

Bill und ich sammeln an den Felsen im Meer eine Art Moluskeln.

Sehen aus wie große Seepocken und wir müssen sie mit dem Messer losbrechen.

Ihr Fleisch, in Zitronensaft, Knoblauch und Zwiebeln für einen Tag eingelegt, soll lecker sein.

Wir werden es morgen sehen.

Ansonsten beobachten wir die Straße, ob Jürgens Bus vorbeikommt.

Was ein Tag!

Erst kommt ein mexikanischer Freund von Bill vorbei und verkauft uns zwei riesige Hummer für 30.000 Pesos.

Ein Dumpingpreis.

Ab auf,s Feuer.

Den ganzen Tag essen wir Hummer.
Ach übrigens die rohen, in Zitronensaft und Gewüzen eingelegten Moluskeln haben wir auch schon gegessen.
Schmeckten gut und wir leben noch.
Danr sehen wir Jürgens Bus vorbeifahren. Wir greifen uns Bill,s Auto und fahren hinterher.
Er ist da, in der Cabana Tulum.
Unsere Nachricht hatte man aber nicht weitergegeben.
Jürgen ist gerade mit den Touristen zu den Ruinen unterwegs, aber Kurt und seine Freundin sind da (siehe Monte Alban).
Was eine überraschte Begrüßung.
Später taucht Jürgen auf und fällt wirklich aus allen Wolken.
Zusammen mit seinem Fahrer und einem Lernguide, Kurt und Freundin, flüchten wir vor seiner Touristengruppe ins Kingdom, später zur Happy hour, und den Absturz erleben wir dann wieder im Kingdom in unserem Wagen.
Es war toll.

Dazu schreibt Jürgen:
Sonntag, 26. Februar, in Hamburg 0.30 Uhr- Samstag, 25.2., 8.30 Uhr.
Gerade bin ich mal 10 Tage in Mexiko, da treffe ich Babs und Hartmut.
Memories of Hamburg, years ago?
Es ist fast ein halbes Leben her und doch erst 1 1/2 Jahre.
Es wäre zuviel, alle meine Probleme in der Zeit aufzuzählen, oder die Höhepunkte.
Die Tage, Monate vergehen, ich denke manchmal, was war wann.
Ein Blick in den Spiegel, ein Blick in die Vergangenheit.
Aber jetzt ist die Luft frei und es stimmt mich zuversichtlich, die beiden glücklich zu sehen, und welch Überraschung, als sie auch noch hier auftauchen.
Jürgen ist ein Rum nicht bekommen , er schreibt so geschwollen.
Babs meint, Jürgen sieht schlecht aus, überarbeitet.
Am nächsten Morgen kommen sie nochmal kurz bei uns vorbei, bevor sie mit der Reisegruppe weiter müssen. Heute bis Palenque, 700 km durchknüppeln.

Wir essen die Reste vom Hummer als Suppe. Das war jetzt aber wirklich Hummer satt. Was können wir es gut haben.
Ich lese gerade einen alten Spiegel vom 13.2. und frage mich, was wir eigentlich wieder irgendwann in Deutschland wollen.

Heute schicken wir zwei Franzosen weiter, die mit einer unglaublichen Selbstverständlichkeit ins Kingdom kommen und Bill darüber informieren, daß sie jetzt hier ihr Zelt aufstellen werden.
Sie fragen nicht.
Damit laufen sie auf.
Aber erst als Bill droht, den Besitzer der Bucht zu holen, ziehen sie ab.

Es ist nicht zu glauben, was für Nassauer unterwegs sind. Bill beklagt sich über diese Typen, die auch oft stehlen.
Es wäre kein Wunder, daß die Mexikaner die Ausländer nicht respektieren oder mögen.
Wir sparen uns einen Kommentar über Bills leuchtendes Vorbild, das er ihnen bieten muß, aber zumindest mögen sie ihn.

Es ist eine große Entscheidung getroffen worden.
John, Ed und Richard wollen die Küstenstraße weiter fahren, ein neues ruhigeres Fleckchen suchen.
Bill will nicht mit, der Weg zum Schnapsladen und zur Happy hour ist zu weit.
In rund 25 km Entfernung soll eine Lagune sein, mit zwei Nobelresorts und sonst nichts.
Wir kaufen ein und laden die Wagen.
 Am Abend wollen wir im Dorf Tamales essen gehen.
Aber never, never plane etwas in der Karibik.
Ein Fischer verkauft uns zwei Fische und noch einen Hummer.
So essen wir im Kingdom.
Am Morgen schlägt uns Bill zu Rittern, krönt Babs zur Queen des neu zu erobernden Königreiches, schenkt uns ein Stück Stoff als Fahne, trinkt einen und geht seinen Rausch ausschlafen.

Wir fahren los.
Bis Boca Paila, kurz vor der Brücke links an der Lagune entlang zum Strand.
Eric und Freundin, ein Pärchen von Don Armando, sind schon da.
Sie wollten Zweisamkeit, jetzt haben sie uns.
Das Leben kann so hart sein.
Als Ed, John und Richard kommen, bauen wir etwas abseits von den beiden eine Wagenburg.
Aber der Sand weht überall hin.
Bald sehen wir aus wie paniert.
Das Camp läuft nicht.
John ist besoffen und Ed bewegt den Arsch nicht.

Wir haben keine große Lust, mit Richard, den wir inzwischen immer mehr mögen, alles alleine zu machen.
Später kommen Eric und Freundin auf einen Plausch vorbei.
Am nächsten Morgen ist alles durch den Wind sandverweht.
John und Ed ziehen mit ihrem Wagen die Straße weiter, ein anderes Kingdom suchen.
Richard fährt mit Eric nach Tulum zurück.

Wir setzen unser Auto hinter ein paar Bäume um und halten die Stellung.
Es ist sehr schön und wieder friedlich.

Wir baden und sonnen uns, wie uns die Natur erschaffen hat.
Gegen Abend kommen John und Ed zum Fischen zurück.
Erfolglos.
Dafür fährt sich Ed mit dem Auto im Sand fest.
Da er nicht auf meine Ratschläge hört, sondern alles besser weiß, lassen wir sie
fast zwei Stunden wühlen.
Dann wird es mir aber zu blöd, ich schreie Ed an, er macht was ich sage, und
nach 10 Minuten können sie wegfahren.
Wir haben wieder unsere Ruhe.
Den nächsten Tag genießen wir wieder ausgiebig.
Nur einmal kommt ein anderes Auto für kurze Zeit an die Lagune.

Wir fahren die paar Kilometer weiter zu Johns und Ed‚s neuem Platz.
Wir sind neugierig.
Eine verlassene Kokosfarm, drei leere Hütten, eine Kochhütte.
Für eine Nacht bleiben wir, bevor wir wieder ganz zurück ins Kingdom fahren.
Es ist alles beim alten, Bohnensuppe auf dem Feuer, Bill schläft, Dave hängt in
der Hängematte, alle besoffen.
Später gehen wir alle gemeinsam zur Happy hour.
Unserer Letzten.
Diesmal endgültig. Wir wollen weiter.

Sogar der Himmel weint am nächsten Tag.
Beim Frühstück erscheint Richard, pudelnaß.
Er war am Vorabend in einer „Disco", als er merkte, daß sein Walkman aus der
Tasche geklaut war.
Nicht mehr ganz nüchtern haut er dem nächstbesten Mexikaner eine Bierflasche
über den Schädel. In dem folgenden Aufruhr verschwindet er und übernachtet im
Busch, falls die Polizei ihn suchen würde.
War aber nicht. Einen ganz Unschuldigen scheint er nicht getroffen zu haben.
Richards Abenteuer überrascht uns, denn eigentlich ist er ein sehr ruhiger und
schüchterner Bürger.
Außerdem ist er behindert. Als Kind ist ihm bei einem Unfall auf einer
Ölplattform das halbe Gesicht weggebrannt. Den Erzählungen zufolge kommt er
aus reichem Haus, findet sich aber in der amerikanischen Gesellschaft nicht
zurecht.
Wenn ich mir überlege, daß wir eigentlich in Tulum nur eine Nacht bleiben
wollten.

Nachtrag zu King- Bill. Er schrieb uns später nach Deutschland:
Hi ‚great to hear from you - brings back pleasant memories from the Big T
(Tulum).
I‚am afraid I‚am an Ex-king in exile.

What happened was, as I was about to board the flight from C,cux to Miami an emigration officer pulled me out of the line of passengers (very embarrassing) because I had soaked my experied visa in water and nipped it up so it looked like a jigsaw puzzle with pieces missing.

After checking my passport they realized I had been in the country since January or February illegally and wanted me to pay 150.000 Pesos fine.

I told them „no dinero", so they made me sign a form saying I was beeing deported and if I ever return I would be put in jail (Tortillas and beans - ugh!!!). Anyway.

After all this bullshit, they escorted „The King" to the waiting aircraft, which by this time was 15 to 20 minutes late, engines running to keep the aircondition on, with the legal passengiers inside.

Kings have to be late.

I don,t take this too seriously because they don,t have a computer system. I,ll drive down again and if they give me a problem I,ll just pay the fine.

Eduardo left with Rocky to the westcoast and John left about a month later.

He told me he was robbed again and had to stay until more money was sent from England.

Now I,m using my van to deliver fruits and vegatables in Montreal.

Hard work- for pay - no job for a king.

Good work for a exking. Maybe something better will come up.

Who knows? who cares?

(July 1989)

Natur und Kultur

Aber jetzt sind wir wieder „on the road".

Über einsame Straßen, viele verlassene Algavenfelder, erreichen wir wieder einmal Merida.

Die Mexikaner haben ihre Felder verlassen, um in Mexico City einem Traum nachzujagen oder an der Küste Touristen zu bescheißen.

In Merida stehen wir wieder auf dem alten Campingplatz. Diesmal wollen sie fast einen doppelten Preis.

Erst als ich ihnen die alte Quittung zeige, einigen wir uns.

Eine Katastrophe: der Coleman-Benzinkocher ist kaputt. Er hat das schlechte Benzin in Mexiko nicht ausgehalten.

Ein guter Grund für uns, auch gleich beim Auto einen Ölwechsel machen zu lassen und die Benzinfilter auszuwechseln.

Wir irren durch Merida und versuchen ein Ersatzteil für den Kocher zu bekommen. Fehlanzeige.

„I hate, when this happens".

Aber wir lernen Merida richtig gut kennen.

Außerdem machen wir einen Ausflug nach Progresso, der Hafen- und Badestadt von Merida, 25 km Highway.

Ein Hurrican hatte ihr letztes Jahr übel mitgespielt, die Schäden sind noch überall zu sehen. Leere und kaputte Häuser, Steinwände glatt umgedrückt.

Deprimierend.

Wir erstehen einen kleinen einflammigen Kocher, der hoffentlich bis USA aushält.

Beim ersten Versuch, sicherheitshalber außerhalb des Autos, steht er auch gleich völlig in Flammen.

Aber nach einiger Zeit habe ich ihn im Griff.

Wir können warm essen.

Über die <180> kommen wir auf die Isle de Aquada.

Hinter Campeche durch kleine verwahrloste Dörfer, dreckiges Wasser, viele Menschen.

Erst später wird die Küste schön.

In einem kleinen Fischerdorf kaufen wir Fisch und zum Abendessen wird er auf dem neuen Kocher gebraten, der wie eine Dampflok klingt, aber kaum Heizwert hat.

Wir sind an den Ruinen von Palenque.

Obwohl es früh ist, sind schon einige Touristenbusse da und eine Folkloregruppe in bunten, malerischen Indio-Kostümen, mit riesigen Federn auf den Köpfen und buntem Glitzerzeug.

Palenque, mitten im Urwald gelegen und auch noch teilweise nicht freigelegt, zählt zu den größten Städten der Maya. 1952 entdeckte der Archäologe Alberto Ruz die berühmte Grabkammer, die die Überreste eines Priesters barg, umgeben von Jadeschmuck.

Die Reliefdarstellung auf dem Sargdeckel zeigt einen jungen König. Erich von Däniken sieht darin das Abbild eines Astronauten am Kontrollpult eines Raumschiffes.

Mit Phantasie sieht es wirklich so aus.

Wir hatten das Relief im Museum in Mexiko City gesehen.

Wir sehen uns die Pyramiden und Tempel an.

Umgeben von Urwald erinnert es uns oft an Tikal.

Da die Mitglieder der Folkloregruppe in ihrer Tracht auch herumlaufen, erhalte ich herrliche Fotomotive; Indiohäuptlinge vor Pyramiden, mit Dschungel im Hintergrund, u.s.w. Wie bestellt.

Noch bizarrer als die Indios sind aber fast die Touristen. So viele schrille Typen habe ich lange nicht mehr auf einem Platz gesehen. Ein Opa mit Hut und langen

Zopf, eine Frau mit Turban und Kleid über der Hose, bunte Ketten, Muscheltasche und, und ,und.

Gegen Mittag zieht es uns weiter.

Die Straße windet sich wunderschön über die Berge und wir erreichen Aqua Azul.

Und wen treffen wir dort? Freunde vom Kingdom in Tulum.

Eric, Mark mit neuer deutscher Freundin, Scotty und Carlos mit Hund.

Natürlich stellen wir uns zu ihnen.

Und dann machen wir erstmal einen ausführlichen Spaziergang, an den Wasserfällen und -becken vorbei.

In Kaskaden ergießt sich der Fluß über verschieden hohe Fälle von Becken zu Becken.

Es ist grandios.

Jetzt muß ich es doch wieder sagen: breath taking.

Eine der schönsten Plätze auf der Erde, die ich kenne.

Vor allem, wenn die Sonne wie bei uns scheint.

Das Wasser verzaubert, in verschiedenen Blautönen.

Wir nehmen ein ausgiebiges Bad und schwimmen dabei gegen die Strömung in einem der Becken, die perfekte Gegenstromanlage.

Später sitzen wir alle um ein Lagerfeuer.

Wieder ein Platz, wo wir länger bleiben als geplant.

Früh am morgen, wenn die Busse noch nicht angekommen sind, ist es am schönsten, wenn sich die Touristenmengen in Grenzen halten.

Über die schmalen Ränder der Becken können wir über den Fluß laufen.

Es ist ein gutes Training, denn die Strömung drückt oft ganz gut gegen die Beine.

Oder wir setzen uns in einen kleinen Wasserfall und lassen uns durchmassieren oder nutzen eines der vielen natürlichen Whirlpools.

Eric hat einen Topf mit schwarzen Bohnen aufgesetzt, der nach einiger Zeit überquillt. Er hat sich wohl in der Menge verschätzt.

So kommen auch wir zu einem Abendessen.

Später sitzen wir mit Jürgen und Martina zusammen, einem deutschen Pärchen, mit einem erstklassig selbst ausgebauten VW-Bus, in Richtung Argentinien unterwegs.

Irgendwann gesellen sich noch drei deutsche Billigtramper zu uns, die, als sie uns wegen der Autos als Kapitalisten anmachen, verjagt werden.

Sie sind so dämlich, daß sie dummquatschen, bevor sie etwas vom Rum abbekommen, weswegen sie ja sicher gekommen waren.

Auf Postkarten haben wir gesehen, wie der Fluß, ganz in der Nähe, aus einer Felswand kommen soll.

Jürgen, Martina und wir beschließen, dorthin zu laufen.

Vorbei an den Kaskaden geht es über eine Hochebene, Maisfelder, später wird der Weg zu einem kleinen Dschungelpfad.
Wir werden zu Pfadfindern, denn der Weg ist nur noch zu ahnen. Jedenfalls wissen wir logischerweise, daß wir am Fluß bleiben müssen.
Schließlich quetschen wir uns über Wurzeln und durch Lianennetze, immer bergauf. Kletterei über Felsen.
Immerhin hören wir den Fluß noch.
Aber irgendwann geben wir doch auf. Es wird zu steil und verwildert und vermodert. Wir kehren um.
Trotzdem war die Kletterei toll und wir bewundern leuchtend rot blühende Schma-rotzerpflanzen in den Baumspitzen.
Gut, daß wir nicht wissen, wie nahe wir oft Schlangen oder anderen fürchterlichen Tieren sind.
Es ist feuchtheiß. Als wir wieder die Felder erreichen, atmen wir auf.

Ich versuche nochmal, unseren Generator zu verkaufen. Die drei kleinen Restaurants hier hätten ihn gut gebrauchen können, oder das einzige Hüttenhotel. Aber verschenken will ich ihn doch nicht. Haben die vielleicht absurde Preis-vorstellungen.

Im übrigen mußte mich Babs heute festhalten: Nagelneuer VW-Bus, das Mädchen aus dem Wagen steht nackt vor dem Wagen und cremt sich ein, anschließend werden die Haare ausgekämmt.
Dazu steht sie breitbeinig da und beugt sich nach vorne.
Die Indiojungs stehen staunend herum.
Das blonde Schamhaar leuchtet.–
Dabei will ich ihr nur in den Arsch treten.
Besser sie tritt in Europa in einer Peepshow auf, wenn sie das braucht, als hier die Sitten der Einheimischen mit Füßen zu treten.
Fiktive Story:
In der Nacht wird die Blonde von drei Indios vergewaltigt.
In der folgenden Untersuchung weisen wir darauf hin, daß sie genau das provoziert habe und selbst schuld sei.
Trotzdem verschwinden die Indios für Jahre im Gefängnis.
In den Medien erscheint nichts.
Die Touristen bringen zu viel Geld nach Mexiko.

Also, wir sind doch weiter gefahren.
In Villahermosa kaufen wir ein.
Die Stadt gefällt uns gut.
Viele Plätze, Grünanlagen. Im Zentrum ein Einkaufsviertel, teils Fußgängerzone.
Das Leben brodelt, wenn auch auf einer höheren Preisebene als zum Beispiel in Merida.

Im La Vente Freilichtmuseum sehen wir riesige olkmenische Köpfe, die aus den Erdölfeldern hierher gebracht wurden.

Auf dem Campingplatz Graham in Aqua Dulce übernachten wir.
Wir haben die amerikanische Touristenroute erreicht, denn viele Wohnmobile stehen auf dem Platz.
Dafür funktionieren die Duschen und Klos nicht, aber Mücken gibt es in Mengen.
Wir lernen Franz kennen, der vom Bundesverwaltungsamt nach Mexiko geschickt wurde, um Deutsch zu unterrichten.
Daß er kein Wort Spanisch sprach, machte offensichtlich bei unserer deutschen Verwaltung nichts aus.
Nur daß das Wasser, in das man ihn geworfen hat, zu tief und kalt war.
Aber nach 1 1/2 Jahren hat er sich und seine Frau und die zwei Kinder arrangiert, wobei die erstklassige Bezahlung hilft.
Aber sind ja nur unsere Steuergelder.
Nicht daß mich das überrascht.
Baue Straßen, wenn du Autos in Entwicklungsländer verkaufen willst, lege Strom, wenn du Elektrogeräte vermarkten willst.
Sage man es doch offen.
In seiner Schule gibt es für die Lehrer eine Stechuhr, da die mexikanischen Lehrer, wenn überhaupt, Stunden zu spät kamen.

Die Straße am Meer entlang, Dünen, Melonenverkäufer, kommen wir nach Veracruz.
Mexikanische Osterferien, auf dem Campingplatz sind die Touristen in der Minderheit.
Sagte ich schon mal, daß die schlimmste Erfindung das Kofferradio ist.
Jedenfalls dann, wenn jeder Besitzer einen anderen Sender in voller Lautstärke laufen läßt.
Am Strand ist die Hölle los, vor Menschen sehen wir das schmutzige Wasser kaum.
Wir fahren in die Stadt und finden bald den großen Markt, über den wir wieder mit viel Vergnügen bummeln und einkaufen. Fisch für heute abend.
Mit Schwierigkeiten, denn unser Kocher gibt den Geist auf. Nach 13 Tagen.
I hate when this happens.
Statt den Fisch und Kocher aus dem Fenster zu schmeißen, finden wir einen Nicht-Mexikaner, der uns seinen kleinen Gaskocher leiht.
So kommen wir doch noch zu unserem Essen.
Wenigstens ist der Magen jetzt voll, denn bis weit nach Mitternacht können wir noch den verschiedenen Radiosendungen lauschen.
Ich gebe zu, daß ich mich richtig freute, als dann ein schwerer Sturm aufkommt und viele der Zelte wegbläst.

Der Sturm heult morgens immer noch, wir fahren weiter.
Etwas vorsichtiger jetzt, denn unsere Versicherung in Mexiko ist abgelaufen.
Who knows? Who cares?

An der Lagune Verde vorbei und den großen Feriencentern in Mantla erreichen wir wieder die Golfküste.
In Playa Casitas sollen laut unserem Reiseführer viele Campingplätzen sein. Sind sie auch, aber teuer und unter aller Sau.
Trotzdem meist ausgebucht. Ferien.
Wir erreichen Tecolutla. Campingmöglichkeit am Strand.
Denkste.
Inzwischen ist auch dieses Dorf voll erschlossen, Hotels, Souvenirstände.
Stuhlverleih am Strand, Menschenmassen.
Nerv
An einer der Strandzufahrten steht ein riesiger Wohnbus aus Missouri und ein Pickup mit Schlafaufbau.
Wir stellen uns dazu und lernen die Leutchen kennen.
Vater und Mutter im Bus, Sohn und Familie im Pickup.
Seit 30 Jahren kommen sie nach Mexiko.
Beide Männer haben ganz lange Haare und Zöpfe.
Na und.
Mit der Pressluft aus dem Buskompressor blase ich unseren Kocher durch, aber es nutzt nichts mehr.
Wir dürfen unsere Kartoffeln im Bus kochen.

Um 20.00 Uhr werden wir von ihnen zum Singkreis eingeladen.
Eine Art Gottesdienst.
Findet jeden Abend statt.
Vater Floyd spielt auf der elektrisch verstärkten Gitarre, die anderen singen dazu.
Es kommen noch einige Mexikaner.
Anschließend liest er in spanisch aus der Bibel vor, wieder Singen und zum Abschluß ein Gebet.
Beeindruckend, wenn auch nicht meine Welt.
Am nächsten Morgen bringt uns Floyd frisch gebackene, warme Brötchen.
Den Tag verbummeln wir, außer daß ich mit einer Akupunkturnadel die Düse unseres Kochers doch wieder frei bekomme.
Auch diesen Abend nehmen wir am Singkreis teil. Irgendwie mögen wir die Singerei.
Da taucht doch tatsächlich ein Mexikaner auf, Dollarzeichen in den Pupillen, und behauptet, wir stünden auf seinem Gelände und würden das Reklameschild von seinem Strandrestaurant verdecken.
Wir setzten den Wagen um, eine Tracht Prügel wäre angemessener gewesen.
Dafür haben wir wieder einmal kostenlose, donnernde Discomusik vom Strand.

Leider nützen beim Bibelkreis meine Bitten an den Wettergott um einen Hurrikan diesmal nichts.

Floyd erzählt, daß sein Vater noch mit 90 Jahren mit einem großen Truck nach Mexiko fuhr. Hinten Seitenklappe runter und Klavier vorgeschoben, zum Sing- und Bibelkreis.

Damals gab es noch keine richtigen Straßen.

Immerhin chauffiert Floyd mit seinen 70 Jahren ja auch noch den Bus mit einem Anhänger, auf dem ein Kleinbus steht.

Ich würde Schweißausbrüche bekommen, solch ein Gespann zu rangieren.

Wir wollen einen Servas-Gastgeber in Mexiko probieren.

Allerdings haben wir uns nicht angemeldet und ein Telefon hat der Gastgeber nicht, den wir uns ausgekuckt haben, eine Rinderfarm in Ozuloama, Rancho el Bejuco. Liegt auf unserem Weg.

Trotz Karfreitag schneien wir also einfach, nachdem wir den Weg erfragt haben, bei Jaime und Laura rein.

Das Haus ist wegen des Feiertags mit Familienangehörigen belegt, aber da wir im Auto schlafen, werden wir herzlich willkommen geheißen.

Sie besitzen zwei tolle Häuser, eins für sich, daß andere für die Mutter, die Schwester und das Dienstpersonal.

Dort wird auch immer gemeinsam gegessen.

Heute natürlich Fisch.

Anschließend Siesta. Mittag ist um 11.00 Uhr, Abendessen um 21.00 Uhr.

Sind hier die üblichen Zeiten.

Bis fast Mitternacht unterhalten wir uns, halb Englisch, etwas Spanisch, und mit Händen und Füßen.

Am nächsten Tag zeigt uns Jaime seine rund 300 Hektar große Farm.

Wir fahren an den Arbeiterhütten vorbei, die direkt an den Wiesen liegen.

Noch vor 30 Jahren war hier nichts als Buschland.

Jaimes Vater fing an zu roden.

Aber die Erde ist nicht sehr fruchtbar.

April bis Juli ist Trockenzeit, und so rechnet man rund 2 Hektar für ein Rind.

Eine gute Kuh liefert nur 5 Liter Milch pro Tag.

Das Wasser wird in künstlichen Seen aufgefangen.

Im letzten Jahr war es extrem trocken und es starben 17 Rinder.

Ihre Haupteinnahme ist aber nicht die Viehzucht, sondern die Honigproduktion.

Von den 16 Arbeitern sind 10 damit beschäftigt.

Die Hauptarbeitszeiten sind Mai, Juni und November.

Wir bekommen Kulleraugen, als er uns erzählt, daß seine 2000 Bienenstöcke 80 bis 100 Tonnen Honig produzieren. In riesigen Fässern wird der Honig überwiegend nach Deutschland exportiert.

Jaime,s Hauptsorge gilt aber der sogenannten „Revolution" der führenden Partei Mexikos. Wenn sich zum Beispiel seine Arbeiter zusammenschließen und es von der Regierung fordern, kann er enteignet werden und sie bekommen die Farm als Genossenschaft.

So etwas käme vor.

Auch würden „Strohleute" vorgeschickt, wenn ein „Mann mit Einfluß", also Regierungsmitglied, das Land haben will. Logischerweise sind daher die großen Farmer nicht motiviert, viel Geld in ihre Betriebe zu stecken.

Alles läuft halt so dahin und bei den Genossenschaften arbeitet sowieso nach Möglichkeit keiner.

Um den Osterverkehr zu vermeiden, bleiben wir noch einen Tag länger und gehen alle zusammen Essen.

Mexikanisch und ausgezeichnet.

Die Mexikaner staunen wieder über Babs, daß sie genauso scharf ißt wie sie selber, ohne daß ihr die Augen vorquellen oder ihr der Schweiß auf der Stirn steht.

Wieder unter Stars and Stripes

In Reynoso wollen wir Mexiko wieder verlassen.
Die Ausschilderung ist gleich Null und plötzlich sind wir am amerikanischen Zoll und Immigration.
Wo war nur die mexikanische Abfertigung? Irgendwie haben wir sie verpasst.
Auch nicht schlecht.
Über die amerikanische Seite hatten wir schlimmste Horrorgeschichten gehört, vom Zerlegen des Autos bis zur Leibesvisitation.
Im Immigration Office ziehen wir eine Nummer.
15 Minuten Warten. Blick in den Pass und den Presseausweis.
"Still grade A visa?"
"Yes."
"Welcome."
Kein Stempel, nichts. Dann der Zoll: Blick ins Auto und den Kühlschrank.
"Anything to declare?"
 "Nothing."
"Have a nice trip."
Das war es.
Erzähl mir nochmal einer Geschichten über amerikanische Grenzer.

Pause auf einem Campingplatz.
Wir ziehen ein Resümee:
Das waren nun also Mexiko, Guatemala und Belize.
Unterm Strich?
Die Gegend sieht uns wieder. Punkt.
Aber dann etwas weniger ängstlich wie am Anfang und frecher.
Zumindest was Mexiko betrifft; Bescheißt du mich, bescheiß ich dich!
Es war ganz interessant, auch mit Laura und Jaime, Mexikaner, über die mexikanische Mentalität zu reden.
So jedenfalls wird aus dem Land nie etwas.   .
Vielleicht "Manana", welches Jahr?
Guatemala.
Das schönste Land. Super Landschaft, freundliche Menschen.
Und wieder einmal macht die Politik alles kaputt.
Das Schweizer Konto des jeweiligen Präsidenten schafft Neider.
Schon mal was von Straßenbau gehört?
Und Belize?
Ich denke an den Job des Tourismusberaters in Belize, bezahlt von der EG.
Auf verlorenem Posten. Alle natürlichen Pluspunkte sind eigentlich vorhanden und es wird englisch gesprochen.
Aber: Ein Land ohne Identität.
Von den Engländern in die Unabhängigkeit gejagt. Keine Nation.
Komplexe gegenüber den Weißen.

Keine eigene Geschichte.
Schade, schade.

Dabei fällt mir ein, dass mir "Coast to Coast" auch bald mexikanisch vorkommt.
Auf dem Campingplatz gelten plötzlich unsere blauen Karten nicht mehr. Rosa
wird gewünscht.
Der nächste Platz ist kein CCC-Mitglied mehr.
Wir treffen einige Camper, die dadurch all ihr Geld verloren haben, dass ihr
Homepark aus CCC ausgetreten ist.
Wofür haben sie viel Geld gezahlt, wenn sie jetzt nur noch den Homepark haben,
aber nicht mehr die Vorteile von CCC? Erinnert mich an unsere anfänglichen
Schwierigkeiten. Jeder Park kocht sein eigenes Süppchen und die CCC-Zentrale
kümmert sich um nichts.

In Kingsville haben wir uns bei Gunter und Marlis als Servas-Gäste angesagt.
Sie haben ein hübsches Haus voller Reiseandenken.
Wir nutzen ihr Angebot und legen nur Strom zum Auto wegen der Kühlbox,
schlafen aber ansonsten im Haus.
Am Abend gehen wir zusammen zu einem Folklorefest in der Universität.
Proppenvoll.
Ein mexikanischer Abend, bunt und gut.
Beim Tanzen können sich die Mexikaner richtig schnell bewegen.
Unsere Gastgeber sind Deutsche, er lebt aber schon seit 30 Jahren in Kingsville.
Zwei Jahre hatte er einen Lehrauftrag als Geschichtsprofessor in Malaysia, mit
Abstecher nach China.
Wir klönen bis spät in die Nacht.
Am Morgen ist der Frühstückstisch liebevoll gedeckt.
Deutsches Brot.
Anschließend packen wir ihren VW-Bus und fahren zusammen zur Baften Bay,
wo sie ein kleines Einmann-Segelboot auf dem
Grundstück einer Frau aus Houston liegen haben.
Die Frau nutzt das Grundstück nicht, Gunter hält es für sie in Ordnung und dafür
zahlen sie keine Miete für den Liegeplatz.
Hier kann sich Gunter mit seinen 60 Jahren austoben.
Später kommt noch ein Kollege mit Familie und deutscher Austauschschülerin
dazu.
Es wird gegrillt. Babs und ich warten auf die anderen 10 Personen, die noch
kommen müssten, aber die Massen Grillfleisch sind nur für uns bestimmt. Nach
Mexiko stopfe ich mich mit Steaks und Bratwurst voll, bis ich fast platze.

Am nächsten Morgen ruft Margie an.
Sie macht sich Sorgen, wann wir zurückkommen, wegen der vielen Asylanten
und der Wohnungsnot in Deutschland und wegen der Arbeitslosigkeit.
Sie erwartet uns im April zurück. Wie kommt sie nur darauf?

216

Auch Babs Eltern sind dieser Meinung.
Ich denke, da müssen sie wohl ihren Glauben revidieren.
Wir verabschieden uns von Gunter und Marlis, denn sie haben viel zu tun und
wir können nicht länger bleiben.
Kein Problem.

So landen wir am Padre Island National Seashore, wo wir direkt am Meer auf
einem kostenlosen einfachen Campground stehen und den Surfern zusehen.
Irgendwann kommen Eva und Fritz aus ihrem Motorhome bei uns vorbei.
Deutsch- Kanadier, die etwas plaudern wollen.
So unkompliziert kann das sein.
Wegen des Windes sitzen wir in unserem Auto.
Nachdem beide wieder weg sind, machen wir uns Catskilling Chickenwings und
bummeln als es dunkel ist, am Strand entlang.
In einem anderen Wohnmobil sehen wir die Beiden sitzen und werden
reingewinkt.
So landen wir bei Rosi und Paul aus Michigan und es wird wieder spät.
Wie verabredet fahren wir am Morgen mit Fritz und Eva zum Muschelsammeln,
etwas Padre Island entlang.

Padre Island ist eine schmale, langgestreckt Insel, die der Küste vorgelagert ist
und eine Lagune bildet.
Ein Traum für Surfer.
Mit 80 Meilen Länge ist Padre Island mit seinen Sand- und Muschelstränden,
Dünen und Salzwiesen eines der längsten unerschlossenen Ufergebiete der USA.
Ein Paradies für Tiere und wenige Menschen.
Als wir zurückkommen, machen wir einen Spaziergang zum Bootsslip.
Dort liegt das Schiff von Terry, den wir bei Eva und Fritz kennengelernt hatten.
Er hat alle Kapitänspatente, zurzeit aber bringt er mit dem Schiff nur morgens die
Arbeiter zum Bagger, der die Fahrrinne in der Lagune freihält.
Abends wechselt er die Schicht wieder aus.
So hat er den ganzen Tag Zeit und ist froh über unsere Gesellschaft.
So schlägt er vor, dass wir und Fritz und Eva mit ihm einen kleinen Ausflug in
die Lagune machen.
Das muss er uns nicht zweimal vorschlagen.
Alle dürfen mal ans Ruder und Babs fühlt sich wie Kolumbus, oder so.
Ein feines Schiff, zwei Maschinen, die es ihm erlauben, auf dem Teller zu
drehen, 35 Knoten schnell.

Den Nachmittag verbringe ich mit Dick damit, dass wir versuchen, mit seinem
Wurfnetz Fische zu fangen.
Dick und Lee stehen auch mit ihrem Riesenwohnmobil bei uns.
Es ist gar nicht so einfach, im Wasser stehend, das Netz so zu werfen, dass es
offen ins Wasser fällt.
Trotzdem fange ich einen Fisch.

Als es dunkel wird, versuchen wir es noch einmal und gleichzeitig machen sich die Frauen mit Taschenlampen ins Wasser, um Schrimps zu fangen. Immerhin gibt es zum Abendessen Fisch.

Wir fragen Dick und Lee, die hinter ihrem Wagen einen Jeep ziehen, ob sie nicht mit uns Padre Island hinunter fahren wollen, denn man braucht dort Vierradantrieb.

Sie sagen zu und so fahren wir los, nachdem sie nach einer halben Stunde den Jeep-schlüssel in Lees Hosentasche finden, die sie an hat.

Es macht Spaß und der Sand ist für den Jeep kein Problem.

Was ein Dreck ist hier angespült.

Pfui Teufel, all der Plastikscheiß und Teer.

Aber in einem Führer lese ich, dass die Meeresströmung den Dreck aus aller Welt hierherbringt.

Was ein Trost.

Der Teer dagegen ist natürlichen Ursprungs.

Die Indianer sammelten ihn früher und nannten ihn den Sand, der brennt.

Bei Meile 18 hat Dick keine Lust mehr, er hat wohl auch Angst, sich fest zu fahren.

Grundlos. Schade.

Aber es ist sein Wagen und wir machen kehrt.

Der Strand, wo große Muscheln sein sollen, wäre erst bei Meile 25.

Rufen wir doch einfach mal bei Richard aus Tulum an, sagen wir uns.

Er wohnt in Port Aransas.

Er ist sogar am Telefon und beschreibt uns den Weg zu seinem Haus.

Fünf Minuten später sind wir da.

Er wohnt hier mit seinen alten Eltern.

Das Haus liegt traumhaft, auf Stützen, mit einem herrlichen Blick auf den großen Schiffskanal und einer Aussichtsplattform auf dem Dach.

Leider ist das Haus nicht gepflegt, aber wer sollte das auch machen?

Hinten am Haus führt ein kleiner Kanal entlang, da liegt ihr Motorboot.

Ein schöner Kabinenkreuzer, zwei Motoren, Angelausleger.

Leider auch verkommen und von den Katzen zugeschissen.

Wir sitzen im Vorgarten und quatschen, trinken Bier und sehen uns unsere und Richy`s Fotos aus Tulum an.

Zum Mittagessen fahren wir mit seinen Eltern einen Whataburger essen und sitzen dann wieder im Vorgarten.

Abends koche ich Spaghetti mit Tomatensoße in ihrer Küche, dazu viele, viele Margarita

Drinks.

Der Vater ist 79 Jahre alt und reichlich tüttelig.

Er hatte vor zehn Jahren einen Schlaganfall, war zwei Jahre gelähmt und hat sich doch wieder berappelt. Dafür ist er ganz o.k.

Er fummelt im Garten rum oder angelt von der Veranda aus.
Die Mutter sehr nett, aber säuft.
Kein Wunder, der Sohn als Kind schwer verbrannt und heute noch geschädigt, der Mann lange ein Pflegefall.
Aber wir fühlen uns wohl.
Eine unaufdringliche Gastfreundschaft.
Ich koche gerne für alle.

Richy zeigt uns sein elektronisches Spielzeug, Computer, Kurzwellensender.
Er ist da ganz fit.
Es stimmt uns traurig diese liebenswerte Familie zu sehen, die zwar viel Geld hat, aber irgendwie den Bach runter geht, vom Schicksal gebeutelt.

Am nächsten Morgen will mir Richy helfen, den Anschluss an unserer CB-Funk Antenne zu löten.
Aber seine Hände zittern wieder so, dass ich lieber selber löte.
Innerlich grinsend fällt mir ein, dass Richy ja nur aus einer winzigen Miniatur-flasche trinkt, die er dauernd aus einer großen Flasche nachfüllt.
Dabei zittern seine Hände kaum.
Ich denke, das ist seine Art Training, vielleicht irgendwann das Zittern ganz unter Kontrolle zu bekommen.
Armer, lieber Kerl.

Mit der kostenlosen Fähre erreichen wir Rockport und einen CCC-Campingplatz.
Jetzt ist Großputz angesagt. Am Auto, an uns und an der Wäsche.
Überall kommt gut was runter.
Sorgen über Sorgen. Was ein Stress.
Margie macht uns fertig, wir sollen zurück, Deutschland geht den Berg runter.
Warum sollen wir dann zurück?
Andererseits hierbleiben?
Arbeitsgenehmigung für welche Arbeit?
Oder Auto verkaufen, an wen?
Schiff buchen?
Wann?
 Fragen über Fragen.
Dabei haben wir noch genug Geld.
Entscheidungen.
Jetzt?
Wann?
 Ich will wieder nach Tulum, ohne Post und Telefon.

Gemütliche Fahrerei, Landschaft wie in Holland, flach, Flüsse, Felder - oder teilweise wie in Key West, Meeresarme, Inseln, Brücken.
Am frühen Nachmittag erreichen wir unseren nächsten Campingplatz in Palacios, der mit einer kleinen Marina verbunden ist.

Es ist regnerisch und kühl.
Laut Fernsehen eine Rekordkälte um diese Jahreszeit, 15° C.
Auf der Strecke wieder viele Wildblumen am Straßenrand.
Sehr schön, der Frühling kommt.
In Texas werden die Blumen vom Highway- und Verkehrsdepartment am Straßenrand ausgesät.
Weiter durch flache, wasserreiche Landschaft, wir fahren kleine Straßen und begeben uns in der Brazosport Area wieder auf die vorgelagerten Inseln.
Die Häuser stehen auf Stelzen.
Kein Wunder, das Land liegt kaum einen Meter über dem Meeresspiegel.

Galveston, Altstadt beim Hafen.
Laut Veranstaltungskalender ist hier fast immer was los, jetzt gerade aber nicht.
Ist deshalb so ein Totentanz?
Schön restaurierte Häuser am „Strand", so heißt die Hauptstraße.
Aber auch hier und in den als Shoppingcenter umgebauten Lagerhäuser nichts.
In manchen Häusern nur ein vermieteter Laden.
Verspekuliert?

Wir sehen uns das Railroad- Museum an.
Pullman Wagen von 1920, für damalige Verhältnisse luxuriös, eigene Waschbecken in den Abteilen.
Liebevoll restauriert.
Alte Dampflokomotiven.
Im Wartesaal des "Bahnhofs" sitzen Gipsfiguren und warten auf die Züge, die nicht mehr kommen.
Wenn sie nicht alle weiß wären, könnte man sie für lebendig halten.
Fast hören wir sie miteinander sprechen.
Wir fahren weiter nach Houston.
David und Sally sind leider nicht da und so hält uns auch nichts weiter in der Stadt.
Der Benzinpreis ist inzwischen gestiegen. Gallone 1$. Als wir das letzte Mal hier waren, betrug er noch 70c.

In Trinity machen wir Pause.
Wir sitzen vor dem Auto, inzwischen scheint wieder die Sonne.
Rita und Richard sprechen uns an.
Deutsche, seit 28 Jahren in den USA. Wir kommen gewaltig ins Erzählen.
Auch sie sind wieder erstaunt über unser gemütliches Heim, von außen sähe man es ihm wirklich nicht an.
Später gehen wir gemeinsam ins Restaurant, es gibt ein leckeres Büfett.
Sie erzählen von ihrer Anfangszeit hier, und dass es nicht so schwer ist, auch heute, eine Arbeitserlaubnis zu bekommen, wenn man den richtigen Beruf hat, z.B. Kranken-gymnastin.

Öl in unser Feuer.

Wir spielen immer noch mit dem Gedanken, hier zu bleiben.
Mal laut gedacht:
USA, die Weite, wenig Menschen.
Andererseits, wo man arbeitet, ist es wie in Deutschland.
Nur härter.
Kaum Absicherung.
Und morgens klingelt auch der Wecker.
Freiheit? Zwei Wochen Urlaub im Jahr.
Reisen.
Wann?
Daher all die schönen Resorts für die Wochenendurlauber.
In Deutschland bis sechs Wochen Urlaub.
Reisen, genug Zeit.
Wir müssen aufpassen, dass wir unseren jetzigen Lebensstil nicht mit dem Alltag verwechseln.
Wenn man in Deutschland außerhalb der Stadt wohnt, hat man auch Freiraum.
50 Km Fahrt täglich. Hier normal, in Old Germany ein Alptraum auf überfüllten Straßen.
Und so weiter.
Das Problem für uns ist ja auch, dass wir in Deutschland fast von vorne anfangen müssen.
Deshalb haben wir auch noch keine Lust, nach Hause zu fahren.

In Tyler müssen wir eine neue Batterie kaufen, nachdem wir zuletzt zum Starten die Hilfe eines anderen Campers brauchten.
Im Oak Valley Park finden wir einen schönen Campingplatz, am See unter Bäumen.
Mit Klo und kostenlos.
Die Landschaft ist hügelig, saftig grün.
Die Amis nennen diese Landschaft "rolling".
Wie langgezogene Wellen wirken die Hügel.

In Ashdown auf dem Campingplatz spielen wir Tennis.
Gut, dass keiner zusieht.
Hinterher sind wir geschafft.
Na ja, der Stress. Und damit nicht genug, wir waschen unser Auto, richtig mit Spülmittel.
Es ist weiß!

Die einzige Diamantenmine der USA ist heute der "Crater of Diamonds" State Park.
Jetzt darf dort jeder schürfen, was man findet, darf man behalten.

Rund 600 Diamanten sollen pro Jahr noch von Touristen ausgebuddelt werden.
Wir sehen uns das Besucherzentrum und einige Beispiele der Diamanten an.
So winzig, dass ich trotz Brille mit der Nase durch den Dreck schürfen müsste.
Und dann auch noch an der richtigen Stelle sein, die vorher schon hunderte
andere durchwühlt haben und dann auch noch den Stein übersehen haben
müssen.
Da das Vergnügen auch noch bezahlt werden soll, verzichten wir darauf und
fahren nach Hot Springs weiter.
Rechts der Park Avenue die Badehäuser und der Nationalpark mit seinen 47
heißen Quellen, links der Ort und Souvenirläden.
Wir fahren den Mountain Drive zum Aussichtsturm.
Da es diesig ist, bleiben wir aber unten.
Anschließend wandern wir zu den beiden einzigen noch offenen Quellen, 65°C
heiß.
Neben der Promenade sehen wir viele grüne Deckel im Boden.
Das sind die heißen Quellen, die eingefasst wurden, um sie sauber zu halten.
Das Wasser wird aufgefangen und in einem Reservoir Tank gelagert und an die
Hotels und Bade-häuser weitergegeben.
Allerdings blüht die Stadt nicht mehr so wie vor 30 Jahren, als hier auch noch ein
Spielcasino existierte.
Sogar Al Capone und ein Präsident waren hier.
Lang ist es her.
Nur noch die Pferderennen bringen die Atmosphäre zurück, denn dann
verdoppelt sich die Einwohnerschaft auf 65.000 Seelen.
Wir nehmen an einer Tour durch ein ehemaliges Badehaus teil.
Es erinnert mich an den Film "Einer flog über das Kuckucksnest".
Wannen, Saunakabinen, bei denen nur noch der Kopf des Patienten hervorsieht.
Das Wasser der Quellen ist nur warm und enthält keine Mineralien.
Früher war das Tal bei den Indianern Neutrales Gebiet.
Jeder durfte baden, Kriege hier verboten.

Am Alum Cove Picknick Platz, 3 Meilen Schotterstraße vom Highway entfernt,
machen wir einen schönen Spaziergang.
Über eine Felsenbrücke, durch Frühlingswald in allen Grünschattierungen.
Durch ein Tal, am Fuß einer Felsabbruchkante entlang, Höhlen, ein kleiner
Wasserfall.
Der <7> wird immer schöner, vor Jasper führt er oben auf einem Gebirgskamm
entlang.
Jasper selbst ein kleines Touristenstädtchen, passend zu dieser Voralpen-
landschaft.
Hier liegt auch das Hauptquartier vom Buffalo National River.
Eventuell wollen wir ein Kanu mieten.
Aber wir erfahren, dass der Wasserstand zu niedrig ist.
Schade.

Vielleicht weiter Fluss abwärts.

Es muss zauberhaft sein, durch diese Canyons zu paddeln.

Zunächst verschieben wir aber die Entscheidung und lassen uns auf dem Ozark Campground nieder.

Sehr schön, Wassertoilette, Feuerstellen, kostenlos.

Der Flusslauf wurde 1972 zum National River erklärt.

Das hat ihm sein ursprüngliches Gesicht bewahrt.

Ich komme mit einem Rancher ins quatschen, 7 Monate arbeitet er, 5 Monate reist er.

In der Nähe ist eine Schule, an der Ranger zu Park-Supervisoren ausgebildet werden.

Zur Zeit bauen sie gerade einen "Ofen".

Alufolienzelte, die auf der Seite liegen. Die Kochplatte in der Mitte, die Glut kommt vor die Öffnung des Zeltes, so dass die Hitze reflektiert wird und man weniger Glut braucht. Klar???

Heute, Sonntag, ist auf dem Platz viel los.

Später sieht es am Ufer aus wie Sau.

Dabei stehen überall Mülleimer rum. Verstehe das einer.

Noch zweimal überqueren wir auf schönen Straßen den Buffalo River, bevor wir den Mountain View Campingplatz erreichen.

Vorher haben wir noch eingekauft: German Chocolate Cake und herrliche Steaks und eine Flasche Sekt.

Um 17.00 Uhr (24.00 Uhr deutsche Zeit) knallt der Korken.

Mein 40.Geburtstag.

Ich war vorher im Club, einige Bücher tauschen.

Als ich zum Auto zurückkomme, ist Babs verschwunden.

Aber jetzt bekomme ich eine Blüten- und Blätterkrone geschenkt.

Etwas stachelig wegen der Pflanzen hier.

Surprise, surprise.

Und ein Gedicht hat sie gemacht:

Eine Krone für die Macht und eine Blume für die Nacht.

Viel Freude mit mir, das wünsche ich Dir.

Der folgende Tag zeigt ein richtiges Geburtstagswetter.

So muss es sein.

Wir beobachten zwei Mädchen, ca. 13 Jahre alt, die mit einem Kanu losfahren wollen.

Nach 30 Sekunden allerdings kippen sie schon am ersten Stein um.

Die Stimme und das Kreischen der einen hätte den Stein zwar sprengen müssen, aber irgendwie blieb er ganz und so verkeilten die Girls dann auch noch ihr Boot zwischen ihm und Geröll.

Erst die Mutter, die dazu kommt, kann das Kanu freischieben.

Dabei tritt sie in ein Loch und plumpst mit ihrem gewaltigen Arsch ins Wasser.

Die entstandene Flutwelle lief bestimmt bis zur Mündung.
Platschnass marschieren alle Drei zurück zu ihrem Auto.

Musik, Whiskey und Schlachten

Wir überqueren den Mississippi und kommen nach Memphis.
Downtown, "Beale Street", eine der berühmtesten Straßen der USA.
Geburtsstraße des Blues, sagt unser Reiseführer.
Auf dem Weg dorthin schon tiefstes Afrika, Negerslums.
Und die Straße dann; Leere Läden, vereinzelte Musikkneipen, kaputte Fassaden.
Enttäuschend. Aber es wird restauriert.
Wenn Straßenmusikfeste stattfinden, soll hier das Leben toben.
Wir haben Probleme, uns das vorzustellen.

Ganz anders das alte Geschäft "A.Schwab".
Gegründet 1876 und wohl seitdem nicht mehr geändert.
Zu kaufen gibt es in dieser urigen, alten Atmosphäre auf zwei Etagen fast alles,
vom Hut über Schnickschnack bis zu Konserven.
Es macht Spaß, durch diesen Laden zu bummeln.

Auf dem Weg zu "Ihm" kommen wir an der Riverside an einigen alten Stern-
wheelern" vorbei, für Touristen-Flussfahrten.
Wunderschöne alte Schiffe.
Elvis lebt.
Jedenfalls sein Geist und in den Herzen der Besucher von Graceland.
Auch wir besteigen den Bus am "Terminal" und fahren mit ihm die 200 Meter
über die Straße zum eigentlichen Wohnhaus von Elvis Presley.
Wir sind ganz erstaunt, denn kein ausgeflippter Prunkbau erwartet uns, sondern
ein gemütliches großes Haus.
Es gefällt uns.
Der erste Stock ist nicht zu besichtigen.
Der King hatte Geschmack, auch ohne Innenarchitekt.
Das Musikzimmer und der Billardraum sind im Keller, beide mit Kamin.
Im Billardraum sind die Decke und die Wände sehr schön mit gefaltetem Stoff
bespannt. Im Jungle-Raum ein kleiner Wasserfall, Redwoodmöbel, Bar, sauge-
mütlich.
Jetzt ist natürlich auch ein Trophäenraum eingerichtet.
Elvis hat über 1 Milliarde Schallplatten verkauft und massenhaft goldene und

platinene Platten hängen an der Wand.

Daneben Geschenke, u.a. von einem Autohändler, bei dem er 24 Cadillacs kaufte und weiterverschenkte.

Kostüme, Schmuck, Musikinstrumente, Fotos.

Abschluss der Tour ist an seinem Grab.

Wir hatten gedacht, dass es vor Blumen nicht zu sehen sein würde.

Aber nichts dergleichen.

Seine Eltern, Großmutter und sein totgeborener Zwillingsbruder liegen hier auch inmitten eines Gartens, umgeben von Pferdekoppeln.

Während des Bürgerkrieges erwarb S.E.Toof, ein Zeitungsmann, Graceland als Farm.

Seine Tochter Grace gab ihr den Namen.

1939 bauten Erben das heutige Haus, das Elvis 1957 mit 13,8 Acres Land kaufte.

Der Bus bringt uns wieder über die Straße, wo wir seinen Tour Bus besichtigen, und sein Flugzeug, "Lisa Marie", genannt nach seiner Tochter. Der Flieger ist gemütlicher als die Präsidentenmaschine von Johnson, die wir in Tucson sahen.

Trotzdem nicht übertrieben aufgemotzt.

Souvenirläden, Filmvorführungen.

Fakten:

Die 1 Milliarde verkauften Schallplatten aneinandergelegt, würden mehr als zweimal um die Erde reichen.

Jährlich besuchen über 500.000 Gäste Graceland.

Elvis hatte 149 Songs in Billboard`s Hot 100 Pop Chart, davon 114 in den Top Forty, 40 in Top Ten und 18 Number One.

Sein Fernseh-Special 1973 wurde von 1 bis 1,5 Milliarden Menschen in 40 Ländern gesehen.

Mehr Zuschauer als beim ersten Mensch auf dem Mond.

Es ist schon toll, die Musik, das Haus, die Stimmung.

Ich bin so satt, ich mag kein Blatt, mäh. Babs muss schreiben.

Ich bin auch so satt, ich übergebe wieder an Hartmut.

Hauptsache sie übergibt sich sonst nicht. Mein Bauch ist voll, mein Kopf ist leer, schreiben kann ich auch nicht mehr.

Aber der Reihe nach.

Nach Graceland fahren wir über schöne kleine Straßen nach Tennessee.

Viel Weite, schöne Häuser, Farmen.

In Big Sandy am Kentucky Lake auf dem Campingplatz erfahren wir von einem Seafood-Bufett in Paris, 15 Meilen entfernt.

Also hin.

Sozusagen unser Hochzeitstag-Essen.

Schrimps, Catfisch, Lachs, Salate........4.99$ pro Person, soviel man essen kann.

Wir können.

Jetzt liege ich laut Babs, wie eine große grinsende Flunder auf dem Bett.

"Land between the Lakes", an der Grenze zwischen Kentucky und Tennessee ist ein traumhaftes Freizeitgebiet zum Angeln, Jagen, Wandern, Radfahren oder Wassersport.
Man feiert gerade den 25jährigen Geburtstag.
Sehr gepflegt, teils wie ein Park.
Dabei eine historische Farm von 1850.
Freiwillige in historischen Trachten zeigen das Leben aus dieser Zeit.
Überhaupt wirkt Kentucky auf uns wie eine Parklandschaft.

Wir begeben uns wieder mal in den Untergrund, die "Mammoth Cave" National Park steht auf dem Programm.
Im späten 18.Jahrhundert wurden die Höhlen wieder entdeckt, später wurde Salpeter abgebaut.

Die Indianer kannten die Höhlen schon vor 4500 Jahren, wie Funde bezeugen. 1941 wurden sie Nationalpark. Immer mehr Gänge wurden gefunden und heute ist "Mommoth Cave" das größte zusammenhängende Höhlensystem der Welt mit über 300 Meilen bekannter Länge.
Wir machen die große Frühjahrstour von 4 1/2 Stunden Dauer.
Mit einem Fahrstuhl geht es in die Unterwelt. Nach einer Stunde erreichen wir den Snowball Dining Room, Imbissstand, Freßpause. Es ist eine schöne, beeindruckende Wanderung. Die Höhlendecken sind teils völlig glatt, wie verputzt, oder flache Steinplatten "kleben" an der Decke. Interessant.
Tropfsteine, "Frozen Niagara", auf einer Treppe können wir hinter den steinernen "Wasserfall" gehen.
Toll, toll.
Beeindruckend auch der Gang durch einen schmalen, hohen unterirdischen Canyon mit abgeschliffenen
Wänden.
 Wir können uns gut vorstellen, wie einst ein reißender Fluss da entlang donnerte.
Bei einem Stopp macht der Ranger das Licht aus. Beängstigend und doch wunderbar, diese absolute Dunkelheit und Ruhe.
Wir sehen einige Spinnen, die hier leben, blind mit riesigen Fühlern, der Dunkelheit angepasst.

Vor 340 bis 300 Millionen Jahren erfolgten Kalkablagerungen in einem Flachmeer. Sand deckte den Kalk zu. Als das Gebiet durch Erdkrusten-bewegungen über den Meeresspiegel gehoben wurde, entstanden Risse und Spalten, durch die das Regenwasser dringen konnte. Das leicht saure Sickerwasser löste den Kalk nach und nach. Es entstand ein Labyrinth von Gängen, Schächten und Kammern. Das Grundwasser sank ab und die Höhlenbildung verlagerte sich weiter in die Tiefe. Im Laufe der Zeit entstanden so fünf Höhlenstockwerke.
Wir sehen auch zwei "Dome", tiefe Schächte, Zylinder, die fast rund, bis zum

Erdmittelpunkt zu reichen scheinen.
Die Höhlen, eigentlich wieder ein Highlight.

Nicht Bier, sondern die größte Bier- und Sodabüchsensammlung der Welt zieht
uns diesmal an, im "Museum of Beverage Containers and Advertising" in
Goodlettsville. Eine Privatsammlung, Regale über Regale voll Büchsen und
Flaschen, über 25.000 Stück. Dazu sonstige Brauereiwerbung, Flaschenöffner.
Da auch viel verkauft wird, lasse ich meine Geldbörse bei Babs.

Nashville, Home of Country Musik.
Wir hören zwar gerne diese Musik, aber so große Starfans sind wir doch nicht,
dass wir uns die Museen der Musiker ansehen.
Außerdem ist uns zu viel Rummel dabei.
So verzichten wir auch auf das Opryland und die Grand Ole Opry. Vielleicht im
Nach-herein doch ein Fehler?
Dafür sehen wir uns Downtown an, schöne Hochhäuser, ein Museum, gebaut wie
ein alter griechischer Tempel mit Kriegshelden- Denkmälern. Interessant gebaut.

Über den <269>, durch hügeliges Ranchland tuckern wir gemütlich weiter.
Schöne Häuser, wir mögen es, wenn sie vorne mit Säulenveranden geschmückt
sind.

Zwei Whiskey-Brennereien sollen in der Gegen sein.
Ja wohl ein Muß.
Die erste, George Dickel Destillerie finden wir nicht, aber dafür in Lynchburg
die Brennerei von Jack Daniels, die 1866 gegründet wurde und die wir
besichtigen. Ein guter Whiskey Duft hängt über allem.
Umso schlimmer, dass es keine Kostproben gibt.
Eine Maische aus Mais, Roggen und Gerstenmalz wird gekocht, vergoren und
destilliert. Das frische Destillat hat eine Grädigkeit von 70%.
Um die besondere Holzkohle zu gewinnen, die zur Läuterung nötig ist, wird nur
das Holz der harten Zucker-Ahornbäume im Herbst, wenn der Saft nicht mehr
steigt, geschlagen.
Dann wird es im Freien zu einer reinen Ahorn Holzkohle verbrannt und in 1 cm
große Stücke gemahlen.
Anschließend wird der frisch destillierte Whiskey durch die Holzkohle geläutert,
d.h. er topft langsam in riesige kohlegefüllte Fässer und sickert durch sie
hindurch. Damit werden die Fuselöle entfernt.
Das soll den Geschmack ausmachen.
In einem Laden kaufen wir später eine Flasche und freuen uns, dass man sich
noch so viel Mühe bei der Herstellung macht.

Es schmeckt.
Das waren noch Zeiten, die des "Moonshining", des Schwarzbrennens.

227

Wir haben uns "The Foxfire Book" gekauft.
Eliot Wigginton, ein Lehrer fing 1966 an, mit seinen Schülern ein Magazin
heraus-zugeben.
Die Schüler befragten ihre Verwandten und Bekannten, später auch Andere, nach
interessanten Geschichten, die sie erlebt hatten, nach alten Rezepten, Über-
lieferungen.
Wissen, dass meist mit dem Tode der alten Leute verloren geht, nicht weil sie es
für sich behalten wollen, sondern weil niemand fragt.
So entstanden die Foxfire Books.
Unseres berichtet über hog dressing, log cabin building, mountain crafts and
foods, planting by the sign, snake lore, hunting tales, faith healing und eben
moonshining.
Es erzählt vom Versteckspiel der Brenner und dem Kampf der Obrigkeit gegen
sie, von Freundschaften zwischen ihnen und "Gaunerehre" in der Guten Alten
Zeit.
Es erzählt, wie die kleinen Brennstellen verborgen wurden, ...*build a log shed
over the still and cover this with evergreen branches,.........find a ravine, dig out
its bottom, place the still in, and then set branches and saplings over the top like
a roof. They should be arranged so that they blend in with the landscape,.........*
Es erzählt vom Kochen des Suds, vom Brennen. ....*use a good, fresh, pure
white corn like Holcmp Prolific which produce about three quarts of Whiskey per
bushel,..........put the corn in a barrel or tub, add warm water, and leave it for
twenty-four hours. Then drain it and move it to the sprouting tub. Cover it with
pretty warm water, leave it for fifteen minutes, and drain the water off. Put the
tub close to a stove, and turn the cold side to the stove at least once a
day..........the day before the sprouted corn is ready, take the remaining eight
bushels of corn to the miller to be ground up. Build a fire under the still. Fill it
nearly full with water, and stir in a half-bushel of corn meal. When it comes to a
boil, let it bubble for thirty-five minutes...........the liquid is now known as
beer.........if you are using sugar, then the whole mixture should be ready to run
on the fifth day of its working. ....you can tell when it`s ready to run by
studying the cap that has formed over the beer......Chunk the fire easy, starting
slowly and gradually building it up in intensity ....place a container under the
end of the condenser. A funnel should be inserted in the container which is lined
with a clean, fine white cloth on the bottom, a yarn cloth on top of that, and a
double handful of washed hickory coals on top of that. The coal remove the
bardy grease, it shows up as an oil slick on top of the whiskey if not drained off,
which can make one very ill..........from the second running, you should have two
or three gallons of good whiskey and seven or eight gallons of backings........after
about seven runs, the net result will be seven to ten gallons of
pure corn whiskey......*
und es gibt allgemeine Hinweise zum moonshining.
.....*always use copper. Beer doesn`t stick to it so badly, and there is less chance
of any kind of metal poisoning......add three or four drops of rye flavouring to*

each gallon of whiskey to give it a yellow tint and a distinct rye flavour.
Wir kaufen uns lieber noch eine Flasche im Laden und schmökern in diesem interessanten Buch.
Schade, was tatsächlich an Wissen mit unseren Großeltern verloren geht.

Chattanooga, was ein Klang hat der Name dieser Stadt.
Zuerst sehen wir uns das Confederama an.
Ein ca. 7 x 7 Meter großes Modell der Landschaft um Chattanooga, mit über 5000 winzigen Soldaten und Kanonen der Süd- und Nordstaaten, die eine der Entscheidungs-schlachten des Bürgerkrieges nachstellen.
Rundherum Stühle.
Und dann geht es los.
Über Tonband wird die Geschichte der Schlacht beschrieben, Kanonen rauchen, in den winzigen Gewehrspitzen der Soldaten blitz Mündungsfeuer (Lämpchen) auf. Verschiedenfarbige Lämpchen markieren das Geschehen.
Mir stellt sich die Frage, ob diese Schlacht nötig war, ob man die Hügel nicht hätte umgehen können, Angriff von Hinten, oder die Eisenbahnlinie nicht hätte einfach in die Luft jagen können?
Jedenfalls siegten die Nordstaaten 1863.

Wir schauen uns natürlich auch den Chattanooga Choo Choo an. Ein alter Bahnhof, toll zurechtgemacht, Eisenbahnwagen als Hotel, super, im Gebäude Geschäfte und Restaurants.

Laut Guinnessbuch der Rekorde ist der größte unterirdische See der Welt der "Lost Sea" bei Sweetwater.
Also nochmal in eine Höhle.
Na gut.
Und wieder gut und anders.
Die Beleuchtung besteht aus kleinen Strahlern, die eine interessante Stimmung zaubern.
Durch die Beleuchtung wachsen in der Höhle Farne, deren Samen durch die Schuhe der Besucher hereingetragen wurden.
Wir besteigen ein Boot und fahren auf dem blaugrün schimmernden See. Viele Fische, die ausgesetzt wurden, umtummeln das Boot.
Angeboten werden auch Touren mit Taschenlampen oder man kann in Gruppen in der Höhle übernachten.
Muss toll sein, aber wir machen es nicht.
Warum eigentlich nicht? Schade eigentlich.

Pigeon Forge liegt uns nicht.
Ein Straßendorf, Tourismus von der Gruselbahn. Minigolf, Wasserrutsche, Fahrgeschäfte, Souvenirshops und Shows.
So zieht es uns gleich weiter zum Informationsbüro vom "Great Smoky Mountain National Park", mit 8 Millionen Besuchern der meistbesuchte

Nationalpark der USA.

Weiter nach Gatlinburg.
Zwar auch eine Touristenstadt, aber kleiner, engere Straßen, mehr wie ein österreichischer Wintersportort.
Im Nationalpark fahren wir zuerst den "Roaring Fork Road Natur Trail" entlang.
Eine rund 5 Meilen lange Straße für Leute, die durch die Natur fahren wollen.
Nur bloß nicht den Arsch bewegen.
Aber die Straße ist wunderschön, einspurig, sehr schmal windet sie sich auf und ab durch den Wald.
Höchstgeschwindigkeit 10m/h. Schneller wäre es mit unserem "großen" Auto auch nicht gegangen.
Im Winter ist die Straße geschlossen.

Wir wandern noch etwas den "Grotto Falls Trail" zu einem kleinen Wasserfall, hinter den wir gehen können. Auf dem Rückweg sammeln wir Brennesselblätter für einen Salat, natürlich nur die jungen, hellgrünen Blätter.
Blätter waschen, kurz abbrühen. Nach dem Abbrühen schrumpft die Menge auf 1/10. Genug sammeln.
Klein gehackte Zwiebeln, ein klein gehacktes gekochtes Ei, Essig, Öl.
Sehr schmackhaft und fürchterlich gesund.

Das Wetter ist wieder schön geworden und so hält uns nichts mehr und wir fahren den "Cades Cove Loop".
24 Meilen eine herrliche Straße am Fluss entlang bis Cades Cove, einem alten Siedlungsgebiet.
Wiesen, Gras, Felder, heute verlassen.
Das einzige gerodete Gebiet inmitten der ewigen Wälder.
Um 1710 begannen die Cherokee Indianer, die in dieser Gegend lebten, den Lebensstil der weißen Einwanderer anzunehmen.
Sie wurden Christen und gaben sich eine geschriebene Verfassung.
Nach einer Arbeit von 12 Jahren, führte der väterlicherseits deutsch-stämmige Cherokee Sequoya, bei seinem Volk ein Silbenverzeichnis der Chirokee-Sprache ein, das er entwickelt hatte.
Zwei Jahre später konnten alle Cherokee lesen und schreiben.
1828 erschien die erste Zeitung, "The Cherokee Phoenix".
Doch dann wurde Gold gefunden und vorbei war es mit der friedlichen Koexistenz.
Die Goldsucher erreichten die Umsiedlung der ansässigen Indianer.
Sie ließen 1838 von einer kleinen indianischen Minderheit den Removal Act unterzeichnen.
Die Folge war die, dass die Cherokee von ihren Farmen vertrieben und in Lager gesteckt wurden, um dann nach Oklahoma geschickt zu werden.
Von den rund 13.000 Indianern starben 4000 auf dem "Marsch der tausend

Meilen" den sie "Weg der Tränen" nennen.
1850 lebten dann 685 Weiße in 137 Haushalten im Cove.
Die Zahl ging auf 269 im Jahr 1860 zurück, als mehr Land im Westen
erschlossen wurde.
1934, als der Smoky Nationalpark eingerichtet wurde, lebten wieder 500
Menschen hier.

Der Cove Rundweg von 15 Meilen, Einbahnstrecke, führt uns durch die herrliche
Landschaft zum Abrahams Wasserfall, laut Hinweisschild ein 3 bis 4 Stunden
Marsch, wie brauchen zwei Stunden incl. einem Picknick am Wasserfall.
Dafür qualmen uns jetzt die Socken.
Aber es war schön.
Wir schaffen es aber trotzdem noch, in der Cable Mill Area rumzubummeln,
vorbei an alten Häusern, Scheunen und einer Wassermühle.
Der Great Smoky Nationalpark hat seinen Namen von dem Nebel, der wie Rauch
durch die Täler der Appalachian Berge zieht.
Ein traumhaftes Wald- und Wildblumenreservat. Über 1500 blühende
Wildpflanzen soll es hier noch geben, mehr als in jedem anderen Park.
Auf der Straße quer durch den Park erreichen wir den Clingmans Dome, den
höchsten Punkt in Tennessee, 6640 feet.
Wir haben eine tolle Aussicht.
Erschreckend ist aber, dass durch einen exotischen Käfer, 50% der Tannen tot
sind.
Wir hoffen, dass man dem Einhalt gebieten kann.
Ein asphaltierter Weg führt hoch zum Aussichtsturm.
Relativ viele Besucher sind da.
Ab 1300 Meter Höhe verlässt uns der Frühling, die Blüten der Bäume sind noch
geschlossen.

Wir freuen uns auf den "Blue Ridge Parkway", 469 Meilen durch North Carolina
und Virginia.
Er beginnt gleich hinter den Smokies und windet sich die Höhen der Süd-
Appalachians entlang.
Wunderschöne Aussichten bieten sich uns, besonders am Richland Balsam, mit
6053 feet der höchsten Stelle.
Wieder sind unendlich viele Tannen kaputt.
Je nach Höhenlage wechselt der Frühling mit dem Winter ab.

In Asheville wollen wir das "Biltmore Estate" ansehen, ein 255 Zimmer Schloss
in einem Park.
Aber fast 20$ Eintritt pro Person halten uns davon ab.
Alte Schlösser sind für uns Europäer nicht mehr so anziehend. Denke ich.
Wir biegen auf den <74> ab und erreichen unseren Campingplatz.
Seit einiger Zeit hängen wir immer an den Schwarzen Brettern einen Zettel aus:

Camping-Equipment zu verkaufen.
Langsam, ganz langsam denken wir an die Heimfahrt.
Erstmals werden wir etwas los und bekommen einen guten Preis für unsere
Campingstühle und den Tisch.

Noch fünf Meilen sind es bis zum "Chimney Rock Park".
Wir haben die Alternative, per Fahrstuhl oder zu Fuß auf den Fels zu kommen.
Wir wandern.
Über Holzstege und -treppen, durch eine 1 Meter breite Schlucht, Abstecher zur
Moonstein Höhle, einem Moonshining Unterschlupf des letzten Jahrhunderts,
Richtung Gipfel.
Immer wieder öffnet sich der Blick über die Landschaft.
150 Stufen führen durchs Needle Eye.
Wir nehmen noch den Wanderweg "Chliff Trail", entlang der Klippen und
Felsabbrüche zum Hickory Nut Wasserfall.
Einen atemberaubenden Blick genießen wir vom Inspiration Point, der seinen
Namen zu Recht trägt.
Über den Skyline Hiking Trail, vorbei am Devil`s Head, erreichen wir den
Chimney Rock.
Abwärts nehmen wir den Aufzug. 258feet, 26 Stockwerke abwärts.
Der Schacht wurde durch Granit gesprengt.
Beachtliche Leistung.
Beachtlicher finden wir die Natur und die gut angelegten Wanderwege und
Kletter-strecken.
Der Parkway ist sehr schön, trotzdem verlassen wir ihn in Virginia und begeben
uns auf geschichtsträchtigen Boden.

Zuerst Jamestown, der Festival Park.
Eine Siedlung, wie sie wohl 1607 die ersten englischen Siedler hatten.
Dreizehn Jahre bevor die Pilgerväter landeten wählten 104 Engländer diese
Stelle, um eine Niederlassung im Auftrag der London Company zu bauen.
Die erste feste Siedlung in der Neuen Welt.
Gut rekonstruiert.
Ein altes Indianerdorf der Powhatan, Hütten verschiedener Größe, matten-
gedeckt, Gerätschaften, Felle und Kulturgegenstände.
Etwas weiter das wieder aufgebaute James Fort.
Palisaden, Holz-Lehmhütten, eingerichtet. Gut zu verteidigen, ebenso gegen die
Indianer wie gegen die Spanier.
Anfangs ging alles ziemlich durcheinander und Krankheiten dezimierten die
Leute.
1608 übernahm Captain John Smith das Kommando. "No work, no food" war
seine Maxime und plötzlich lief der Laden.
Er führte auch Regeln über den Handel mit den Indianern ein.
Als er 1609 nach England zurückkehrte, fing die Schlamperei wieder an und nur

232

wenige Siedler überlebten den Winter.

Zum Glück (?) folgte aber menschlicher Nachschub.

Freiwillige in traditioneller Kleidung, die zwischen den Hütten arbeiten, geben uns einen Eindruck des täglichen Lebens.

Im Fluss liegen Nachbauten der drei kleinen Schiffe, die die ersten Kolonialisten brachten, die "Susan", "Constant" und "Discovery".

Über die Karibischen Inseln, um Frischwasser zu bunkern, und dann nordwärts die Küste hoch, erreichten sie nach 6000 Meilen und 144 Tage diesen Platz.

Mich gruselt, wenn ich mir vorstelle, mit diesen kleinen, plumpen Seglern über den Atlantik zu schippern.

Eng und bestimmt nicht gemütlich. In keiner der Kajüten oder Räume kann ich aufrecht stehen.

Auf dem größten Segler, der "Constant" mit 110 feet, waren immerhin 54 Passagiere und 17 Mann Crew.

Auch in der Küche musste der Koch auf dem Boden sitzen. Der Platz musste auch noch mit Ziegen, Schweinen und Hühnern geteilt werden.

Der Anbau von Tabak erwies sich bald als erfolgreich und klärte in England die Frage nach dem wirtschaftlichen Nutzen der neuen Kolonie.

Dabei hatte König James I keine gute Meinung über Tabak:

He found it loathsome to the eye, hateful to the nose, harmful to the brain, and dangerous to the lungs.

Zur gleichen Zeit begannen die Franzosen mit der Erschließung Kanadas und gründeten Quebec.

Wir bleiben auf historischem Boden: Colonial Williamsburg.

Bis 1790 war Williamsburg die Hauptstadt der Kolonie Virginia.

1926 wurde die Colonial Williamsburg Foundation gegründet mit dem Ziel, die Restauration und die Erhaltung des historischen Bereiches sicherzustellen und zu er-halten.

Sie waren erfolgreich und es ist einen Besuch wert, hierher zu fahren.

Viele Straßen sind für Autos gesperrt, denn alte Pferdedroschken und wieder Freiwillige in historischen Kostümen, beleben die schön hergerichteten Straßen im kolonialen Stil.

Viele der Häuser können wir von innen besichtigen, Apotheke, Taverne, Courthouse.

Toll auch der Gouverneurspalast.

Wie sagte die Führerin: *Die englische Krone wusste die "einfachen" Kolonialisten zu beeindrucken.*

Mit dem Palast haben sie es bestimmt geschafft.

Was mir sehr übel auffällt, ist, dass in der Küche des Gouverneurspalastes für die Besucher nach alten Rezepten gekocht wird.

Gegrillte Kaninchen, Hühner, Kuchen.

Frage einer Besucherin, was aus dem Essen wird. Antwort: Es ist zum Ansehen und Vorführen da und wird dann weggeworfen!

Nächster Stopp ist das Yorktown Victory Center.

Wir sehen uns einen Film über Washingtons Sieg über die Engländer 1781 an und eine lehrreiche Multimediashow in Form einer "Straße", von der Bostoner Teaparty bis Yorktown.

Die Franzosen kamen damals den Amerikanern zu Hilfe.

Nach ihrem Seesieg bei Kap Henry, war der englische General Charles Cornwalls mit 8000 Mann von der Seeseite von den Franzosen und von Land von den Amerikanern, zusammen 16000 Mann, eingeschlossen.

Er kapitulierte.

Es fällt uns schwer, uns vorzustellen, dass diese grünen Wiesen und Felder blut-getränkt waren. Geschichtlich geht es weiter.

Zeitsprung, Bürgerkrieg.

Wir sind in Fredericksburg. Schauplatz von 4 großen Schlachten.

Im Bürgerkrieg war die Stadt sieben Mal auf verschiedenen Seiten.

Die armen Bewohner wussten überhaupt nicht mehr, welche Fahne sie gerade heraushängen sollten.

Trotzdem sind im historischen Bezirk noch einige schöne alte Häuser erhalten.

Wir besuchen den "Hugh Mercer Apothecary Shop". Die Mitarbeiter, in alten Trachten, erzählen uns von den damals benutzten Heilkräutern und Mixturen und wir dürfen an Lavendel, Baldrian oder Ginger riechen. Nebenan der Arbeitsraum des Doktors, Blutegel in Gläsern.

Ausführlich und sehr plastisch wird uns über die verschiedenen Heilmethoden erzählt.

Beispiel bei Infektionen: In ein Glas wird glühende Kohle gelegt, etwas warten, dann das Glas über die Wunde stülpen. Das entstehende Vakuum sollte den Infekt herausziehen.

Und immer wieder Blut ablassen. Das Allheilmittel.

Nett auch die verschiedenen Geräte zum Amputieren von Gliedern. Grusel.

Fredericksburg liegt auf halbem Weg zwischen Richmond und Washington und dadurch wurde hier und in der Umgebung immer wieder gekämpft. Mehr als 100.000 Mann sind in dieser Gegend gefallen.

In Fredericksburg und Chancellorsville gewannen die Konföderierten, in The Wilderness und Spotsylvania Cout House die Union Army.

Eine der Schlachten, direkt in Fredericksburg, fand am 13.12.1862 statt, als General Stonewall Jackson hinter dem "Stonewall" verschanzt lag und die Unionstruppen über offenes Feld dagegen anrennen mussten und reihenweise niedergemäht wurden.

Der Unions-General wurde später seines Postens enthoben.

Hat zu lange gedauert, bis man offensichtlich merkte, dass er unfähig gewesen sein muss.

In einem Buch lese ich, dass im Bürgerkrieg mehr amerikanische Soldaten gefallen sind als in beiden Weltkriegen zusammen.

Das Chancellorsville Battlefield sehen wir uns auch noch an.

Stonewall Jackson wurde dort am 2.5.1863 von eigenen Leuten am Arm verwundet und starb kurz danach daran.
General Lee bezeichnete dessen Tod als seinen schwersten Verlust.

Fracht nach Deutschland

Genug Geschichte, genug Schlachten.
Gehört ja leider zusammen.
Wir erreichen Washington D.C.
Hella, Babs Tante, finden wir problemlos in ihrem Büro bei einer Immobilienfirma.
Die ganze Zeit hat sie lieb unsere Post gesammelt und an uns weitergeschickt.
Damit konnte sie unsere Reiseroute ungefähr verfolgen und jetzt führen unsere Spuren zu ihr.
Mike, ihr Mann, holt uns ab, da sie noch arbeiten muss, und lots uns zu ihrer Wohnung in Falls Church.
In einem Hochhauskomplex mit Wachdienst, 19. Stock, mit einem traumhaften Blick bis nach Washington rein.
Nachdem wir unsere aktuelle Post gelesen und lecker gegessen haben, fahren wir noch in die Stadt und aufs Washington
Monument, von wo wir einen super Blick auf das nächtliche, beleuchtete Washington haben.
Weiter vorbei am Lincoln Memorial, White House, Capitol und verschiedenen Ministerien.
Wuchtige, meist säulenverzierte Prachtbauten, angestrahlt, beeindruckend (Der Sinn der Sache, die einfachen Leute müssen beeindruckt werden, haben wir ja schon bei den Kolonialherren gelernt).
Schön ist dann auch Georgetown, ein alter Stadtteil mit kleinen Straßen und alten restaurierten Häusern, viel Leben überall.
Mike ist 71 und ehemaliger Commander bei der Küstenwache.
Daher hat er einen Sticker am Auto, der ihn berechtigt, durch Militärgelände zu fahren.
Wir nutzen die Abkürzung auf dem Weg heim, wo wir sehr spät ankommen.

Es regnet, Mike setzt uns am Space Museum ab.
Drei Stunden später will er uns wieder aufsammeln.
Ach du je, was sollen wir drei Stunden in einem Museum?
Na denkste.
Es ist so toll und abwechslungsreich, dass wir nicht durchkommen und uns sogar den Film über die Luftfahrt nicht ansehen können.

235

Man muss sich einfach mal klar machen, wie kurze Zeit es erst her ist, seit der Mensch das Fliegen lernte.
Erster Flug der Gebrüder Wright 1903.
Aber schon 1861 wurde der Vorteil von Ballonflügen für militärische Aufklärung Präsident Lincoln vorgestellt.

Wir machen uns fein und fahren zum Brunch mit Mike und Hella in der Offiziersmesse des Cameron Forts.
Endlich kommen unsere guten Klamotten mal in Gebrauch.
Es schmeckt köstlich und mehr als reichlich.
Meine Speisekarte: Krabben, Fischfilet mit grünen Salat, Broccoli in Schinken, Rührei mit Speck, Roastbeef, Ham mit Toast, Käseplatte mit Melone und Erdbeeren und Trauben, Torte, Eis.
Dazu Bloody Mary, Champagner, Kaffee.
Whow !!!

Programmpunkt: Arlington Friedhof. Grab des unbekannten Soldaten.
Wir können eine Wachablösung beobachten.
Nur fehlt uns sowieso das richtige Verständnis für militärische Dinge, aber trotzdem finden wir, dass die Soldaten laufen, als haben sie die Hosen bis oben voll, steifbeinig.
Aber lachen darf man ja nicht.
Da sind die unendlichen Reihen der Soldatengräber aussagekräftiger, für uns jedenfalls.
Mehr als 200.000 Soldaten sind hier begraben.
Ein Querschnitt durch die amerikanische Geschichte, vom Unabhängigkeitskrieg bis Vietnam.
Viele berühmte Zivilisten, Präsidenten, Astronauten, der Boxer Joe Louis oder der Artic Forscher Byrd. Und natürlich John F.Kennedy. Beeindruckend das Iwo Jima Memorial.

Mike setzt uns am Jefferson Monument ab und wir bummeln zum Vietnam Memorial.
28.Mai, großes Treffen von Vietnam Veteranen.
Es ist schwer was los, denn fast alle sind mit großen Motorrädern gekommen, es wirkt fast wie ein Rockertreffen.
Trotzdem ist alles friedlich.
Lange Schlangen von Veteranen stehen vor der Wand an, auf der die Namen der Gefallenen eingraviert sind. Diese Gedenkwand geht uns wirklich nahe.
Vietnam ist hier immer noch sehr gegenwärtig.

Diesmal starten wir unseren Rundgang am Capitol.
Was ein Prachtbau.

Innen auch schön.
Der Senat, das Repräsentantenhaus sind aber kleiner, als wir gedacht haben.
Riesige Skulpturen, die Szenen aus dem Bürgerkrieg zeigen, vor dem Gebäude.
Sie gefallen mir gut, als könnten sie gleich lospreschen.

Union Station.
Ein Bahnhof, aber holla!
Von außen mehr ein Göttertempel, riesig, protzig, weißer Stein.
Und innen, nochmal holla.
Die große Halle mit Geschäften ausgebaut, drei Etagen, Nobelläden, Restaurants, luftige Treppenbögen.
Alles überragt von einer Facettenkuppel.
Keine Bahnhofsatmosphäre.
Die Bahnsteige irgendwo hinter Türen, unsichtbar.
Wir bummeln die Pennsylvania Av. Richtung White House, vorbei am FBI Gebäude, zum alten Post Tower. Ein altes Postamt mit überdachtem Innenhof, ausgebaut mit Restaurant und Läden, zwei Ebenen, Glasfahrstuhl.
Wir fahren mit einem andren Lift auf den Tower.
Betrieben wird die Anlage vom Nationalpark Service.
Als das Postgebäude 1899 eröffnet wurde, bezeichnete die New York Times es als eine Mischung aus Kathedrale und Baumwollmühle.
Uns gefällt es.
Wieder unten, genehmigen wir uns ein gewaltiges Eis.
Wir landen im National Museum of Natural History. Toll.
Angeschlossen ist eine Ausstellung mit Filmen über Vulkanismus.
Wir können uns nochmal den Ausbruch des Mount Helen ansehen.

Am Abend laden uns Hella und Mike in Georgetown in ein japanisches Restaurant ein; Samurai.
Ein Teil des Tisches ist eine Kochplatte, und der Koch bereitet direkt vor unseren Augen das Essen zu, Shrimps, Fleisch, Gemüse.

Wir haben gelernt, was D.C. hinter Washington heißt: District of Columbia.
Damit gehört Washington zu keinem Bundesstaat.
Eigentlich wollen wir heute weiterfahren und zuvor nur noch die Autover-
sicherung für die nächsten zwei Monate bezahlen.
Was erfahren wir bei Allstate.
Wir haben seit sechs Monaten keine Versicherung mehr?!?!
Wir rufen in Kalifornien an, wo wir zuletzt bezahlt haben.
Der dortige Agent hat das Geld angeblich überwiesen. Wo ist es geblieben? Er will zurückrufen.
Für eine neue Versicherung in Virginia bräuchten wir einen Virginia Führerschein.
Wir warten lieber erstmal den Rückruf ab.

Zwischenzeitig rufen wir mal beim Schiffsagenten der "Patty" in Brunswick an, wegen einer möglichen Rückpassage.

Es gehe nicht. Buchungen nur über Deutschland.

Na so eine Scheiße.

Also Fliegen?

Ich telefoniere rum, was unsere Blechkiste, 39 x 22 x 16 inc, rund 150 Pound kosten würde. Luftfracht 250 $

Die haben eine Meise.

Übergewicht beim Fliegen, wenn wir all den Kram als Gepäck mitnehmen, 20 kg kosten 80$.

Hier fliegt ein ganz großer Meisen Schwarm.

Der Kelch ist an mir vorbeigegangen.

Ich muss keinen neuen Führerschein machen, und das in Englisch.

Man fährt ja nach all den Jahren automatisch und wenn dann gezielte Fragen kommen, warum man was macht, wird es schwer.

Hella hat mit den verschiedenen Allstate Agenturen telefoniert.

Kalifornien, wo das Geld verschwunden ist, Florida, wo wir abgeschlossen hatten.

Jedenfalls bekommen wir jetzt aus Florida eine neue Police gefaxt, unterschreiben für die nächsten Monate und sind wieder versichert.

Jetzt wollen wir aber auch das Geld für die letzten Monate wiederhaben.

Ein Glück, dass wir keinen Unfall hatten.

Inzwischen habe ich eine Spedition gefunden, TIPICS, die unsere Kiste für einen akzeptablen Preis, 1$/Pound nach Deutschland transportiert.

Wir bleiben also noch länger in Washington.

Im Schweiße unseres Angesichts packen wir Schuhe, Zelt, und und und.

Schnell, zu schnell ist die Kiste voll und wir schleppen sie in Hella`s Wohnung, wo sie abgeholt werden soll, was dann auch passiert.

Babs Eltern können sie dann irgendwann am Flughafen Frankfurt abholen.

Wir wollen uns mit Paul und Weldon treffen, die wir in Anchoridge bei Roger und Denice kennengelernt hatten.

Sie waren doch überrascht, von uns zu hören.

Es wird ein netter Abend und wir plaudern lange. Sie fahren uns zu Hella zurück, wir steigen alle in unser Auto und so wird es noch später, denn eine Flasche Whiskey steht dort noch rum.

Na also, es geht weiter.

Auf der Fahrt aus Washington, verfahren wir uns.

Keine ordentliche Ausschilderung zu unserem Highway.

Wir landen in einer Gegend, die sicher seit Jahren kein Weißer mehr betreten hat.

Gut, dass unser Wagen so unscheinbar aussieht.

Es ist mit der Schönheit von Washington D.C. vorbei und auch der Straßenzustand macht Mexiko alle Ehre.

Irgendwann erreichen wir doch den <295> und kommen nach Maryland und dann Delaware.

Über die kleinen Bundesstaaten kann man ja fast rüber spucken.

Die Fährfahrt nach Cape May, schon wieder ein neues Land, New Jersey, ist ruhig und es tut uns schon wieder leid, dass wir jetzt doch nicht mit dem Schiff nach Europa zurück-fahren werden.

In Cape May bummeln wir ausgiebig durch den historischen Distrikt mit seinen schön restaurierten Häusern.

Bed and Breakfast, wie in England.

Sauber und gepflegt, eine Augenweide.

Fußgängerzone mit Straßencafés.

Unser nächster geplanter CCC-Campingplatz, nimmt im Sommer keine Gäste auf.

Das steht nicht im Campingführer.

Wir lassen uns daher Zeit, denn wir sind erst am Dienstag bei Otto und Gerda in Iselin, nahe New York, angemeldet.

Wenn andere Leute nach Atlantic City fahren, dann zum Spielen.

Sie werden sogar von ihrem Campingplatz in der Nähe, kostenlos mit einem Bus in die Stadt gefahren.

Was machen wir in Atlantic City?

Wir kaufen zwei Büchsen Gewürze für 99c, denn sonst kosten sie 4 $.

So, nun aber der Reihe nach.

 Wir fahren an der Küste entlang, wieder das Bild der Sommerhäuser.

Zu verkaufen oder vermieten. Blick aufs Meer.

In der Nähe von Atlantic City suchen wir unseren neuen Campingplatz.

Er ist umgezogen, aber endlich finden wir ihn.

Wir kaufen für 12$ einen Fahrschein für den Bus in die Stadt.

Das Geld bekommen wir im Showboat Casino in 25c Stücken zurück. Gleich neben den Spielautomaten.

Klar.

Wir aber gehen den Boardwalk entlang und schauen uns die Spielcasinos von außen an.

Der Boardwalk begann 1870 damit, dass Holzbretter direkt auf dem Sand verlegt wurden, um ein bequemeres Laufen zu ermöglichen.

Heute zieht sich die "Holzstraße" über 5 Meilen am Ufer entlang.

Atlantic City fehlt ganz entschieden die Atmosphäre von Las Vegas, der Glitzer.

Die Casinos sind fast alle am Strand, direkt dahinter fangen verkommene Schwarzenviertel an.

Zwischen den Casinos/Hotels sind Buden mit Schnickschnack und Pizzeria.

Im Showboat ist ein Busbahnhof, Direktverbindung nach New York.

Gegen 20.00 Uhr wird es leer auf den Straßen.

1977 wurde das Glücksspiel freigegeben, um der Stadt wieder auf die Beine zu helfen.

Gemütlich zuckeln wir den <9> weiter nach Iselin.
Otto und Gerda sind Juden und 1936 aus Deutschland nach Argentinien ausgewandert, vor 25 Jahren sind sie dann weiter in die USA, damit ihre Kinder eine wirtschaftliche Zukunft haben. Er war damals 51 Jahre alt, als er wieder bei Null in den USA anfing.
Seit 13 Jahren leben sie in Iselin.
Zum Mittag gehen wir mit ihnen zu einem italienischen Restaurant, das sie genauso lange kennen.
Anschließend plaudern wir bis spät in ihrem kleinen Apartment.
Wir hatten sie in Deutschland bei einer Tante von Babs kennengelernt, wo sie zu Besuch waren.
Es sind reizende, offene alte Leutchen, ohne Verbitterung gegenüber Deutschland.
Wir schlafen in unserem Auto vor dem Haus.
Es gibt noch ein ausführliches Frühstück und gegen Mittag sind wir wieder unterwegs.
Und zwar nach Long Beach, New York, zu Carol und Allen, Servas Gastgebern, wo wir uns jetzt angemeldet haben.
Sie haben eine kleine Firma für Büromaterial.
Auch sie sind wieder sehr sympathisch.
Am Abend besuchen wir alle die Schule von Daniel, ihrem Sohn.
Dort spielt die Schulband, in der er Trompete bläst, und der Chor singt.
Richtig gut.
Mit Quatschen wird es wieder Mitternacht.

Wir sollen im Haus schlafen, aber wir bleiben im Auto direkt vor ihrem Haus, das macht weniger Umstände.
Long Island, mit dem Festland durch drei Brücken verbunden, war vor ca. 60 Jahren ein bekannter und besuchter Sommerort für die New Yorker.
Doch als die Zeit der Aircondition begann, ging es bergab.
Die New Yorker blieben in ihren Apartments.
Mitte der 70er Jahre kaufte Allan das Haus für einen Apfel und ein Ei.
Glück gehabt, denn seit 7 Jahren gehen die Preise wieder hoch.
Viele der ehemaligen Hotels sind jetzt Nursing Homes oder Superappartments.
Ihr Haus liegt nur eine Meile vom Meer entfernt.

Wir erlaufen New York.
Erst eine Stunde mit der Bahn, 1x Umsteigen, zur Penn Central R.R.Station.
Als wir die Unterwelt des Bahnhofs verlassen, stehen wir mitten zwischen den Hochhäusern, keine Glas- und Stahlpaläste sondern ältere Steinbrocken.
Kurzer Besuch im Macys Laden, angeblich das größte Kaufhaus der Welt.

Na ja.

Ein Stück weiter das Empire State Building. Zwischen den Wolkenkratzern wirkt es von unten gar nicht so hoch.

Wir fahren nicht zur Spitze sondern laufen die Fifth Avenue zum Washington Square.

Springbrunnen, Triumphbogen, Jongleure, Freaks und skurrile Typen.

Beginn des Greenwich Village.

Kleinere Häuser, Boutiquen, Restaurants. Montmartre zwischen dem Großstadtgebrause.

Nächster Stopp, das Holografie Museum in einem etwas heruntergekommenen Haus.

Selbst auch etwas verstaubt, aber zumindest für mich ein Muß.

Eine unbedingt sehenswerte Sammlung verschiedenster Hologramme. Selbst wenn der äußere Rahmen nicht stimmt.

Man kann auch einige kaufen, aber Babs hat mir wohlweislich das Portemonnaie weggenommen.

China Town. Na da sind wir ja wieder richtig. Hong Kong.

Das Leben tobt, kleine Läden, Rolex-Nachbauten für 20$ wie in Bangkok.

Fisch und fremdartige Speisen.

Wir fühlen uns sauwohl.

Noch sind unsere Schuhsohlen nicht durch, also weiter Richtung Manhattan Spitze.

City Hall, Court House, imposante säulenverzierte Mammutpaläste, es fehlt nur der Platz, um sie richtig zur Wirkung kommen zu lassen, im Schatten der Hochhäuser.

Endpunkt unserer Wanderung das World Trade Center.

Höchstes Gebäude der Welt, 400 Meter, 120 Etagen, Babylon im 20. Jahrhundert.

Der Expressfahrstuhl saust uns zum Observationdeck hinauf.

Was ein Ausblick. Selbst die anderen großen Wolkenkratzer wirken klein.

Tief unter uns motorisierte Ameisen.

 Wir gönnen uns noch etwas Besonderes:

Wir machen einen Hubschrauberflug über New York.

Mit dem Bus fahren wir zum Hubschrauber Port in Höhe der 34st. Straße.

Nach etwas Warten steigen wir mit noch zwei Personen in den kleinen Hubschrauber.

Es geht los.

Schon mal ein irres Gefühl, wie ein Vogel abzuheben.

Der Blick ist unvorstellbar schön. Die tiefen Häuserschluchten werden uns noch bewusster und die Größe des Centralparks mittendrin erstaunt uns.

Wir können sogar von oben erkennen, wo die Slums oder schlechten Wohngegenden sind.

Ein deutlicher Unterschied, die Häuser verkommen, Müll und Schrott scheint sogar auf den Flachdächern zu liegen.

Die Freiheitsstatue umkreisen wir später zweimal.
Was ein Blick von dort, aus der Luft, auf die Skyline von Manhattan.
Wie schön, ein Vogel zu sein.
Das anfängliche komische Gefühl im Hubschrauber vergessen wir völlig.

Die U-Bahn bringt uns zur Penn Station zurück.
Etwas mühsam, sich indem Bahnhof zurecht zu finden.
Viele Eingänge.
Wenn man den falschen erwischt, muss man wieder auf die Straße und einen neuen versuchen.
24 Bahnsteige. Monitore wie auf dem Flughafen, welcher Zug fährt wann und wo ab.
Menschentrauben vor den Monitoren.
Erscheint der entsprechende Zug, geht der Run auf den Bahnhof los.
Da die Züge kurzfristig angezeigt werden, fragen wir uns, wie ein Behinderter noch rechtzeitig seinen Bahnsteig erreichen soll?

New York, eine hektische, unpersönliche Stadt - wurde uns gesagt.
Wir werden zweimal angesprochen, ob man uns helfen könne, als wir in den Stadtplan schauen.
Und der Autoverkehr? Nicht schlimmer als z.B. Rom.
Wir jedenfalls mögen "The Big Apple".
Gegen Abend sind wir wieder in Long Island.
Es wird wieder spät.

Allan und Carol haben ein kleines Segelboot, 8 Meter, Kajüte, in der Nähe liegen. Wir fahren zusammen hin, denn wir wollen Segeln.
Hinter der Insel entlang, zwei Brücken, die für uns geöffnet werden, wir erreichen die offene See. Mittlerer Wind, leichter Wellengang.
Allan segelt gut.
In den USA werden keine Bootsführer-scheine gefordert. Aber er segelt seit 4 Jahren seine "Luff affairs".
Er bietet mir das Ruder an.
Das muss er nicht zweimal sagen. Schön hart am Wind, gute Schräglage, es ist herrlich.
Aber was passiert, Allan wird schlecht.
Er ist es nicht gewöhnt, nichts zu tun.
Auch Carol kommt grün aus der Kajüte nach oben und auch Babs sieht nicht gut aus.
Ich übergebe wieder das Ruder an Allan. Er segelt ruhiger.
Nach 6 Stunden legen wir wieder an.

Es war sehr schön.
Am Abend wieder zu Hause, kommen noch Freunde zu Besuch und es wird im

Garten gegrillt.

Auch Allen versucht mir die Regeln von Baseball zu erklären.

Ich bin mir nicht sicher, ob dieses Spiel zu lernen ist, oder ob man es mit der Muttermilch aufnehmen muss.

Aus New York herauszukommen, ist etwas mühselig, denn Babs lotst mich um die gebührenpflichtigen Brücken und Highways herum.

Die Grenze New York - Connecticut ist irgendwann zwischen zwei Häusern, denn der <1> führt durchgehend durch bebautes Gebiet.

Ein Ort, eine Stadt geht in die andere über, bis wir nördlich auf den <7> abbiegen. Eine schöne waldige Landschaft, gepflegt, angelegt.

Wenige Supermärkte in den Orten, dafür viele kleine Läden.

Fast wie in Europa

Nach einem ausgiebigen Frühstück mit "Bagels" erreichen wir Hartford, die Haupt-stadt von Connecticut.

Babs will mir erst ein großes Versicherungsgebäude als Capitol verkaufen, aber wir fragen nach und finden dann das richtige Gebäude, ein englisches Märchenschloss. Innen bunt und reich verziert, die Kuppel aus buntem Glas. Sehr schön.

"Es ist unmöglich, einem Walfänger auf hoher See zu begegnen, ohne das er einem auffällt.

Mit seinen gerefften Segeln, in jedem Topp einen Ausguck, der gespannt die Meeresweite ringsum durchforscht, bietet er einen ganz anderen Anblick als ein Schiff, das sich auf normaler Fahrt befindet."

Wir sind in Mystic.

Mitte des 18 Jahrhunderts wurde Mystic als Schiffbaustadt gegründet.

Die schnellsten Clipper wurden dort gebaut.

1929 wurde das Mystic Seaport Museum auf dem Gelände von George Greeman & Co und Carles Mallory & Sons auf 17 Acres eingerichtet.

Moby Dick wird lebendig, mehrere alte, restaurierte Walfänger liegen im Hafen.

Auf der "Charles Mogan", einem Fänger von 1841 bekommen wir den richtigen Eindruck.

Was ein hartes Leben. Der Kapitän und 1 Offizier hatten eigene kleine Kabinen, die Mannschaft schlief in übereinander liegenden Kojen, nahezu neben dem

Walfleisch.
Unten im Boot die riesigen Fässer für das Öl.
Im Meeting House sehen wir einen Film über die Walfängerei.
Teilweise waren die Schiffe 2 bis 5 Jahre unterwegs.
Der Film soll der einzige sein, der um die Jahrhundertwende noch auf einem
Segel-Walfänger gedreht wurde:
Leben an Bord, Fahrt der kleinen Beiboote zum Wal, harpunieren.
Der Wal zog das Boot in rasender Fahrt hinter sich her, bis er müde war.
Mehr Harpunen.
Der tote Wal wurde zum Mutterschiff gezogen.
Abspecken außenbords, die Seiten an Bord gewincht, Tran kochen.

*"......liefert der Wal, sobald erstmal eingeheizt ist, seinen eigenen Brennstoff und
schmort in seinem eigenen Fett.*
Wenn er doch auch seinen eigenen Qualm vertilgte!
*Denn sein Qualm ist scheußlich einzuatmen, und einatmen musst du ihn, und
nicht nur das- du musst vorläufig auch darin leben.*
*Er hat einen unbeschreiblich wilden Geruch an sich, einen Gestank, wie er in der
Nähe von Scheiterhaufen herrschen mag, auf denen tote Leichen und lebendige
Witwen verbrannt werden.*
*Er riecht wie das offene Höllentor zur Linken am Tage des Gerichts; wer ihn
gerochen hat, kann nicht mehr zweifeln am feurigen Pfuhl".*
(Moby Dick, Melville.)

Außer den Schiffen besteht die Museumsanlage aus vielen restaurierten Häusern;
Segelmacherei, Böttcherei, Schmiede mit Vorführungen und aus kleinen Ausstellungen in den Häusern mit Galionsfiguren, Schiffsmodellen und Schnitzereien der Seeleute aus Walzähnen und auf Barten.
Was ein super "Museum". Babs bekommt mich kaum fort.

An einer Ampel plötzlich ein unschönes Geräusch aus dem Motorraum.
Wir halten sofort an.
Eine dicke Schraube, die die Lichtmaschine am Motorblock hält, ist abge-
brochen.
Vorsichtig fahren wir zur letzten Tankstelle zurück.
Morgen könne man es vielleicht reparieren.
Ob wir im Auto auf der Tankstelle übernachten dürfen, fragen wir.
Er lacht uns aus und macht Werbung für Mystic: Selbst Einwohner dürfen keine
Wohn-mobile im Garten parken und die Polizei sei ganz scharf darauf,
Wildparker zu fangen. 150$ Strafe.
Die billigsten Hotels 80$. Das Touristengeschäft habe alles versaut.
Er verweist uns an eine Chevy-Werkstatt, zu der wir vorsichtig weiterfahren.
In einer Woche habe er Zeit, außerdem müsse die Schraube bestellt werden, was
auch dauere.

Na Mahlzeit.
Aber in der Wells Street sei eine kleine Werkstatt.
Die Lichtmaschine hängt noch an einer anderen Schraube, so dass der
Keilriemen gerade noch die Wasserpumpe und das Gebläse bewegt.
Wir schleichen weiter, meine Ohren sind im Motorraum.
Wir finden die "Werkstatt".
Ein Schuppen zwischen Gerümpel, verrosteten Teilen und Autowracks versteckt.
"Kein Problem, mache ich gleich".
Ich traue meinen Ohren nicht.
Dann soll er mal, ich bleibe dabei stehen.
In Deutschland war er bei der Army. Mir egal, Hauptsache er findet sein
Werkzeug, vielleicht auf dem Fußboden zwischen den Wasser- und Öllachen.
Er findet es, schraubt die Lichtmaschine ab, bohrt das Loch aus, hat ohne lange
Bastelei eine passende Schraube, die er eindreht.
Ein neuer Keilriemen rauf, fertig nach 20 Minuten, 5 $.
Ich hätte ihn ja küssen können, bin mir aber nicht sicher, wo unter der Ölschicht
welcher Körperteil ist.
Reich wird er so nie, hat aber bestimmt viele Freunde.
Wir können weiter.

Rhode Island.
Durchgehend an der Küste bebaut, Estates, Bungalows, Städtchen. Statepark in
Charlestown. Laut neuestem AAA-Führer (American Automobil Association),
gutes Informationsmaterial, soll er 4-6$ kosten. Was will man: 12$.
Wegen des Tourismus haben alle an der Küste Dollarzeichen in den Pupillen.
Kaputte Straßen, aber Preise wie in Manhattan.
Durch Rode Island sind wir schnell durch, aber in Newport stoppen wir doch.
Fort Adams, leider geschlossen.
Es regnet und wir schenken uns den Ocean Drive und die Superhäuser, Maisons
und Castles der Reichen. Häuser den alten europäischen Schlössern
nachempfunden.
Laut Prospekten jedenfalls.
Die, die wir uns ansehen, mit Innenräumen und Dekorationen, wären manchem
König gerecht geworden.
Für Amerikaner wohl toll, für uns kein Muß.
Die Neuengländer haben früher nicht schlecht gelebt, den Preisen nach heute
auch nicht.
Wir sind in Massachusetts.
Weiterhin kleine "europäische" Städtchen, hübsche Häuser, enge Straßen mit
stockendem Verkehr. (Ich habe noch weniger Lust, nach Hause zu fahren).

Wir bleiben auf Melville`s Spuren: New Bedford. "Whaling Museum".
In einem großen Raum steht der Nachbau eines Walfangseglers, 1:2 verkleinert,
voll unter Segeln, 89 feet, Dreimaster.

Man kann darauf herumlaufen.
Viel "Scrimshow", Gravuren auf Walzähnen und Schnitzereien.
Hatten ja viel Zeit die Walfänger.
Und wovon träumen sie, von Frauen und Kuchen. Entsprechend viele Frauen auf
den Arbeiten und entsprechend viele "Teigschneider" wurden gebastelt.

Viele Logbücher liegen auch dort und erzählen von der großen Walfangzeit.
*"...... Denn sie kämpften mit leeren Händen und auf sich angewiesen in den
heidnischen Haifischgewässern und an den Ufern nirgends verzeichneter
speerstarrender Inseln, sie kämpften mit Urwundern und Urschrecken, denen
Cook mit all seinen Schiffen und Musketen kaum Trotz geboten hätte.
All die Dinge, von denen die alten Berichte über Südseereisen so viel Aufhebens
machen, waren lebenslang das tägliche Brot unserer Helden von Nantucket.
Abenteuer, denen Vancouver drei Kapitel widmet, haben diese Männer oftmals
nicht der Erwähnung auch nur im Logbuch ihres Schiffes wert befunden.
Ah, du Welt! Ach, die Welt!" (Melville)*

Auch die Mannschaftsliste, in die sich Herman Melville eingetragen hatte, liegt
aus. Kostbares Geschirr, Gemälde und und und.
Super.
 Gleich gegenüber vom Museum ist die Seamen`s Kapelle.
Sie wurde 1832 für das Seelenheil der Seeleute, aus einer Stiftung gebaut.
Die Kanzel hat die Form eines Schiffbugs, an den Wänden hängen Gedenktafeln
für Seeleute: vom Wal getötet, über Bord gespült, verschollen.

*"......Oh ihr, deren Verstorbene unter dem grünen Rasen begraben liegen, die ihr,
zwischen Blumen stehend, sagen könnt: Hier, hier an dieser Stelle ruht mein
Liebstes- ihr kennt die Trostlosigkeit nicht, die in solchen Herzen* (der
Seemannswitwen) *brütet. Welch bittre Leere auf diesen schwarz-gerandeten
Marmortafeln, die keine Asche decken.
Welch Verzweiflung in diesen fühllosen Worten!
 Welch tödliches Verschweigen und welch ungewollte Gottesleugnung in den
Zeilen, die allen Glauben aushöhlen, den Menschenwesen die Auferstehung zu
verwehren scheinen, die ohne Stätte, ohne Grab dahingegangen sind." (Melville)*

Wir laufen noch etwas im Nieselregen die alten schönen Häuser entlang.
1857 erreichte die Walfangindustrie in New Badford ihren Höhepunkt. 10.000
Menschen verarbeiteten die von 329 Walfangschiffen angelandeten Produkte
im Wert von 6.178.728 $.
Im Jahre 1924 wurde das letzte Rahschiff als Walfänger in New Bedford
ausgerüstet.
27 Stunden nach ihrem Auslaufen zerbrach die "Wanderer" in einem Hurrikan
auf den Felsen der Buzzard Bay.
Das Ende des Walfangs unter Segeln.

Auf amerikanischen Walfängern erhielten die Seeleute keine Heuer, sondern fuhren auf Basis einer Gewinnbeteiligung, Lay genannt.
Der Lay eines Kapitäns betrug üblicherweise ein Achtel, der eines Matrosen ein Hundertstel bis 160stel. Abgezogen wurden davon der Vorschuss und die Beteiligung an der Ausrüstung.
Oft blieben den Matrosen nach vier Jahren gerade 100$.
Trotzdem lockte das Abenteuer.
 Uns auch, wir fahren weiter.

Plymouth.
Ein Nachbau der "Mayflower", die die Pilgerväter 1620 in die Neue Welt brachte liegt im Hafen.
102 Menschen mehr oder weniger gestapelt,   66 Tage auf See, aber sie gründeten die erste feste Siedlung nördlich von Virginia.
Freiwillige in historischen Trachten erzählen aus der Zeit und zwar, besonders interessant, im alten, damals gesprochenen Englisch.
Manchmal ist es für uns schwer zu verstehen.
Der Nachbau der "Mayflower" wurde in England gebaut und 1957 nach USA gesegelt.
 Wieder hübsche alte Häuser in Plymouth.

Wir sehen uns die "Cranberry World", eine Ausstellung über die Geschichte, das Wachstum, die Ernte und Verarbeitung der Cranberries an. Recht interessant.

Boston, Millionenstadt, und doch ist ein Teil ein National Historic Park.
Der "Freiheitspfad" führt an 16 historischen Sehenswürdigkeiten und Ausstellungen vorbei, durch das italienische und irische Viertel.

In der Faneuil Hall erhoben James Otis und Samuel Hall ihre Stimme gegen die englische Steuerpolitik, was dazu führte, dass am Abend des 16.Dezember 1773 die berühmte "Tea Party" stattfand.
Als Indianer verkleidete Männer warfen die Teeladung englischer Schiffe ins Hafenbecken. Im Mai 1774 besetzten im Gegenzug englische Truppen die Stadt.
Der Unabhängigkeitskrieg begann.

Boston gefällt uns sehr gut, alte historische Häuser im Schatten von Wolkenkratzern, liebevoll gepflegt und erhalten.
Geschichte und Gegenwart.
Zum Beispiel das Haus von Paul Revere, gebaut 1676. Mitglied der Tee Party, warnte er nach seinem berühmten Ritt am 18.4.1775 die Bürger von Lexington und Concord vor den anrückenden englischen Truppen.   .
Oder Bunker Hill, der Ort der ersten großen Schlacht gegen die Engländer; Old South Meeting House, eine Kirche, größtes Gebäude damals in Boston und immer wieder Versammlungsstätte; Old State House, Sitz der Kolonialregierung.

Wir wandern durch die Geschichte und den Unabhängigkeitskrieg.

Natürlich besuchen wir auch die "Old Ironside", die USS Constitution.
Was ein Segler, gehört heute als ältestes schwimmendes Kriegsschiff noch zur
US Navy.
1797 lief sie vom Stapel.
*Displacement 2200 tons, length overall 204 feet, mainmast height 220 ft, sail
area 42,710 square ft., crew 450 incl. 55 Marines and 30 boys.*
*Armament 32, 24 pounder Long Guns, crew 6-14, range 1200 yds, weight 5600
lbs.; 20, 32 pounder Carronades; crew 4-9, range 400 yds, weight 2200 lbs; 2,
24 ponder Bow Chasers, range 1000 yards.*
Gebaut wurde sie, um den amerikanischen Handel im Mittelmeer vor den
Barbary Piraten aus Marokko, Algier, Tunis und Tripolis, zu schützen.
1803 beteiligte sie sich an der Blockade von Tripoli, bis die Piraten beigaben.
Ihren Ruhm erhielt sie aber in den Kämpfen mit den Engländern. Im Kampf mit
der englischen "HMS Guerriere", erhielt sie ihren Spitznamen, Old Ironside,
denn die gegnerischen Kanonenkugeln sollen keinen großen Schaden ange-
richtet haben.
Die Schlacht dauerte 35 Minuten und hinterließ den Engländer als Wrack.
In all ihren Schlachten wurde sie nie besiegt.
Heute besteht das Schiff nur noch zu 10 % aus Originalteilen, der Rest wurde
nach und nach erneuert oder restauriert.
Eine reine Kampfmaschine ohne Komfort.
Selbst spartanisch für die Offiziere.
Die Mannschaft schlief in Hängematten im Berthing Deck, schlief und aß
schichtweise.
Ein gewaltiges und schönes Schiff.

Im Visitor Center von Portland weist man uns auf Freeport hin, eine kleine Stadt
mit unzähligen Outlet-Factory Geschäften.
Alles soll besonders günstig sein.
Vielleicht machen wir ein Schnäppchen.
Also hin.
Aber denkste.
Zumindest in dem Campingladen haute uns nichts vom Hocker.
Also fahren wir den <1> weiter.

In Rockland spazieren wir die lange Mole zum Leuchtturm entlang.
Das Meer ist voller bunter Bojen, Hummerkörbe.
Jeder Fischer hat eine andere Farbkombination.
Wir übernachten in Camden auf einem Parkplatz im Ort.
Der Statepark ist uns zu teuer.
Mal sehen, ob wir morgen früh auch noch hier stehen.
Wir bummeln durch das Örtchen, fast skandinavisch, Holzhäuser,

Fischerboote.
Wir rufen mal wieder bei Hella an. Die Versicherung hat unser Geld rück-
überwiesen. Hurra. Wir spendieren uns ein riesiges Eis.

Der <1> führt die Küste von Main entlang. Norwegisch, zerklüftet, schön, nicht
abweisend.
In Searsport, einem kleinen Fischerdorf, angeblich der zweitgrößte Tiefsee-
Fischerhafen, finden wir abseits vom Weg liegend ein Restaurant und Sea-
food Market.
Drinnen viele große Wasserbecken mit lebenden Hummern, der Größe nach
sortiert. Wir suchen uns zwei Tiere aus, 3 1/2 Pound.
Nur was machen wir mit unseren neuen Haustieren?
Unser großer schwarzer Topf ist schon unterwegs nach Deutschland.
Der Verkäufer meint, er könne sie uns vorkochen, 60c pro Stück extra.
Ich handle mit ihm und so haben wir jetzt unser Abendessen für 15$.

Da sind wir in Fort Knox, und kein Gold ist da:
Muss daran liegen, dass es das falsche Fort Knox ist: Denn das hier liegt bei
Bucksport am Penobscot River.
1844 wurde der Bau begonnen.
Das Fort sollte Bangor, die Hauptstadt von Main vor den Engländern schützen,
denn man stritt sich über die Nordgrenze zwischen Maine und New Brunswick.
Die Bauerei dauerte 25 Jahre ohne je beendet zu sein, die Geschichte ging weiter,
niemals fuhr ein feindliches Schiff den Fluss hinauf, nie fiel ein Schuss, heute
bummeln Touristen durch die granitenen Gewölbe.

If you have never tried- really tried- doing nothing, Acadia is a good place to
begin. First you need a rocky ledge or stony beach.
Sit down and relax and wait for things to happen.
Damit beginnt der Führer durch den Acadia National Park.
Kann ich mir gut vorstellen, aber bestimmt nicht in der Saison, denn dann sollen
die Wohnmobile vor den Campingplätzen Schlange stehen
Zum Glück sind wir wieder vor der Saison da.
Am Seawall Campground versuchen wir einen Spaziergang, flüchten aber bald
vor den Mücken, denn es ist windstill.
Dafür braten wir unsere Hummer in Olivenöl mit Knoblauch.
Warum werden die Mücken von dem Geruch nicht ohnmächtig?

Am Bass Head Leuchtturm vorbei fahren wir entlang des Somes Sound nach
Northeast Harbor.
Ein schönes Städtchen.
Nachdem wir uns auf dem nächsten Campingplatz, Blackwoods, eingebucht
haben, geht es weiter nach Bar Harbor, der größten Stadt der Insel.
Touristencentrum.

Tolle alte Segelboote liegen dort.
Zwei mit schräg nach Achtern geneigten Masten und schnittigem Rumpf. Zwei Tage Rundfahrt 200$.
Wir fahren lieber die "Park Loop Road", die gebührenpflichtige Rundstraße, entlang.
Stopp am Precipice Trailhead. Eine Klettertour, über Stock und Stein, bergauf, bergab.
Über Geröllfelder und Felsen, teils sind als Kletterhilfen Stahleisen eingelassen, an Felshängen entlang, mit Eisengeländer am Abgrund.
Herrlich, anstrengend und einfach super.
Der Blick über die Buchten und das Meer ist großartig.
Das Thunder Hole später enttäuscht uns.
Es ist eine Höhle, die bei bestimmten Wasserständen donnernde Geräusche von sich geben soll.
Dafür sonnen wir uns am Otter Point auf den Felsen am Wasser.

Gestern hatten wir so eine Idee, Hella zwei Hummer zu schicken, als Dankeschön für ihren Postdienst.
Also erkundigen wir uns. Zwei Lobster, je 1 1/2 Pound mit United Parcel Service = 40$.
Wir schreiben ihr stattdessen einen lieben Brief.
Der Lobster wird hier übrigens mit Heringen gefangen.
Mir blutet das Herz. Es ist doch tatsächlich für uns zum Essen kein frischer Hering zu kaufen, und die für die Hummer stinken schon.
Na dann kaufen wir halt Muscheln.
Mit Zwiebeln, Knoblauch, Zitronenpfeffer, Dill und Lorbeerblatt gekocht, wenig Wasser, schmecken sie uns auch ausgezeichnet.

Wir fahren weiter zum Cadillac Mountain, von wo wir wieder einen tollen Blick über Mount Desert Island – Arcadia N.P.- haben.
Die Insel fiel 1760 an die Engländer, nachdem sie die Franzosen besiegt hatten, und wurde damit amerikanisch und nicht kanadisch.

Über den <2> sind wir wieder unterwegs.
Wir haben lange überlegt, ob wir noch mal nach Kanada reinfahren, Quebec oder Montreal, oder sonst wo.
Jedenfalls nicht "französisch" Kanada. Wir bekommen schon Zuviel, wenn wir in dem Servas-Buch als erste Fremdsprache Englisch angegeben sehen.
In einem englisch sprechenden Land.
Für Separatisten haben wir nicht nur seit Tulum nichts übrig.
Wir entfernen uns von der Küste.
Vorbei an kleinen Seen und durch Wälder, vorbei an Mexiko, Peru oder Berlin, Städtenamen - kommen wir nach New Hampshire.
Die Attraktionen der White Mountains, Gondelfahrt, Schluchtenspaziergang,

Eisenbahnfahrt, kosten Dollar über Dollar.
Wir nehmen den <112> nach Ashland.
Auf dem Campingplatz werden wir wieder einige Sachen los.
Sogar den Generator können wir verkaufen.
Ein Geburtstagsgeschenk für ihren Mann, sagt die Käuferin.

Heute haben wir uns verfahren und sind in Niederösterreich gelandet: Berge,
Hügel, Skilifte, Skipisten, Hotels, Restaurants, Souvenirläden; Hofbräuhaus und
Edelweiß.
Der Highway <4> führt mitten durch New Hampshire, Vermont.
Ein paar "Covert Bridges", überdachte alte Brücken.
Woodstock, eine schöne gepflegte kleine Stadt, wieder sehr europäisch.

Noch einmal Kanada

Da finden wir doch heute beim Aufräumen zwischen unserer Post wieder den
Brief von Eric, den wir vor ewiger Zeit in Florida bei Bob kennengelernt hatten.
Er hatte uns eingeladen.
Kanada.
Nicht so weit weg.
Umdenken?
Einkaufen in Waterton.
Weiter über die <12E> zu den Großen Seen.
Herrlich der erste Blick auf den Ontario See.
Dann ein Trailer Park am anderen.
Über eine gebührenpflichtige Brücke erreichen wir die kanadische
Grenze.

Den kanadischen Grenzer irritieren wir etwas.
Auf seine Fragen: "Wo wollen Sie hin?", "Wie lange bleiben sie in Kanada?",
"Wann fliegen Sie nach D zurück?", erhält er immer nur die Antwort: „We don`t
know". Endlich fragt er, ob wir in die USA zurück wollen.
Jetzt können wir mit einem klaren Ja antworten.
Genervt stempelt er unsere Pässe   .
Vom 1000 Island Highway genießen wir die Landschaft und die Blicke auf die,
na eben tausend Inseln.

Richtung Ottawa, Dunrobin.

Wir finden das Haus von Erik problemlos, direkt am Ottawa River.
Es ist niemand da.
Aber die Garage ist offen und nach kurzer Zeit kommen die Nachbarn, die auf
das Haus aufpassen und begrüßen uns freundlich.
Gemeinsam versuchen wir Erik, in seinem anderen Haus anzurufen.
Vergeblich.
Aber wir werden aufgefordert, uns erstmal am Haus an den Strom anzuschließen.
Alles Weitere würde sich finden.
Da die Sonne scheint, laden uns Jenny und Roy ein, mit ihnen im Swimmingpool
unterzutauchen.
Wir plantschen und klönen herrlich.
Später kommen noch Barbara und Brian, weitere Nachbarn dazu.
Wir beschließen, alle zusammen zu essen.
Wir stellen Bohnensuppe, B+B Hühnchen und Jenny und Roy Hamburger zur
Verfügung.
Es wird ein gemütlicher Abend, bevor wir müde ins Auto fallen.
Was für nette Leute.

1.7., "Canada Day" - It`s Party time in Ottawa.
Wir mittendrin.
Schon am Vormittag fahren wir in die Stadt und finden einen Parkplatz in der
Nähe vom Parlament Hill, Autorized Cars only.
Aber viele Wagen stehen dort ohne sichtbares Genehmigungsschild.
Die Straßen ums Parlament sind gesperrt, es wimmelt vor Menschen.
Musiktribünen, Bratwurstbuden, Straßenkomödianten.
Es ist richtig was los.
Natürlich können wir heute nicht in die Gebäude, aber auch von außen sehen sie
gut aus, typisch englisch, London nachempfunden.
Wir bummeln an der Nationalgalerie vorbei und sehen auf der anderen Fluss-
seite das neue Museum für Zivilisation.
Durch die Fußgängerzone, zwischen supermodernen Glashochhäusern. Bank of
Canada, ein Steinhaus und ein "Dschungel" umbaut von einem Hochhaus.
Überall Musik und Unterhaltung.
Soldaten mit Bärenfellmützen und Redrocks.
Es wird spät, bevor wir wieder nach Dunrobin kommen.

Am nächsten Morgen treffen wir uns natürlich wieder alle an Eriks Pool.
Dann schlägt Roy vor, Wasserski vor dem Haus zu fahren.
Barbara macht es uns erst mal vor.
Sieht ganz einfach aus!??
Zuerst ist meine Barbara dran. Sie bekommt gute Ratschläge:
Ski zusammenhalten, Leine dazwischen
In Embryostellung liegt Babs mit Schwimmweste im Wasser und wartet auf die

Dinge, die da kommen sollen.

Roy gibt vorsichtig Gas und tatsächlich bekommt Babs den Hintern rechtzeitig aus dem Wasser und fährt das erste Mal in ihrem Leben Wasserski.

Sie macht es richtig gut.

Also doch einfach denke ich und bin auch schon an der Reihe.

Aber irgendwie schaffe ich nur mehrere Spagate im Wasser, ohne hoch zu kommen. Dabei nutzte es auch nichts, dass ich versuchte, den Fluss auszutrinken.

Es wird nichts draus und nach einiger Zeit geben wir auf.

Ich ziehe meinen Hut vor Babs.

Um die vielen Bakterien zu töten, die ich getrunken habe, gießen wir vorsichtshalber alle einige Bier obendrauf, auch wenn der Ottawa Fluss sauber aussieht.

Später kommt David, der Stiefsohn von Erik mit zwei Freundinnen vorbei und sie schließen sich unserem faulen Leben an.

Es kommt auch noch Bill, sein Bruder, und es ist fast voll am Swimmingpool in der heißen Sonne, denn unsere vier Nachbarn sind ja auch da.

Zum Abendessen treffen wir uns mit Jenny und Roy bei Brian und Barbara und essen wieder zusammen und trinken etwas viel.

Ein schöner Abend.

Kanada gefällt uns doch.

Mit dieser herzlichen Gastfreundschaft und Unkompliziertheit hatten wir nicht gerechnet.

Leider kommt Erik nicht mehr dazu und wir erreichen ihn auch nirgends, bis wir schweren Herzens weiterfahren.

In Toronto haben wir uns bei Donna und Hugh, Servas, für 17.00 Uhr angemeldet.

Er ist Rheumatologe und sie Social Worker und Analytikerin.

Durch Rollenspiele versucht sie ihren Patienten deren unterbewusste Probleme zu verdeutlichen: Psychodrama.

Für uns strahlt sie selbst aber nicht die Ruhe aus, die eigentlich nötig wäre.

Wir machen einen Spaziergang zum Rosengarten in der Nähe und plaudern gut.

Es ist gemütlich.

Als wir bei ihnen ankamen, waren sie noch nicht da, aber das Haus war offen.

Wir warteten im Auto bis sie kamen.

Warum wir nicht reingegangen wären und es uns schon gemütlich gemacht hätten?

Sie sehen das alles sehr offen. Hatten wir uns aber nicht getraut.

Ihr Haus ist immer offen.

Donna habe eine Stimme gehört, die sagte, dass alle Menschen Brüder sind.

Deshalb müsse man nicht abschließen.

Kein Kommentar, ich wünsche ihnen, dass es so bleiben kann.

Wir erlaufen Toronto.

Zuerst zum CN-Tower, mit 553,33 Metern der höchste freistehende Turm der Welt.

In nur 58 Sekunden saust der gläserne Fahrstuhl durch die Wolken mit uns nach oben. Mein Magen brauchte etwas länger.

Ein zweiter Lift bringt uns das letzte kleine Stück zur Aussichtsplattform in 447 Metern Höhe.

Glasfenster, die nach außen gewinkelt sind,

erlauben einen unglaublichen Schattenriss des Towers von oben auf der Stadt Blick über Toronto und die Umgebung.

Der Ontario See liegt unter Wolken.

Obwohl höher als das Word Trade Center in New York, haben wir nicht diesen wahnsinnigen Eindruck von Höhe wie dort.

Liegt sicher daran, dass wir nicht mitten zwischen Wolkenkratzern stehen und in die Häuserschluchten sehen.

Auf Schusters Rappen geht es weiter am Sky Dome vorbei, dem neuen Stadion mit dem größten beweglichen Dach der Welt, zur Harbour Side. Schön, Jachthafen, Läden, Restaurants, gemischt, mit Blick auf die Skyline der Stadt.

Hier ist auch das Queens Quay Terminal, ein Shoppingcenter der Superlative. Innen ganz interessant gebaut.

An der alten und neuen City Hall tobt das Leben.

Es gibt freie Hot Dogs und Cola, denn die "Shriners", die gerade ein großes Treffen in Toronto abhalten, ca. 100.000 Teilnehmer, geben als Dankeschön an die Stadt einen aus. Überall in der Stadt hatten wir schon die Shriners gesehen, denn jeder trägt einen Fes, unterschiedlich in den Farben ihrer Regional- oder Ländergruppen.

In den Springbrunnen plantschen die Kinder und kühlen die Erwachsenen ihre Füße. Wieder was Weltgrößtes: das Eaton Shopping Center.

Fast eine Stadt für sich.

Abschluss unseres Rundgangs ist die Yonge Street mit ihren kleinen Häuser und vielen Lädchen, für alles und jeden, Straßenhändler und bunte Typen.

Wir fühlen uns wohl, Toronto gefällt uns gut.

Hugh muss heute zu einem Kongress in die Schweiz fliegen, wir machen es uns gemütlich.

Donna will uns Teile von unserem Hausstand abkaufen.

Sie sucht sich unseren Wasserschlauch und noch Kleinigkeiten aus.

Als ich mit ihr über den Preis handeln will, wird sie ängstlich.

Sie habe auch auf Reisen vorm Handeln Angst.

Also verschwindet sie lieber.

Ob sie mal zu ihrer eigenen Therapie gehen sollte?

Als sie gegen 24.00 Uhr wiederkommt, mache ich ihr einen fairen Festpreis, den sie akzeptiert.

Wir fahren weiter, länger wollen wir auch nicht bleiben, so richtig warm sind wir mit Donna nicht geworden.

Eigentlich hatten wir nur ein Zimmer ohne "Familienanschluss".
Mal was Neues.

Es steht das letzte „breathtaking „ must" (?) unserer Reise auf dem Programm:
Die Niagara Fälle, von kanadischer Seite aus, die die Schönere sein soll, was wir
auch glauben.
Zuerst eine Fahrt mit dem "Spanish Aero Car", einer offenen Gondel über den
Whirlpool, die seit 1918 betrieben wird.
Beeindruckend, selbst wenn heute nur noch 30% des Wassers über die Kante in
die Tiefe stürzen.
Das andere Wasser wird vorher für Kraftwerke abgezweigt, 1 1/2 Millionen
Gallonen Wasser pro Sekunde wären es sonst. Vor 12.000 Jahren entstanden die
Fälle 7 Meilen nördlicher, die Erosion ließen sie "wandern".
In 130.000 Jahren liegen sie bei Buffalo.
Die Horseshoe-Fälle, so werden sie auf kanadischer Seite genannt, sind 176
feet hoch.
Immer wieder versuchten Spinner die Fälle in Fässern oder anderweitig geschützt
zu bezwingen.
Als erste überlebte es Mrs. Annie Taylor 1901. Heute ist das verboten.
Nur 1960 rauschte noch der 7jährige Roger Woodward mit einem Bootchen die
Fälle runter.
Es war ein Unglücksfall, aber er überlebte.
Vom Skylon Tower, 775 feet, haben wir einen herrlichen Blick auf die Fälle. Auf
einer Informationstafel lesen wir, dass rund 14 Millionen Besucher jährlich die
Niagaras besuchen.

Wieder südwärts

Grenze in die USA wieder problemlos.
   Buffalo umfahren wir.
Am nächsten Tag lesen wir in der Zeitung, dass dort ein Straßenfest
stattgefunden hatte, die 50 bekanntesten Restaurants kochten fürs Volk.
Haben wir glatt verpaßt.
Der CCC-Campingplatz ist groß, der Badesee wimmelt vor Menschen.
Das Wasser sieht aber aus, als würden die Toiletten direkt hineinfließen - der
Zustand der Klos ist aber auch so, dass die Leute statt dorthin wahrscheinlich
sowieso lieber gleich in den See gehen.

In East Otto bleiben wir einige Tage auf einem schönen Campingplatz und schlagen uns den Bauch einen Abend mit gebratener Leber- und Blutwurst, Sauerkraut und Kartoffel-brei voll.
Gibt es die Wurst doch erstmals in USA zu kaufen.
Ansonsten sehen wir fern und misten weiter unseren Wagen aus.

Wir haben nochmal einen Servas Besuch eingeplant, in Wellsboro.
Im Ort rufen wir Steven und Jennifer nochmal an und lassen uns den Weg zu ihnen beschreiben.
Sie wohnen außerhalb.
Die <66> windet sich wunderschön durch Farmland, hügelig, und dann sind wir da.
Seit 1978 haben sie ein altes Farmhaus, das sie selbst restaurieren und ausbauen.
Sie haben noch viel zu tun, aber auch wir mögen die Atmosphäre dieser alten Häuser, gerade wenn sie nicht völlig modernisiert sind.
Jennifer und ihre Töchter Anna (3 1/2) und Kaitlin (5) sind zu Hause und begrüßen uns.
Die Luft riecht nach Land, die Fliegen um summen uns, Schafe blöcken.
Schön.
Später kommt Steve von der Arbeit.
Er beaufsichtigt Isolierungsarbeiten beim Hausbau und Jennifer muss nochmal zu ihrer Arbeit, sie ist Lehrerin.
Wir schenken den Mädchen eine große Tüte unserer Mardi Grass-Ketten, woraufhin sie sich erstmal behängen wie ein Weihnachtsbaum und Kaitlin beschließt, jetzt Juwelen zu sammeln.
Nach einem leckeren Essen fahren wir alle zum "Grand Canyon" von Pennsylvania, eine Meile hinter dem Haus.
dicht bewaldeter Canyon, hübsch, aber bis er mal die Tiefe des richtigen Grand Canyon erreichen sollte, hat sich dieser schon bis China durchgegraben.
Wir wandern den Turkey Path hinab. Es dauert nicht so lange.
Später sehen wir uns unsere Mexiko-Fotos an.
Das nächste geplante Reiseziel von Jennifer und Steven.
Am nächsten Tag kommt noch eine Freundin vorbei mit ihrer kleinen indischen Adoptivtochter.
Sie bringt Salat mit, denn heute soll es Lammkeule geben.
Da ich sie anders zubereite als Jennifer, soll ich es vormachen.
Es wird ein voller Erfolg.
Lammkeule mit Knoblauch spicken,
Oberseite mit körnigem Senf einstreichen, pfeffern und dick mit Rosmarinnadeln bestreuen.
In Bräter legen, Mohrrübe, Lorbeerblatt, Salbei, Wachholderbeeren, Zwiebeln und Knoblauchzehen rein, in Backofen und braten.
Wichtig: Es sich in der Zwischenzeit gemütlich machen.
Gelegentlich begießen, ohne dass die Rosmarinkruste runterspült.

Dazu grüne Bohnen oder Dicke Bohnen und Klöße.

Steven startete vor 10 Jahren nebenbei eine Schafzucht mit 5 Tieren.
Er behält inzwischen pro Jahr rund 5 seiner Lämmer, die anderen werden
verkauft.
Er hat jetzt 30 Schafe.
Zum Frühstück gibt es Pancakes mit selbstgemachtem Marpelsyrup.
Ein Hobby und Einnahmequelle der Beiden.
Die Marpelbäume (Ahornbäume) werden wie Gummibäume im Frühjahr, wenn
auch bei ihnen der Saft steigt, angezapft. Dann wird der Saft eingekocht.
Aus 30 Gallonen Saft erhalten sie 1 Gallone Syrup.
Er schmeckt göttlich.

Am Nachmittag helfen wir Steven bei den Schafen.
Die Böcke müssen kastriert werden.
Wir stellen uns ein Blutbad vor. Aber nichts dergleichen.
Die Böcke sind schon im Stall.
Wir sondern dann jeweils fünf ab, was einfacher klingt, als es ist.
Auch wenn die Schafe blöd sind, haben sie ganz schön Kraft und sind schwer.
Eine Kombination, die nicht nur bei Schafen vorkommen soll.
Erst bekommen sie mit einem Metallschlauch ein Wurmmittel verabreicht.
Anschließend markiere ich sie mit blauer Farbe, damit keins eine doppelte
Portion bekommt.
Nächster Schritt, einen Bock greifen und zwischen die eigenen Beine klemmen,
vorne hochheben, so dass er fast auf den Hinterschenkeln sitzt.
Witziger weise halten sie in dieser Stellung still.
Diese Stellung wird auch zum Scheren genutzt.
Apropos Schere denke ich und mir wird ganz mulmig.
Aber Steven klemmt nur mit einer stumpfen Spezialzange die Samenstränge für
ca. 1 Minute ab.
Sie verkümmern dann, also ganz unblutig.
Die Böcke bleiben selbst bei dieser Behandlung ganz ruhig, laufen später aber für
eine Weile etwas breitbeinig durch die Gegend.
Es sind herrliche Tage, völlig ungezwungen.

Hella hat für uns am nächsten Wochenende unser Auto in der Washington Post
annonciert.
Bis dahin wollen wir in Washington sein, falls Menschenschlangen vor dem
Haus stehen. Hahaha.

Auf Grund eines Tipps von Steven sind wir am Montag in New Holland zur
Pferdeversteigerung und Markt.
Amish People Gegend.
Neben PKW's und Trucks sehen wir viele schwarze Pferdewagen der Amish.

257

Kleine Zweisitzerkästen, vorne links für die Zügel offen. Schmucklos.
Natürlich, dass ist ja vom Teufel.
Als Zugeständnis an unsere Zeit und die Gesetze aber mit batteriebetriebenen
Blinkern und Lampen.

Steven erzählte uns, dass es verschiedene Gruppen gibt, einige mit Autos oder
Traktoren mit Eisenreifen, andere ohne alles Moderne.
Meist Strohhut, dunkle Kleidung, die Männer mit Vollbart, die Oberlippe rasiert.
Erinnert mich leider stark an Ziegenböcke.
Die Frauen mit Häubchen, sittsam und einfarbig gekleidet.
Jeder wie er glücklich werden will, denken wir.
Die Pferdeversteigerung ist äußerst interessant.
Die Pferde werden vorgeführt, der Auktionator rattert die Gebote runter.
Wir verstehen fast nichts, es ist ein ununterbrochener Singsang.
Wir jedenfalls vermeiden jede Bewegung, sonst haben wir plötzlich ein Pferd er-
steigert.
Ein Vierjähriger rund 600$.
Vor dem Gebäude werden Lastwagenladungen mit Stroh und Mais versteigert.
Daneben Händler mit allem möglichen.
An einem Stand nimmt mich Babs in den Schwitzkasten.
Herrliche Sättel aus geschnitztem Leder für 350$, 2 Meter Longhornhörner,
120$.
Wie bekommt man sowas im Flugzeug nach Deutschland?
Babs gewinnt. Wir kaufen nichts.
Vorerst?
Wir vertrödeln zwei Tage auf einem Campingplatz, bis ich mich durchgerungen
habe, doch Longhorns mitzunehmen.
Mittwoch fahren wir wieder zum Markt.
Immerhin schleppen wir ja auch die sperrigen Schneeschuhe mit nach Deutsch-
land
Aber: Der Händler ist heute nicht da.
Verd.....Sch........ Babs hat doch gewonnen.

Wir fahren zum nächsten CCC-Platz.
Wir können nur mit Reservierung über die Zentrale bleiben.
Ich gehe zum Telefon und rufe die Zentrale an.
Warteschleife, die $ rauschen durch.
Endlich bin ich dran.
Man kann keine Reservierung annehmen, das Wassersystem des Platzes sei
kaputt.
Ich bin auf eben diesem Platz, alles ist in Ordnung.
Ich sage das.
Pause.
Nächster Spruch dann: Der Platz ist voll.

Auch gelogen.

Man schaltet auf stur und gibt uns eine Reservierung für einen anderen Platz in der Nähe.

Kann doch nicht wahr sein.

Stocksauer fahren wir zu dem anderen Platz.

Dort kann man mit der Reservierungsnummer nichts anfangen.

Wir dürfen trotzdem bleiben.

Es geht also auch so.

Wo bleiben die Käuferschlangen?
Chevy 82, converted Van,
Motorhome, 21 ft,
Alum.Body,
350 Chevy Eng.,
40.000 Miles,
slps 3,
Selfcont.
$7900.
Ja wo bleiben sie wohl? wohl?

Zu hause.

Wir sind also wieder in Washington bei Mike und Hella.

Mike hat gestern einen Zeitungsartikel gelesen, über Parkplätze am Sonntag vor Supermärkten, wo Automärkte stattfinden.

Da stehen wir jetzt.

Nichts.

Ich glaube, unser Auto hat nicht den amerikanischen Standard für Wohnmobile: Aircondition, Mikrowelle, Plüsch und Plum.

Dabei würde ich unser "Haus" nicht gegen einen dieser Motorhomes tauschen.

Unseres ist wie ein Schiff, auf kleinstem Platz alles was man will.

Aber Platz ist kein Argument.

Für uns ja.

Um unseren Frust abzubauen, fährt Hella am Nachmittag mit uns zu ihrer Tochter Patty und ihrem Mann Jim in deren Haus, wo wir lecker essen und uns prima unterhalten.

Den nächsten Tag klappern wir Autohändler ab.

Aber deren Preisideen und unsere Vorstellungen klaffen zu weit auseinander.

Ich habe die Idee, mal Dewain in Tampa anzurufen, wo wir das Auto gekauft hatten.

Ergebnis: Er würde ihn in Kommission nehmen.

Na denn. Aber erst versuchen wir es nochmal mit einer Anzeige in der Zeitung, diesmal unter LKW.

Auch mit dem Preis sind wir runtergegangen.

Bis dahin treffen wir uns wieder mit Paul und Weldon und verbringen einen

gemütlichen Abend in einem indischen Restaurant.
Mike hat inzwischen rausbekommen, dass man Bücher und Zeitschriften für 70c per Found, bis 60 Pound, per "M-sack" verschicken kann.
Wir bekommen auf der Post einen Postsack und füllen ihn mit all unseren restlichen Büchern und Prospekten. 33 Pound.
Ab nach Marburg zu Babs Eltern.

Wir sind wieder unterwegs, nach Tampa.
Frustriert aber nicht geknickt.
Die Sonne strahlt.
Ich ärgere mich nur an der Grenze nach South Carolina, <95>, dass es keine Sticker gibt.
Die Schiebetür vom Fahrerhaus nach Hinten ist fast voll mit ihnen.
Warum verzichten die auf diese billige Werbung.
Andere Bundesstaaten können das besser.
Don't mess with Texas - I love New York - Virginia is for lovers - ....
Das Gleiche fragte ich mich auch bei den Nationalparks.
Es gab zwar fast überall einen Stempel für ein Sammelbuch, aber einen wiedererkennbaren N.P.Sticker, verschieden für die einzelnen Parks oder Historical Parks oder, oder, gibt es nicht.
Dabei unterstehen sie einer gemeinsamen Verwaltung.
Ich dachte, in USA habe man die Werbung erfunden.
Ich bin sicher, dass dies begehrte Sammelobjekte wären.

Nationalparks mit zusammen rund 320.000 Quadratkilometern Fläche gibt es heute in den USA, seit 1872 der Yellowstone National Park als erster seiner Art eröffnet wurde.
Bis 1916 dauerte es dann noch, bis eine entsprechende Behörde eingerichtet wurde.
Da Nationalparks vom Kongress eingerichtet oder bestimmt werden müssen, half und hilft man sich damit, dass schützenswerte Gebiete oder Gebäude zu National Monuments oder Forrest Reserves erklärt werden.
Dazu reicht ein Beschluß des Präsidenten.
"The service thus established shall promote and regulate the use of the Federal areas known as national parks, monuments, and reservations, hereinafter specified by such means and measures as conform to the fundamental purpose of the said parks, monuments, and reservations, which purpose is to conserve the scenery and the natural and historic objects and the wild life therein, and to provide for the enjoyment of the same in such manner and by such means as will leave them unimpaired for the enjoyment of future generations."

Der Kreis hat sich geschlossen

Jetzt hat sich der Kreis geschlossen.
Wir kommen an den Motels in Brunswick vorbei, wo wir vor fast zwei Jahren schliefen und auf der Suche nach der "Nadel im Heuhaufen", waren.
Von der Brücke sehen wir in den Hafen, aber keine "Patty" liegt dort. Schade.

Im Mai `89 eröffneten die MGM-Studios in Disney World.
Jetzt wollen wir sie uns ansehen.
Es ist drückend heiß und schwül, aber trotzdem voll.
Zuerst sehen wir uns das Indianer Jones Epic Stunt Spectacular an.
2000 Zuschauer füllen die Sitzreihen. Szenen aus dem Film in passenden Kulissen, Explosionen, Schießerei, Stunts.
Es ist richtig gut gemacht.
Als nächstes begeben wir uns auf die Backstage Studio Tour und besteigen den "Zug", einen LKW, der 6 offene Personenhänger durch die Anlage zieht.
Durch Filmkulissen, Potemkin'sche Häuser, Dekorationen.
Katastrophen Canyon:
Ein Erdbeben erschüttert unseren Zug, eine Springflut donnert heran, ein Tanklaster explodiert.
Ende.
Alles richtet sich wieder auf, das Wasser verschwindet, das Feuer verlischt.
Wir können weiterfahren, die Besucher im nächsten Zug wollen sich auch noch erschrecken.
Die MGM Studios sind natürlich neu, daher ist ein Vergleich schwer, aber Universal in L.A. kommt da lange nicht mehr mit.
New York Street, Wolkenkratzer zum rüber spucken. Stopp.
Zu Fuß weiter durch die Kulissen. Perspektivisch verkleinert, Empire State Building rund 20 Meter hoch. In der Dekoration wirkt es echt.
Water Effect Tank. Nachahmung eines Sturms auf dem Meer, Torpedos, Bum, Bum. Toll
Durch den Special Effect Workshop erreichen wir die Studios, in denen ge-arbeitet wird. Technikräume, Schneideräume.
Da die Anlage und die Studios von vorne herein auch für Besucher gebaut wurden, ist alles entsprechend konzipiert.
Hinter Glasscheiben, abgedunkelt in Deckenhöhe, sieht man der Arbeit zu, ohne zu stören.
Ähnlich später, als wir uns die "Magic of Disney Animation" - wie entsteht ein Zeichentrickfilm, ansehen.
Wieder durch Glasscheiben getrennt, können wir den Animateuren und Zeichnern über die Schulter schauen, die sich wie im Aquarium fühlen müssen.
Jedenfalls anfangs, erzählt uns einer hinterher.
Trotzdem sind gelegentlich Schilder von innen an die Scheiben geklebt:
"Fütterungszeit 11.00 und 14.00 Uhr.",

oder *" Dies sind keine Trickfiguren, wir leben wirklich."*
Eingerahmt wird diese Tour durch gute Erklärungen und Filme.
Mal wieder müde aber glücklich fallen wir spät ins Auto.
Disneyland ist jetzt noch mehr einen Besuch wert.
Aber bitte Zeit mitbringen.

Jedenfalls was unser Auto betrifft, sind wir wieder am Ausgangspunkt unserer
Reise, fast, 40.000 Meilen/ 64.000 km später.
Tampa, bei Dewaine und Kim, die inzwischen schwanger ist.
Die letzten Dinge sind zu regeln.
Zum Beispiel Bank - Konto auflösen, Versicherung - kündigen.
Flugtickets - kaufen.
Flohmarkt.
Nach einem halben Tag haben wir 90$ verdient.
Im Grunde genommen Reingewinn, denn nichts davon hätten wir mit nach
Deutschland genommen, Werkzeug, Chemieklo, Batterieladegerät, Töpfe……
Jetzt habe ich noch das Autoradio ausgebaut.
Nehmen wir mit.

Die letzte Fahrt mit unserem Auto, zu Dewain auf den Verkaufsplatz.
Das Nummernschild behalten wir als Andenken.
Ein komisches Gefühl.
22 Monate waren wir unterwegs.
Jetzt hoffen wir nur noch, dass er ihn verkauft.
Wir fliegen nach Hause.
Wohin?
Unser "Zuhause" lassen wir in Tampa.
Ich denke an die Zeit vor der Reise.
 Wie wird es wohl werden, was kommt danach?
Egal, diese Erinnerungen nimmt uns keiner mehr weg.

Nachtrag, vier Jahre später:
Unser Auto steht, innen ausgeschlachtet, immer noch bei Dewain.
Aber wir haben uns inzwischen außerhalb ein Haus gekauft - hätten wir nie, mit
der alten schönen Wohnung, die wir aufgegeben hatten.
Wir haben eine kleine Tochter - wollten wir in der Stadt nicht.
Wir beide haben wieder eine Arbeit.
Alles hat sich im nachherein zum Guten entwickelt.
Man kann also doch losfahren!
Gerne! Wann? Wohin ?

USA, Kanada, Mexiko, Guatemala, Belize

Das Kostenbuch ist weder vollständig noch fehlerfrei, sondern soll nur einen Einblick geben über Kosten, Einnahmen und den Lebenshaltungsindex zu dieser Zeit.

1987

29.10	Schiffspassage Delftzijl - Savannah		2.050,00
5.11.	Fahrt nach Delftzijl		30,00
			1US $ = 1,82 DM
11.	Telex zur HMC	5,00 ff-$	
15.	Trinkgeld Steward	5,00	
18.	Fl. Wein, Fl.Slibowitz, Kiste Bier,		
	Fl.Molt+Coudon	48,00	
	5 Stg..Zigaretten	35,00	
19.	Telefon Wilmington-Berlin	9,00	
	Postkarte	1,35	
	2 Bier	3,00	
	Zigaretten	1,25	
20.11	Porto	1,65	
21.11	2 Fl. Slibowitz	10,00	
22.11	Stange Malborow	1,20	
	Kaffee, Bier für Mannschaft	23,80	
	Bier, Gin Tonic f. Kapitän	9,00	
23.11	2 Bier	2,50	
	Gebühren f Reiseschecks	307,97	
24.11	Telefon	2,25	
	5 Bier	6,50	
	Abendesse	16,45	
	2 Bier	2,00	
	Motel Brunswick	23,65	
25.11	Frühstück	5,00	
	7 Bier	2,45	
	Abendessen	6,20	
	Benzin (12 Gallonen)	13,13	

	Motel Jacksonville	27,00	
26.11	Frühstück	6,60	
	Abendessen	14,00	
	Brückengebühr	0,30	
	Motel Brunswick	23,65	
27.1..	2 Kaffee	1,18	
	Frühstück	4,00	
	Benzin (10 Gallonen)	11,20	
	Postkarten	4,78	
	Abendessen	4,45	
	Motel St.Petersburg	23,50	
	2 Bier	2,00	
28.11	Frühstück	5,00	
	6 Bier	3,60	
	Motel Tampa, 3 Nächte	84,00	
	Benzin (11 Gallonen)	10,75	
	Autozeitungen	1,70	
	Abendessen	9,00	
	12 Bier	2,94	
29.11.	Frühstück	5,00	
	Abendessen	7,30	
30.11	**Kfz-Versicherung f. 1 Jahr**		**487,00**
	Frühstück	4,50	
	Motel Tampa	28,00	
	Pool Billard	0,50.	
	5 Bier	3,25	
	Abendessen	10,00	

Okt./ Nov.87

	Haushaltskosten	221,12
	Auto	35,38
	Gebühren	307,97
	sonstiges	1.079,05
	Summe	**1.643,52**

Dez 87	Haushaltskosten	305,82
	Benzin	76,95

	Camping	48,30	
	Porto	5,23	
	Restaurant	93,20	
	Foto	33,39	
	Mietauto		616,65
	Motel	170,00	
	Eintrittsgelder	4,00	
	Autokauf		6.810
	Motoranzahlung		1.000
	Motorreparatur		693,00
	Strafmandat	7,00	
	Antibabypille	11,00	
	Bücher	13,60	
	Schreibmaschine-Reparatur	34,39	
	Kleidung	26,24	
	Einrichtung Auto		1.238
	Summe	**11.186,77**	
	1988		
Jan 88	Haushaltskosten	327,11	
	Benzin	131,42	
	Camping	7,00	
	Porto	13,14	
	Restaurant	51,22	
	Foto	35,21	
	Automiete		88,51
	Motel	64,80	
	Waschen	4,50	
	Einrichtung, Fernseher		219,97
	Autoausbau (Bob)		1.368
	Eintrittsgelder	5,00	
	Telefon	5,25	
	Sonstiges	70,09	
	Summe	**4.444,12**	
Feb.	Haushaltskosten	285,34	

	Benzin	<u>164,53</u>	
	Camping	63,66	
	Porto, Karten	36,12	
	Restaurant	85,65	
	Foto	41,44	
	Waschen	5,55	
	Telefon	66,94	
	Auto	73,77	
	Mitgliedschaft SERVAS		<u>**105,00**</u>
	Mitgliedschaft Coast to coast		<u>**795,00**</u>
	Coast to coast Karten	79,00	
	Einrichtung	55,99	
	Antibabypille	40,00	
	Schuhreparatur	10,00	
	Summe	**1.907,99**	
März	Haushaltskosten	246,59	
	<u>Benzin</u>	<u>237,47</u>	
	Camping	25,50	
	Karten, Porto	7,88	
	Foto	34,16	
	Waschen	2,75	
	Telefon	9,15	
	Einrichtung, Bücher	88,72	
	<u>Golden Eagle Pass (Nat.Parks)</u>	<u>25,00</u>	
	Eintrittskarten, Visitenkarten	39,02	
	Schuhe	129,49	
	Summe	**845,73**	
April	Haushaltskosten	312,07	
	<u>Benzin</u>	<u>207,56</u>	
	Camping	72,80	
	Karten, Porto	38,39	
	Foto	66,00	
	Waschen	2,50	
	Telefon	11,00	
	Sticker	23,97	
	<u>Autowartung</u>		<u>29,57</u>
	<u>Allstate Autovers.Restbetrag</u>		<u>187,00</u>

	Autoradio, Lautsprecher		189,69
	Hut	15,75	
	Ohrringe, Armreif, Kachel	59,68	
	blaues Geschirr	20,87	
	Mile-Post + Bücher	20.22	
	Summe	**1.236,85**	

Mai	Haushaltskosten	289,33	
	Benzin	207,13	
	Karten, Porto	13,6	
	Foto	34,78	
	Telefon	8,05	
	Sticker	12,44	
	Eintrittsgeld	17,5	
	Autoreparatur		50,74
	Einrichtung	22,94	
	Antibabypille	33,61	
	Kleidung	36,92	
	3 Gürtelschnallen	22,94	
	Colemannkocher Aufsatzplatte	29,71	
	CB- Gerät	35	
	Hunderennen Wetten	10	
	Bücher	8,95	
	Summe	**871,78**	

		US- $	Kan. $
Juni	Haushaltskosten	220,25	84,28
	Benzin	106,14	95,41
	Camping	8,50	11,00
	Karten, Porto	9,50	6,21
	Foto	42,22	
	Waschen	4,50	
	Telefon	15,95	
	Sticker	3,93	2,46
	Auto	25,45	
	Einrichtung	9,42	
	2 Reifen	278,00	
	1 Schlauch f. Reifen		27,35

	Kaffeekanne	29,99	
	Kleidung	13,99	
	Eintritt	5,60	
	Summe	**773,44**	
Juli	Haushalskosten	36,02	255,83
	Benzin	47,81	406,34
	Camping	4,00	61,00
	Foto		56,82
	Waschen		4,50
	Telefon		1,95
	Sticker	1,00	3,05
	Eintritt		6,00
	Autowartung	1,95	46,66
	Bücher	4,13	
	Laser-Bild Calgary		9,95
	Klappsäge		19,99
	Allstate Restbetrag	7,00	
	Stoffratte	12,31	
	2 Reservekanister		21,98
	Karten, Porto	4,07	16,09
	Summe	**118,29**	**910,16**
August	Haushaltskosten	192,33	
	Benzin	227,67	
	Karten, Porto	10,32	
	Restaurant	5,75	
	Foto	12,69	
	Telefon	1,15	
	Sticker	6,32	
	Auto	55,24	
	Einrichtung	26,23	
	Angel	4,61	
	Bootstour Kanai NP	147,00	
	Fähre Haines-Stagway	44,00	
	Eintritt	4,00	
	Summe	**737,31**	

		US- $	Kan. $
Sept.	Haushaltskosten	120,61	69,62
	Benzin	43,28	283,47
	Camping		17,00
	Karten, Porto		11,35
	Restaurant	3,25	6,20
	Waschen	2,50	1,75
	Telefon		7,26
	Sticker	1,08	1,01
	Auto	2,10	27,98
	Einrichtung	2,91	
	Bücher		10,00
	Fähre		61,50
	Summe	**175,73**	**497,14**
Oktober	Haushaltskosten	401,69	
	Benzin	147,90	
	Camping	82,85	
	Porto	15,60	
	Foto	100,91	
	Waschen	6,09	
	Telefon	12,40	
	Sticker	8,35	
	Eintritt	11,00	
	Auto	4,00	
	Bücher	17,90	
	Kassette	3,99	
	2 Hemden	35,00	
	Brosche	5,00	
	Taschenmesseretui	5,50	
	Summe	**858,18**	
	Rückerstattung Coast to Coast v. 15.2.	**795,00**	
Nov.	Haushaltskosten	234,59	
	Benzin	166,31	
	Camping	212,00	
	Porto	1,64	
	Restaurant	94,38	

	Foto	54,77	
	Waschen	3,00	
	Telefon	6,25	
	Sticker	3,56	
	Eintritt	41,95	
	Auto	57,55	
	2 Reifen	251,27	
	15 CCC- Karten	15,00	
	2 Hemden	26,43	
	Maiskolbenpfeife	3,07	
	Casino	5,25	
	Summe	**1.177,02**	
Dez.	Haushaltskosten	231,98	
	Benzin	204,89	
	Camping	37,14	
	Porto	23,35	
	Restaurant	11,19	
	Foto	49,77	
	Sticker	2,69	
	Telefon	18,30	
	Eintritt	12,00	
	Auto	13,94	
	Allstate Vers. 1/2 Jahr	432,50	
	Autosteuer 1 Jahr	79,00	
	Schuhe	152,23	
	Resochin	18,50	
	CCC- Jahresbeitrag	36,00	
	Mexiko Autoversicherung		250,80
	Summe	**1.574,28**	
1988	**Jahresstatistik**		
	Haushaltskosten	2.838,00	
	Benzin	2.546,00	
	Camping, CCC	1.235,00	
	Post	202,00	
	Restaurant	179,00	
	Foto	499,00	

Telefon	162,00	
Sticker	73,00	
Eintritt	274,00	
Auto, Service, Teile, Reparatur	893,00	
Einrichtung, Haushaltswaren	718,00	
Steuer, Versicherung	743,00	
Kleidung, Schuhe	390,00	
Fähre	95,00	
Sonstiges	345,00	
Bob, Oskar	3.421,00	
Motel, Automiete	153,00	
Summe	**14.766,00**	

1989 Mexiko, Guatemala, Belize

Jan 89	Haushaltskosten	232,75 ff$
	Benzin	197,26
	Camping	79,90
	Porto	0,30
	Eintritt	13,40
	Restaurant	55,31
	Auto	189,75
	Autobahngebühren	10,50
	Grenzformalitäten	29,05
	Bücher	12,90
	Versicherung	12,50
	Stoffe	14,80
	2 Hemden	5,55
	1 Hängematte	8,80
	1 Jacke	14,80
	Einnahme	*-8,80*
	Summe	**868,77**

Feb.	Haushaltskosten	168,40	**Mexiko**
	Benzin	62,35	
	Camping	15,00	
	Porto	2,85	
	Restaurant	54,35	
	Eintritt	9,70	
	Hängematte	22,00	

	Summe	**334,65**	
März	Haushaltskosten	278,01	**Mexiko, USA**
	Benzin	165,10	
	Camping	94,99	
	Porto	4,10	
	Restaurant	15,05	
	Telefon	2,50	
	Foto	103,60	
	Eintritt	1,35	
	Auto	35,51	
	Autobahngebühr	13,55	
	Benzinkocher (mex.)	20,00	
	Colemann-Kocher	39,01	
	Einnahmen	*-476,56*	
	Summe	**296,21**	
Apr.	Haushaltskosten	200,04	
	Benzin	121,00	
	Porto	17,05	
	Foto	15,02	
	Waschen	7,50	
	Telefon	25,63	
	Sticker	1,50	
	Eintritt	3,00	
	Auto	14,18	
	Bücher	5,00	
	2 Autobatterien	69,13	
	15 CCC Karten	15,00	
	Medizin	7,50	
	Canon Kamera	217,80	
	3 Paar Schuhe	41,35	
	Einnahmen	*-100,00*	
	Summe	**591,57**	
Mai	Haushaltskosten	198,06	
	Benzin	237,03	
	Camping	7,00	
	Porto	9,55	

Restaurant	15,32	
Foto	90,03	
Telefon	1,80	
Eintritt	13,00	
Waschen	2,25	
Sticker	26,12	
Auto	16,03	
Bücher	13,60	
2 Stiefel Babs	64,01	
Hose	10,29	
Ring	5,37	
25 CCC Karten	25,00	
Geschenk f. Hella	12,00	
Einnahmen	*-25,00*	
Summe	**721,46**	

Juni

Haushaltskosten	207,23	
<u>Benzin</u>	<u>218,69</u>	
Camping	30,00	
Porto	18,68	
Restaurant	9,55	
Foto	17,04	
Telefon	9,75	
Sticker	7,00	
Eintritt	18,00	
<u>Auto</u>	<u>9,28</u>	
Brückengebühr öffentl. Verkehrsmittel	40,35	
Katalog f. Bille	4,00	
Allstate Vers. 1/2 Jahr	**450,00**	
Transport D, blaue Kiste	120,00	
Fähre	23,50	
5 CCC Karten	5,00	
Uhr, 2 Hologramme	19,22	
Einnahmen	*-189,00*	
Summe	**1.018,29**	

Juli

Haushaltskosten	125,85	**USA, Kanada,**
<u>Benzin</u>	<u>161,28</u>	
Porto	2,41	

	Foto	43,17
	Waschen	1,50
	Telefon	2,10
	öffentl. Verkehrsmittel	2,50
	5 CCC Karten	5,00
	Zeitungsanzeige	42,00
	Postsack nach Marburg	23,76
	blaue Kiste Restbetrag	90,00
	2 Steinscheiben	10,00
	Uhr	19,00
	2 Jeans, 1 kurze Hose	35,06
	2 Schlafsäcke	60,00
	Einnahmen	*-445,50*
	Summe	**181,13**
1.8.	Brückengebühr 2x	1,95
	Porto	1,80
	Fl. Wodka (1 3/4 Liter)	11,74
	Lebensmittel	14,47
2.	Sticker	1,07
3.	Benzin	10,00
4.	Lebensmittel	2,71
5.	Flohmarkt Gebühren	6,00
	Einnahmen	*-83,35*
	Lebensmittel	15,88
7.	Uhr Batteriewechsel	5,30
	Schnur	1,50
	Lebensmittel	3,15
	Flugtickets Tampa - Frankfurt	**798,00**
10.	2 Drinks Flughafen	8,45
	2 Bier Flughafen	7,39
	Summe	**806,06**
1989	**Statistik**	
	Haushaltskosten	1.474,13
	Benzin	1.172,71
	Camping, CCC	276,89
	Post	56,74
	Restaurant	149,58
	Foto	378,52

Telefon	268,86
Sticker	38,69
Eintritt	58,45
Auto, Service, Teile, Reparatur	333,88
Einrichtung, Haushaltswaren	60,51
Steuer, Versicherung	450,00
Kleidung, Schuhe	156,26
Fähre, öffentl. Verkehrsmittel,	77,40
Rückfahrt, -transporte D	1.031,76
Summe	**5.984,38**
Einnahmen	*-1166,24*
Summe	**4.818,14**

Reisekosten gesamt in $

Haushaltskosten (Lebensmittel etc)	4.839
Benzin	4.088
ges. Auto, Ausbau, Versicherungen	16.400
Camping, CCC	2.000
Restaurant	430
Foto	912
Automiete	770
Haushaltswaren, Einrichtung	2.146
An-, Abreise, Transporte	3.290
Telefon, Post	697
Eintritte	333
Kleidung, Schuhe	546
Einnahmen	*1.166*
Summe	**35.285**

MS Patty

Babs beim ersten Duschen in der noch unfertigen Dusche (beleuchtet mit einer Taschenlampe)

Pensacola Beach, Alabama

Mardi Gras, New Orleans

Lafitte Park

Neu Mexiko

Dan + Ingeborg Gantert
Gallup/NM - 5.-16.4.88

284

Romsa - Farm / Wyoming

Heidi, Mike Romsa +
Mary Kay + Howard
11. - 15. 5. 88

9. 6. 88
mit Anne + Hannelore

285

Joan + Kiilo Koponen
Fairbanks 31.7. – 3.8.88

McCarthy

Jim + Pat Edwards,
19. – 22. 8. 88 McCarthy / AK

Kernecott

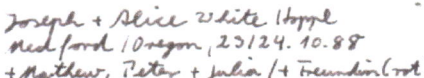

Mit Margie in
San Francisco

Joseph + Alice White Hoppl
Medford / Oregon, 23/24. 10. 88
+ Matthew, Peter + Julia /+ Freundin (rot).

Panajachel

Spanish Lookout

Feedeager Panajachel, Guatemala
13-1-89

Tulum

Schwein
im
Erdofen

Stilleben
mit
versandetem
Tisch

Guatemala

Daniel, Allen + Carol Carlton
Long Beach, N.Y. 7.-11.6.89

Mike + Hella
30.5.89 / Washington

Main

Toronto

Niagara Falls

Beim Schafe kastrieren

Der Kreis hat sich geschlossen- Tampa

Das Bäckerauto
40.000 Meilen oder zwei Jahre
durch Nord- und Mittelamerika
mit dem Wohnmobil

88/89

© 2017
Herstellung und Verlag: BoD – Books on
Demand, Norderstedt.
ISBN: 9783744802765

Hartmut Roderfeld wurde 1949 in Erfurt geboren und wuchs in Berlin auf, wo er auch Werbung studierte.
Seit 1980 lebt er in Hamburg.
Er arbeitete als Kameramann und realisierte Kinder-Hörspiele, bei denen er auch Regie führte.
Für den Deutschen Entwicklungsdienst war er in Deutschland unterwegs, um auf Messen und Ausstellungen Entwicklungshelfer anzuwerben und arbeitete als Pressereferent bei der Hamburg Messe und Congress GmbH.
Er durchquerte mit einem Freund 1975 ein Jahr lang Afrika von Marokko bis Kapstadt, erst mit einem VW-Bus, dann mit allem, was sich bewegte.
Außerdem bereiste Asien, Australien und Bolivien.
Zuletzt arbeitete er als Journalist.